너는 내 사랑

너는 내 사랑

초판 1쇄 발행 | 2017년 7월 28일
초판 3쇄 발행 | 2019년 5월 30일

지 은 이 | 정철웅
펴 낸 이 | 이한민
펴 낸 곳 | 아르카

등록번호 | 제307-2017-18호
등록일자 | 2017년 3월 22일
주   소 | 서울 성북구 숭인로2길 61 길음동부센트레빌 106-1805
전   화 | 010-9510-7383
이 메 일 | arca_pub@naver.com

홈페이지 | www.arca.kr
블 로 그 | arca_pub.blog.me
페이스북 | fb.me/ARCApulishing

책   값 | 뒤표지에 있습니다
I S B N | ISBN 979-11-961170-1-6 03230

아르카ARCA는 기독출판사이며 방주ARK의 라틴어입니다(창 6:15).
네가 만들 방주는 이러하니 … 새가 그 종류대로, 가축이 그 종류대로,
땅에 기는 모든 것이 그 종류대로 각기 둘씩 네게로 나아오리니 그 생명을 보존하게 하라 _창 6:15,20

너는
내 사랑

사랑을 잃어버린 그대를 향한 창조주의 황홀한 고백

정철웅
아가서 강의

아르카

정철웅 목사님의 아가서 강해 《너는 내 사랑》은 단숨에 써 내려간 글이 아닙니다. 오랜 시간 개인의 묵상과 적용에서 나온 열매입니다. 저는 오랫동안 정 목사님의 사역을 지켜보면서 아가서의 말씀으로부터 삶과 사역의 중요한 원리들을 이끌어 내시는 것을 보았습니다. 그것은 그리스도의 신부 된 성도들이 신랑 되신 그리스도와 친밀한 사랑의 관계를 맺는 것이 신앙과 사역의 가장 중요한 기초라는 확신이었습니다. 즉, 하나님의 끊을 수 없는 사랑에 깊이 뿌리내린 신앙은 결코 흔들리지 않는다는 것, 신랑 되신 그리스도의 깊은 희생을 경험한 영혼은 결코 방황하지 않는다는 것, 우리의 사랑을 온전케 하시는 성령님의 위로를 경험한 관계는 깨어지지 않는다는 것입니다.

정 목사님의 아가서 강해는 이러한 하나님의 사랑이 만들어 내는 견고한 관계를 우리에게 알려주는 데 초점을 맞추고 있습니다. 신학적인 논쟁은 피하면서도 핵심적인 메시지를 정확히 드러내는, 날카로운 검과 같은 해석에 성도들은 물론 목회자들도 아가서를 보는 안목과 지평을 넓혀갈 수 있으리라 생각하며, 이 책을 추천합니다.

이재훈 _온누리교회 담임목사

오지의 선교사가 북미주의 이민교회에서 1년간 안식년을 지냈습니다. 멀리서 선망의 대상으로만 바라보았던 이민교회의 진면목을 속속들이 체험하고 떠나면서 하는 말이 이것이었습니다. "선교사는 선교지에서 선교하는데, 이민 목회자는 순교지에서 목회를 하는군요."

그렇습니다. 거의 틀린 얘기는 아니지요. 이민 목회가 녹록지 않습니다. 왜 그럴까요? 이민자들은 뿌리를 뽑아 모국을 떠난 자들이기 때문입니다. 한번 뽑힌 뿌리는 쉽게 정착하지 못합니다. 언제라도 '한바탕 쏟아내고' 또 어디론가 흘러갑니다. 그래서 이민자들은 게달의 장막에 거하는 시골 처녀 술람미처럼 늘 외롭고 사랑에 목말라 있습니다.

20년 넘도록 새까맣게 그을린 이민자들을 품에 안고 사랑으로 어루만진 오늘의 솔로몬이 바로 정철웅 목사님과 손영진 사모님 부부입니다. 이들은 거친 다문화권의 태양 아래 그을린 이민자들이 솜사탕처럼 달콤한 설교로도, 느헤미야처럼 능숙한 행정 목회로도, 모세처럼 유능한 리더십으로도 편안해지지 않는다는 것을 일찌감치 통달했습니다. 그래서 '극약의 처방'으로 하나님이 주신 사랑의 노래로써 덮고, 덮고, 또 덮어 감싸 주었습니다. 그것으로 모자라 부부가 함께 사랑의 노래를 불렀습니다. 때로는 어린 자녀까지 합세하여 사랑의 노래를 불러, 가는 곳마다 이민자들을 감싸 안았습니다.

사랑의 노래로만으로 모자라, 정 목사님은 아가서의 참 사랑을 밀초로 녹여 저들의 영혼 깊숙이 부어넣었습니다. 그 사랑에 취하여 솔로몬의 품 안에 쓰러져 행복해 하는 술람미들이 뉴저지에도, 버지니아에도, 뉴욕에도, 그리고 모국과 아시아 지역에서도 치유를 받고 있습니다. 오늘도 여전히 거친 인생의 골짜기에서, 사랑 결핍 중증으로 시달린, 까맣게 그을려 게달의 장막에 거하는 술람미들에게, 정철웅 목사님이 목소리 높여 불렀던 아가서 이야기 《너는 내 사랑》을 극약 처방처럼 강력히 추천합니다.

김재열 _뉴욕센트럴교회 담임목사

저는 정철웅 목사님의 아가서 강해인 《너는 내 사랑》을 읽으면서 깊은 충격을 받았습니다. 정확하게 이해하기도 해석하기도 쉽지 않고, 강해하기는 더욱 어려운, 구약의 39권 정경 중에서 마지막으로 편입된 아가서를 이렇게 깊이, 그리고 이해하기 쉽게 강해한 주석을 읽지 못했기 때문입니다.

정철웅 목사님은 아가서의 중심과 핵심이 '사랑'이라고 지적하고 또 지적합니다. 정철웅 목사님의 하나님 사랑의 묵상과 은혜에 대한 통찰력은 대단하다고 생각합니다. 청년 시절, 불치의 병에 걸렸을 때 주님을 갈망하는 간절한 사랑을 품게 되었다고 고백합니다. 아마도 그 체험 덕분이 아닌가 생각합니다.

정철웅 목사님 부부는 1993년부터 21년 동안 캐나다와 미국에서 이민목회를 했고 지금은 알타이선교회 소속 순회선교사로서 전 세계를 다니며 CCM 찬양사역자인 손영진 사모와 함께 교회와 신학교에서 말씀과 찬양으로 하나님 나라를 전하고 있습니다. 저는 정철웅 목사님과 손영진 사모가 강변교회에서 청년부 사역을 하던 1990년 1월부터 1992년 말까지 만 3년 동안 친밀한 교제를 나누었습니다. 손영진 사모의 찬양은 너무 감동적이어서 내가 푹 빠지곤 했습니다.

귀중한 사역을 하고 있는 정철웅 목사님과 손영진 사모님 위에 하나님의 은혜와 사랑과 축복이 늘 함께 하시기를 기원하며, 정철웅 목사님의 저서 《너는 내 사랑》을 진심으로 추천합니다.

김명혁 _강변교회 원로목사, 한국복음주의협의회 회장

정철웅 목사님은 정말 하나님을 사랑하는 분입니다. 성품 또한 하나님을 닮은 분이시기에 너무나 존경합니다. 하나님께서 주시는 지혜와 그동안 가르친 많은 경험과 오랜 묵상을 통해 아가서에 대한 책이 나왔다고 하니 얼마나 큰 수확인지 모릅니다. 저는 이 책이 정 목사님께서 하나님을 향한 전

6

인격적인 사랑을 고백하며 드리는 책이라고 믿습니다. 저자가 이 책에서 하나님에 대한 사랑을 너무나 세밀하고 아름답게 고백한 것처럼, 이 책을 접하는 독자들도 지극히 높으신 하나님의 사랑을 세밀하게 느낄 수 있어 행복할 것 같습니다.

많은 크리스천이 고난을 당하면 "왜 나에게 이런 고난을 주시는 것인가? 과연 하나님이 계시다면 이렇게까지 하실까?"라며 하나님의 살아계심과 하나님의 사랑을 의심합니다. 그러나 이 책을 접하시면 믿는 자의 작은 신음에도 응답하시는 세밀하고 부드럽고 따뜻한 그분의 사랑의 손길을 경험하실 것입니다. 정 목사님이 아가서 강해를 통해 쓰신 《너는 내 사랑》은 영적으로 침체되어 있는 현대 교회와 성도에게 너무나 귀한 선물이라 생각합니다. 이책을 통하여 많은 성도와 교회가 위로받고 다시 일어나는 부활의 기쁨을 만끽하기를 바랍니다. 예수 그리스도의 십자가, 그 사랑을 직접 경험하는 역사가 있을 것을 기대하며 이 책을 강력히 추천합니다.

김기동 _소중한교회 목사. 《고구마전도왕》 저자.

아가서에 대한 깊은 묵상을 글로 옮겨 놓은 책을 구하기가 얼마나 어려운지, 경험해 본 사람들은 다 알 것입니다. 그래서인지 주일 강단에서도 그런 말씀을 만나기가 쉽지 않습니다. 그런 중에 오랫동안 공부하시며 기도로 글을 써 내려간 정 목사님의 아가서 강해를 대할 수 있어 기쁩니다.

무엇보다 긴 시간 서재와 골방에서 씨름하며 얻은 귀한 은혜와 탁월한 통찰력으로 묶여진 책이 이제 우리 모두에게 다가오게 된 것을 진심으로 기쁘게 생각합니다. 이 책으로 아가서 본문을 공부하면 역사적 배경 이해와 함께, 하나님께서 지금 이 시대를 사는 우리에게 주시는 말씀을 찾기에도 부족함이 없을 것입니다.

홍민기 _목사. 탱크미니스트리 대표

정철웅 목사님은 아가서에 남다른 관심을 가지고 30여 년간 연구한 목회자로서, 아가서 설교를 통해 그리스도에 대한 사랑을 심화하고 있습니다. 그는 전통적인 아가서 해석 방법을 고수하면서도 현대적 의미로 소개함으로 교회로 하여금 그리스도에 대한 사랑을 불일게 하고 있습니다. 그리스도를 사랑함으로 그리스도를 알고, 그리스도를 알게 됨으로 그리스도를 더욱 사랑할 것을 교훈하고 있습니다. 이러한 맥락에서 이 책은 교회 역사상 아가서를 가장 멋지게 소개한 중세시대의 저명한 교회 지도자 클래보의 베르나르드(Bernard of Clavoux, 1090~1153)의 아가서 설교를 떠오르게 합니다. 그는 누구보다 아가서를 사랑한 사람으로 아가서에 대한 86편의 설교를 통해 그리스도와 교회의 관계를 소개하였고, 그리스도에 대한 사랑을 승화함으로 더욱 거룩한 삶을 살고, 그렇게 함으로 교회를 갱신하고자 하였습니다. 정 목사님은 베르나르드보다 철두철미하게 성경을 사랑하는 목회자로 이 책을 통해 성경적 신앙을 회복하며, 이러한 정통 신학적 입장에 기초하여 사랑을 회복하고 교회의 갱신을 이룰 것을 설파하고 있습니다. 이처럼 좋은 책이 출판된 것을 축하하며 신학도와 목회자 여러분에게 일독을 권합니다.

오덕교 _몽골 국제올란바타르대학교 총장, 전 합동신학대학원 총장

성경이 예수님의 몸이라면 아가서는 예수님의 손이 아닐까 싶습니다. 목수셨던 그분은 가늘고 긴 손가락, 강하면서도 부드럽고 섬세한 손을 가지셨을 거란 상상을 해봅니다. 정 목사님의 《너는 내사랑》은 어쩌면 그렇게 그분의 손과 닮은 책인지요. 잊었던 예수님과의 첫사랑, 그 설레임을 다시 느낄 수 있는, 오랜 책장 속에서 발견한 옛 러브레터 같은 책입니다.

정철웅 목사님과는 십여년 전 애틀랜타 새 교회에서의 만남 이후, 수년간 저의 믿음의 멘토로서, 말씀의 스승으로 인연을 이어왔습니다. 특히 부인 손영진 사모님과 함께 이끌고 계신 HIM Ministry를 통해 예수님의 사랑을 실천

하시는 모습은 많은 자극과 도전이 됩니다. 젊은 시절 정 목사님이 겪으셨던 육체적 고통이 예수님을 알고자 하는 갈망으로 이어졌듯이, 우리도 고난의 연속인 이 땅에서 살아갈 때 오직 그분을 갈망하기를 소망합니다.

주님은 끝없이 "너는 내사랑, 나는 너와 함께 있다"라고 말씀하십니다. 혼돈의 시대에 사는 우리 모든 성도들에게 얼마나 큰 위로인가요. 그분의 부드러운 사랑의 메시지를 이 책을 통해 경험하실 수 있기를 기원합니다.

이지연 _HEIRLOOM MARKET 대표, '바람아 멈추어다오'를 부른 가수

원고를 QT하듯 한 장씩 읽었습니다. '영적 침체' 부분을 볼 때 특히 눈물이 났습니다. 제 이야기를 써놓으신 것 같아서, 주님이 제게 말씀하시는 것 같아서, 책의 구절구절을 통해 위로받아서입니다. 그리고 이토록 귀한 아가서 강의를 허락하시고 인도하신 것이 감사해서요. 책으로 출판되면 구절구절 다시 읽으며, 지체들 모두에게 선물하고 싶습니다.

신나라 _집사, 피부과 전문의

정철웅 목사님의 아가서 말씀집회에 참석하고 받은 감동을 뭐라고 말로 표현할 수 없습니다. 정 목사님의 아가서 강의는 하나님의 사랑을 온 몸과 정신으로 느낄 수 있게 해주었습니다. 앞으로 어떻게 살아야 할 것인지, 삶을 대하는 자세도 알게 해주었습니다. 저를 막고 있었던 껍질도 깨어졌습니다. 전도서와 연결해 말씀하실 때, "이 세상 마지막 눈 감음은 천국에서의 첫 눈뜸"이라는 말씀에서 그동안 가지지 못했던 '해 너머에 대한 확신'을 갖게 되었습니다. 감사합니다.

김지현 _집사, C국 한인교회

CONTENTS

나의 고백 ::12
아가서에서 주님을 보았다

책을 펼치며 ::14
아가서를 어떻게 읽을 것인가?

1부
나의 사랑을 갈망하다

1장 갈망, 그 사랑의 시작 (1:1,2A) ::22

2장 주를 갈망하는 이유 (1:2,3) ::30

3장 갈망하는 자가 누리는 유익 (1:4-10) ::40

4장 향기나는 삶의 시작 (1:11-17) ::53

2부
밤, 여전히 사랑을 노래하라

5장 샤론의 꽃, 예수 (2:1-6) ::68

6장 벽, 그 신앙의 굴곡 (2:7-17) ::80

7장 밤, 그 영적 침체 (3:1-11) ::93

8장 주께서 나를 바라 보실 때 (4:1-15) ::113

9장 영성, 그리스도인의 향기와 열매 (4:16-5:1) ::124

3부
나의 사랑아, 깨어 일어나라

10장 잠, 그 영적 태만 (5:2-7) ::140

11장 아파도 귀한 사랑 (5:8) ::150

12장 인생의 가장 중요한 질문 (5:9-16) ::159

13장 가정과 교회, 이 시대의 소망 (6:1-3) ::169

14장 하나, 오직 하나뿐인 그대 (6:4-13) ::180

15장 사랑아, 자는 자를 깨우시는 사랑 (7:1-9) ::192

4부
사랑, 그 온전함으로 나아가라

16장 성숙한 사랑의 열매(1) (7:10-13) ::206

17장 성숙한 사랑의 열매(2) (8:1-5) ::223

18장 성숙한 사랑의 열매(3) (8:6-12) ::237

19장 마라나타, 그 사랑의 완성 (8:13,14) ::251

책을 덮으며 ::260

부록 ::268

주 ::282

아가서에서 주님을 보았다

왜 하필이면 아가서에 관한 책이냐고 묻는 이가 많습니다. 많은 말씀 중에 하필 논란도 많고 해석도 다양하고 어려운 책을 내느냐는 것입니다. 원문은 보았는지 묻는 사람도 있습니다. 결혼시, 연애시, 연극시 등으로 불리는 아가서가 고대 근동에서 영향을 받은 점을 알고 있느냐는 질문입니다. 성도들이 성경의 다른 말씀도 잘 읽지 않고 이해하지도 못하는데, 가뜩이나 이해하기 어려운 아가서에 관한 책을 왜 쓰는지 묻는 분들에게 저는 명료하게 답합니다.

"저는 아가서에서 주님을 보았기 때문입니다."

아가서에서 주님의 사랑을 보고 주님을 만났던 어거스틴, 루터, 칼빈, 스펄전, 마틴 로이든 존스, 로버트 맥체인, 조나단 에드워드, 허드슨 테일러와 같은 믿음의 선진들이 걸었던 그 길을 저도 함께 걷고 싶었습니다. 이들은 저마다 아가서를 해석하는 관점과 그 폭은 달랐지만, 아가서를 남녀간의 사랑으로만 보지 않았습니다. 그 안에서 한결같이 주님의 크신 사랑을 보았습니다. 그래서 아가서의 주제는 '사랑'이며, 아가서의 신학은 '성화'[1]라는 말을 저는 깊이 깨달았습니다.

오늘날 성도의 삶에서 주님의 모습을 보기 어렵고, 교회마저 주님의 향기를 잃었다고 하는 이 어려운 시대에, 아가서는 주님께 초점을 맞출 것을 요구한다고 저는 감히 말하고 싶습니다. 주님이 원하시는 열매와 향기를 내는 삶을 살기 위해서 성도마다 교회마다 아가서로 나아가는 게 해답이라고 저는 믿습니다.

아가서에는 두 가지 중요한 질문이 나옵니다. 모두 신부를 향한 질문입니다. 첫째, 당신이 사랑하는 그분은 누구신가? 그분이 누구시기에 그토록 주님을 사랑하는가? 둘째, 그분을 어디서 만날 수 있는가? 이에 대한 답을 아가서에서 들으며, 이 책을 읽는 이마다 더욱 향기나는 삶이 되기를 소망합니다. 우리 모두 신부가 죽음보다 강한 사랑으로 사랑한 그 주님을 아가서에서 발견하기를 소망합니다. 오병이어를 드림으로 빈 들의 수많은 사람들을 먹게 된 어린 소년처럼, 저의 자그마한 이해를 주님께 드립니다. 예수의 향기가 이 땅에 다시 불어오도록.

끝으로 이 책이 나오기까지 편집의 수고를 다해 주신 합동신학대학원 출판부 주간을 역임하신 김학문 목사님과, 미국 LA에 거주하면서도 꼼꼼히 저의 문장을 수정해주신 성서유니온에서 매일성경을 편집하셨던 정수경 전도사님, 특히 새로운 꿈을 가지고 기독 출판사를 시작하면서 무명인 저의 책을 출판사의 두번 째 책으로 삼아 기꺼이 모험을 함께하시는 아르카 이한민 대표님과 섬김이들, 그리고 이 책이 나오기까지 기다리며 기도해 주신 모든 분들께 감사를 드립니다.

_정철웅

아가서를 어떻게 읽을 것인가?

아가서를 사랑한 사람들

이스라엘 백성은 아가서를 포함한 지혜서를 매우 사랑했습니다. 그들은 잠언을 '성전의 뜰'로, 전도서를 '성소'로, 그리고 아가서를 '지성소'로 비유했습니다.[2] 지성소는 하나님과 대면해서 하나님의 음성을 듣고 그 임재를 경험하는 곳인 만큼, 그들은 아가서에서 하나님의 음성을 듣고, 그분의 임재와 사랑을 누렸기 때문입니다.

믿음의 선조들도 아가서를 사랑했습니다. 어거스틴은 아가서를 "거룩한 성도의 영적인 기쁨이며 하늘나라의 왕과 왕비인 그리스도와 교회의 관계를 신랑과 신부의 결혼에 감추어 놓은 책"[3]이라고 했습니다. 클레르보의 버나드는 아가서 1장과 2장으로 86개의 탁월한 설교를 했습니다. 성경읽기표로 우리에게 친숙한 로버트 맥체인은 29세에 죽었지만, 그는 죽기 전까지 아가서의 한 구절 한 구절을 빠짐없이 설교했습니다.

그는 "어떤 사람의 신앙의 성숙도를 더 잘 시험해 볼 수 있도록 기준을 제공해 주는 책은 아가서 외에 다시 없다"[4]라고까지 했습니다.

중국 선교의 아버지인 허드슨 테일러는 평생 단 한권의 책을 썼는데 그것은 바로 아가서에 대한 《연합과 친교》라는 책이었습니다. 마틴 로이드 존스는 이 책을 "영적 보물을 간직한 광산이요, 성경 어디서나 나타나는 성도와 주님과의 관계를 보여 주는 값진 보물과 같은 책"[5]이라고 했습니다.

주님을 사랑하는 사람들은 아가서를 사랑하며 품고 살았습니다. 거기에서 주님의 사랑을 보고, 주님의 음성을 들었기 때문입니다.

아가서를 어떻게 이해할까?

아가서를 시작하면서 가장 중요한 첫 번째 질문은 '아가서를 어떻게 읽을 것인가?'라는 문제였습니다. 먼저 아가서의 세 가지 전제—아가서가 성경에 채택된 과정, 이스라엘 백성은 아가서를 언제 읽었는가, 아가서에 쓰인 시적 언어는 무엇인가—를 아는 것입니다.

아가서는 구약성경 39권이 정경(Canon)으로 인정될 때, 가장 마지막으로 정경으로 인정되었습니다. 그 이유는 내용이 너무 세속적이라는 것이었습니다. 아가서가 정경으로 인정된 결정적 이유는 솔로몬이 저자라는 점과 남녀 간의 사랑을 통해 하나님과 이스라엘의 사랑을 노래하고 있음이 인정되었기 때문입니다.

이스라엘 민족은 절기 중에 성경을 읽는데, 유월절 기간 중에는 아가서를 읽었습니다.[6] 이스라엘 최초의 축제일인 유월절 기간에 아가서를 읽는다는 것은 아가서가 단지 남녀 간의 사랑의 책일 수 없다는 뜻입니다. 오히려 그들은 아가서에서 이스라엘을 구원하시는 하나님의 사랑을 본다는 것입니다.

A. D. 90년 얌니아(Jamnia) 회의를 인도한 랍비 아키바는 아가서가 성경으로 인정된 날이 어떤 날보다 가장 거룩하고 축복된 날이라면서, 성경의 모든 기록이 다 거룩하다면 아가서는 더욱 거룩한 것으로서 성소 속의 지성소 같은 것이기 때문[7]이라고 했습니다.

이것은 우리가 아가서를 어떻게 읽을 것인가에 대한 중요한 지침이 됩니다. 아가서를 통해 주님의 사랑을 보아야 한다는 것입니다. 만일 성경 말씀인 아가서를 통해 남녀 간의 사랑만 이해하려 한다면 참으로 안타까운 일입니다.

누가복음 24장에서 엠마오를 향해 걸어가는 제자들에게 부활하신 주님이 나타나셔서 '모든 성경에 쓴 바 자기에 관한 것을 자세히 설명'하신 것처럼(눅 24:25-27) 우리는 아가서에서 주님을 만날 수 있습니다. 유월절 어린양에서 주님의 죽으심을, 성막에서 주님의 희생을 만나듯 아가서에서 주님의 사랑을 만날 수 있는 것입니다.

아가서는 시적 언어로 쓰여진 성경입니다. 아가서를 깊이 이해하기 위해서는 시적 언어에 민감해야 합니다. 시적 언어란, 쓰여진 각 단어마다 그 안에 깊은 의미를 함축하고 있다는 말입니다. 시적 언어에서 '밤'이란 단지 낮과 밤을 나누는 문자적 의미의 밤을 말하지 않습니다. 예

16

를 들어 아가서에서 '어두움을 통과하는 시간'을 '밤'이라는 한 단어로 압축한 것이 시적 언어입니다.

아가서를 바르게 이해하려면 단어마다 숨겨진 깊은 사랑을 꺼내야 합니다. 예를 들어 '포도원을 허는 작은 여우들'은 교제를 깨는 사소한 죄악들을, '노루, 어린 사슴'은 지상에서 깨어지기 쉬운 사랑의 관계를 표현하는 정제되고 상징화된 언어입니다. 이를 알고, 그 단어 안에 담긴 깊은 샘물을 묵상하며 맛볼 수 있어야 합니다.

사랑하는 주님을 기다리는 아가서

아가서의 전체 흐름을 크게 보면 사랑의 시작부터 사랑의 완성까지 나아갑니다.

1장에서 사랑은 '갈망'으로 시작됩니다. 곧 건강한 사랑의 지표는 주님을 향한 나의 목마름의 정도에 있습니다. 주를 향한 갈망은 세 번의 간구로 구분되는데, 이는 주님 안에서 새로운 나, 진정한 나를 발견하는 통로가 되어 향기나는 삶의 출발로 이어집니다.

2장 전반부에서 '나는 왜 여기 있는가'에 대한 신부의 소명을 확인할 수 있습니다. 이후 후반부는 세상에서 겪는 신앙의 굴곡을 보여 줍니다. 그리고 주님과의 사랑에 굴곡이 있는 이유를 '산', '창살 틈', '작은 여우' 등의 정제된 언어들로 설명합니다. 이 땅에서의 주님과의 사귐에 굴곡이 있는 이유는 바울 사도가 '지금은 거울을 보는 듯이 희미'(고전 13:12)하다고 말한 것처럼 제한되어 있기 때문입니다. 그리고 신앙의 굴곡을 넘어서는 세 가지 지혜를 제시합니다.

3장은 영적 침체입니다. '밤'으로 표현되는 영적 침체의 특징은 주님을 향한 열망은 있으나 임재의식이 없는 상태입니다. 그러나 뒤를 이어 그 영적 침체에서 벗어나는 지혜를 말해 줍니다.

4장은 영적 침체에 빠져 있을 때 주님께 초점을 맞추어 주님을 묵상해야 함을 가르쳐 줍니다.

5-6장은 영적 태만에 대한 내용입니다. '잠'으로 표현되는 영적 게으름은 깨어 있는 듯하나 실상은 자고 있는 삶입니다. 영적으로 태만하게 되면 주님의 임재의식 대신 고통과 번민을 가까이하게 됩니다. 5-6장을 통해 우리는 영적 태만을 벗어나는 지혜를 배웁니다. 주님이 나를 어떻게 보시는지 깨닫게 됩니다. 그 결과 신부의 모든 삶에 향기가 흐르기 시작합니다. 이는 바로 성숙의 열매들입니다.

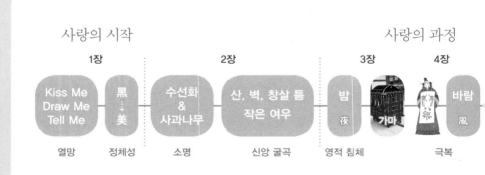

7-8장은 성숙한 사랑을 노래합니다. 그리고 성숙한 사랑이 맺는 여러 열매를 보여 줍니다. 그리고 아가서의 마지막 절은 이렇게 끝납니다. "어서 오세요."

마치 요한계시록의 마지막 절이 신부 된 교회가 "마라나타, 아멘 주 예수여 오시옵소서"라고 신랑 되신 주님에게 고백함으로 끝나듯, 아가서도 동일하게 끝을 맺고 있습니다. 곧 다시 오실 신랑 되신 주님을 기다리는 신부의 강한 열망으로 아가서는 끝을 맺습니다.

한 눈에 보는 아가서

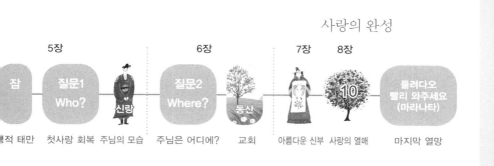

사랑의 완성

잠	질문1 Who?	신랑	질문2 Where?	동산	7장	8장 10	들려다오 빨리 와주세요 (마라나타)
적 태만	첫사랑 회복	주님의 모습	주님은 어디에?	교회	아름다운 신부	사랑의 열매	마지막 열망

너는 내 사랑

1부

나의 사랑을
갈망하다

갈망,
그 사랑의 시작

사랑과 갈망

그리스도인에게 '갈망'이란 주님이 나를 만나시려고 내 인생에 행하시는 은혜의 시작이라고 저는 믿습니다. 주님은 너무도 좋으신 분이기에 갈망을 주신 후에는 반드시 우리를 만나주시고 응답하십니다.

나는 26세 때 뇌염에 걸렸습니다. 대학교 2학년이었습니다. 공인회계사가 되기 위해 회계사 공부를 열심히 하고 있었는데 갑작스레 찾아온 두통과 의식불명으로 뇌염 혹은 뇌막염이라는 진단을 받았습니다. 서울대병원, 적십자병원, 한양대병원은 척수액 검사를 한 후에 내가 살아날 가능성이 없다고 했습니다. 만일 살아난다 해도 후유증으로 인해 정상적인 삶을 살 수 없을 것이라고 전망했습니다.

온 가족과 나를 아는 여러 교회와 많은 교우들이 기도로 하나님께 매달렸고, 일주일 만에 의식이 돌아왔습니다. 살아났지만 곧이어 안면마비가 왔고, 이어 전신마비가 왔습니다. 병원 신세를 지는 두 달 동안 어떤 이들은 금식하며 나를 위해 중보해 주었습니다. 놀랍게도 기적이 일어났고, 전신마비는 치료되었습니다.

그 어려운 시간을 보낼 때, 내게 가장 큰 고통은 큰 주사기를 척수에 꽂아야 했던 척수액 검사가 아니었습니다. '하나님이 나를 과연 사랑하시는 것일까?' 하는 의문이었습니다. '하나님이 나를 사랑하신다'라고 말하기에는, 내 투병 생활은 재정적으로, 환경적으로 너무 힘들고 어려웠습니다.

나는 하나님을 찾고 싶었습니다. 그래서 몹시 허약해진 몸을 이끌고 집에서 가까운 교회에 새벽기도를 나갔습니다. 더욱 하나님을 찾기를 갈망하며 기도원에 올랐습니다. '주님이 과연 나를 사랑하신다면, 왜 이런 어려움이 내게 생기는지 따져보리라' 생각하면서, 집에서 요양해야 함에도 불구하고 산에 올랐습니다. 그리고 처음으로 기도굴을 찾았습니다.

그곳에서 기도하면서, 정말 오래 기도했다고 생각하며 눈을 떠보니 겨우 이십여 분이 지나고 있었습니다. 또 열심히 기도하고 눈을 떠보니 이십여 분이 지났을 뿐이었습니다. 모태신앙인 나는 그때까지 기도 훈련, 기도 습관이 전혀 되어 있지 않았다는 것을 비로소 알게 되었습니다. 겨우 한 시간을 했을까? 다시 숙소로 내려왔습니다.

그리고 누워 있는데, 옆에 있는 사람들의 간증이 들려왔습니다. 어떤 사람은 간암인데, 기도를 하는 중에 복수가 찼던 배가 쑤욱 꺼져들어갔다고 했습니다. 어떤 사람은 성령 체험을 했다고도 고백했습니다. 그러나 내게는 나의 갈망 빼고는 어떤 소리도, 어떤 응답도 없었습니다. 주님과 나 사이에 해결해야 할 눈물의 보따리를 한아름 안고 산에 올라왔는데, 어떤 일도 일어나지 않았던 것입니다.

그때 누군가가 낙심하고 누워 있는 내 옆구리를 쿡 찔렀습니다. 돌아보니 막내 남동생이었습니다. 그가 내게 말했습니다.

"형, 배고프지? 우리 함께 밥 먹으러 가자."

기도하러 올라온 형이 안쓰러워 멀리 서울에서 문산까지 버스를 타고 온 것입니다. 그가 따뜻한 말로 점심을 함께 먹자며 위로하고 있었습니다. 그때까지 참고 있었던 눈물, 주님을 만나면 토해내리라 다짐했던 그 눈물의 보따리가 동생의 따뜻한 말 한 마디로 인해 터져 버리고 말았습니다.

얼마나 울었는지, 얼마나 통곡했는지 뒤돌아보니 동생이 없었습니다. 울며 통곡하고 있는 형이 안쓰러워 동생도 울다 점심도 먹지 못하고 오던 길을 다시 내려갔던 것입니다. 그때를 생각하면 지금도 눈물이 납니다. 그 동생은 형이 살아날 가망이 없음을 보며 주님을 찾았고, 주님께 헌신해 지금은 뉴저지에서 목회를 하고 있습니다.

주님을 향한 나의 갈망은 그렇게, 그런 어려운 시간에 시작되었습니다. 그때는 몰랐지만 그 갈망은 나에게 새로운 인생을 여는 출발점이 되었습니다. 그 갈망은 주님이 나를 만나시려는 은혜의 징표였던 것입니다. 주님과의 첫사랑은 그렇게 시작되었습니다. 주님을 갈망함으로 말미암아 하늘을 향해 한없이 부요한 삶을 사는 첫걸음을 내디딜 수 있었습니다.

신부의 세 가지 갈망

아가서는 주님을 갈망하는 신부의 기도로 시작합니다. 이것을 '갈망'이라 부르는 이유는 신부가 1장에서만 세 번의 간구[8]로 주님의 사랑을 간절히 바라고 있기 때문입니다. 신부의 이 세 가지 갈망―입 맞추어 주세요(2절), 이끌어 주세요(4절), 말씀해 주세요(7절)―은 미성숙한 모습에서 성숙한 모습으로 변해 가는 동기가 됩니다.

아가서는 "솔로몬의 아가라"(1절)라는 구절로 시작됩니다. '아가'란 '노래 중의 노래'(song of songs)라는 뜻입니다. 히브리어에는 최상급 표현이 없기에 비교급으로 최상급의 뜻을 전합니다. 곧 '노래 중의 노래'란 말은 '지상 최고의 노래', '가장 고상한 노래'를 의미합니다. 이 말은 아가서가 책 중의 책이요 성경 중의 성경이라는 뜻으로, 이 책이 구약성경에서 성소 중의 성소라고 말하는 이유[9]이기도 합니다.

솔로몬은 삼천 개의 잠언을 말하고, 일천 다섯 개의 노래를 지었습니다(왕상 4:32). 비교할 수 없는 지혜를 가진 그는 아무나 누릴 수 없는 큰 집과 큰 정원, 수많은 재산과 많은 처와 첩을 데리고 살았습니다. 그런 솔로몬이 영생을 바라보고 하늘 위의 삶을 준비할 것을 권하며 전도서의 결론[10]을 맺습니다. 그러니 솔로몬에게 가장 귀한 노래, 노래 중의 노래는 단지 '남녀 간의 사랑의 노래'가 될 수 없습니다. '가장 고상한 노래'의 주제는 사랑에 관한 것이지만, 이는 하나님과 그의 백성의 사랑입니다.

2절에서는 신부가 "내게 입맞추기를 원하니"[11]라고 합니다. 여기서의 '입맞춤'이란 단어는 가족이나 친척 간에 하는 인사(창 27:26-27; 29:11), 공적인 인사(삼상 10:1) 등에서 사용되는 동사[12]입니다. 아가서의 시작점에 등장하는 '입맞춤'은 아가서의 사랑의 의미를 방향 짓게 합니다.

아가서에서 사랑은 '더욱 가까이'하고자 하는 갈망으로 시작됩니다. 무엇을 갈망하느냐, 누구를 갈망하느냐는 그의 신앙의 현주소를 말해 줍니다. 어떤 갈망은 은혜를 새롭게 받게 하지만, 어떤 갈망은 가진 은혜조차 빼앗기게 하기 때문입니다.

로마서 1장 28절은 세상 사람들의 특징을 '주님을 갈망하지 않는 사람들'이라고 전제합니다. 주님은 그들이 '그 상실한 마음대로' 살도록 내버려 두십니다. 하나님에 대한 갈망이 없는 것이 곧 심판입니다. 반면에 주님을 향한 갈망은 주님의 사랑을 더욱 힘입는 길이 됩니다(렘 29:13; 잠 8:17). 다윗은 시편 42편에서 아들 압살롬에게 쫓겨다니며 유랑할 때 낙심할 만한 여러 환경에서도 낙망 대신에 갈망을 택합니다.

> 하나님이여 사슴이 시냇물을 찾기에 갈급함 같이 내 영혼이 주를 찾기에 갈급하니이다 내 영혼이 하나님 곧 살아 계시는 하나님을 갈망하나니 내가 어느 때에 나아가서 하나님의 얼굴을 뵈올까 시 42:1,2

> 내 영혼아 네가 어찌하여 낙심하며 어찌하여 내 속에서 불안해 하는가 너는 하나님께 소망을 두라 나는 그가 나타나 도우심으로 말미암아 내 하나님을 여전히 찬송하리로다 시 42:11

주님을 갈망하며 그분을 찾는 것이 은혜입니다. 갈망은 나로부터 시작되는 것이 아닙니다. 내 속의 갈망도 주께서 주실 때 이루어지는 은혜입니다. 그러므로 갈망이란 단지 내 안에 끓어오르는 열정이 아닙니다.

주님이 나를 만나고자 보내주시는 표시이며, 나를 만나주시려 준비시키시는 복된 과정입니다. 주님은 소원도 주시고(빌 2:13), 갈망도 주십니다. 그래서 하나님을 갈망하는 자는 복된 자입니다. 하나님을 갈망하며 그분께 나아가는 자는 그가 구하는 것을 얻습니다.

어떤 사람이 위대하다, 위대하지 않다는 평가는 곧 그의 인생에 문제가 있느냐 없느냐, 문제가 많으냐 적으냐에 있지 않습니다. 그가 가진 어려움을 누구에게 가지고 나아가느냐가 그의 인생을 위대하게도 만들고, 초라하게도 만듭니다.

주님을 갈망한 사람

사무엘상 1장에는 한나라는 여인이 등장합니다. 자신을 '마음이 슬픈 여자'라고 말하는 그녀는 자녀를 낳지 못함으로 고통의 세월을 살고 있었습니다. 그랬던 그녀가 자신의 인생을 바꾸고 역사를 새롭게 하는 위대한 여인으로 설 수 있었던 한 가지 이유는 자신의 문제를 하나님께 가지고 나아간 것입니다.

한나는 사람들이 자신을 핍박하고, 심지어 엘리 제사장조차 자신을 오해할 때에도 하나님만 갈망했으며, 그로 인해 하나님 앞에 엎드렸습니다. 성경은 한나의 갈망의 행동을 자세히 보여 줍니다.

… 한나에게는 자식이 없었더라 이 사람이 매년 자기 성읍에서 나와서 실로에 올라가서 만군의 여호와께 예배하며 … 한나가 마음이 괴로워서 여호와께 기도하고 통곡하며 … 그가 여호와 앞에 오래 기도하는 동안 … 나는 마

음이 슬픈 여자라 … 여호와 앞에 내 심정을 통한 것뿐이오니 삼상 1:2-15

하나님을 향한 한나의 갈망은 그녀의 인생을 송두리째 바꿉니다. 한
나를 통해 사사 시대의 혼돈 속에서 사무엘이 태어나게 된 것입니다. 아
이를 낳지 못해 괴로워했던 인생이 이스라엘의 역사를 새롭게 하는 데
쓰임 받은 것입니다.

성경에서 주님을 갈망했던 사람 중 여리고 성문 밖의 바디매오가 있
습니다. 그는 주를 향한 갈망으로 아무것도 두려워하지 않고 큰 소리
로 외쳤습니다.

> … 맹인 거지 바디매오가 길 가에 앉았다가 나사렛 예수시란 말을 듣고 소리
> 질러 이르되 다윗의 자손 예수여 나를 불쌍히 여기소서 하거늘 많은 사람이
> 꾸짖어 잠잠하라 하되 그가 더욱 크게 소리 질러 이르되 다윗의 자손이여 나
> 를 불쌍히 여기소서 하는지라 예수께서 머물러 서서 그를 부르라 하시니 …
> 막 10:46-49

그 결과 그는 길에서 눈을 뜨고 주님을 좇는 제자의 삶으로 변화되는
극적 경험을 하게 되었습니다.

내 안의 갈망은 무엇입니까? 그 갈망의 대상은 누구입니까? 내 안의
갈망으로 말미암아 주님께 나아가는 것은 내 인생을 새롭게 여는 시작
입니다.

만일 하나님 앞에 나아가기를 간절히 소망한다면 우리는 두 가지를
조심해야 합니다. 첫째는 하나님만 갈망하는 것입니다. 내 속에 있는

여러 종류의 갈망들을 하나님만 갈망하는 마음으로 바꾸는 것입니다. 세상을 향한 갈망을 구별해내고, 육신의 소욕에서 오는 갈망을 분별해 내어 순결한 갈망으로 내 마음을 채우며, 주님을 만날 준비를 하는 것입니다.

둘째는 주님이 싫어하시는 것은 무엇이든지 버리는 것입니다. 주님을 갈망하는 사람은 주님을 찾기 위해서라면 무엇이라도 하며 무엇이라도 아끼지 않습니다. 때로는 일상에서 얻는 사소한 즐거움까지 버리고 온전히 주님만 열망하며 주님께만 나아가는 것입니다.

✝ ⟪⟪⟪ 함께 나누며 생각하는 시간

1. 지난 주간, 당신의 갈망은 무엇이었습니까? 그리스도인이 세상 사람과 다른 점은 무엇이라고 생각합니까?(1:1-7)

2. 1장에서 배운 내용은 무엇입니까? 당신에게 적용할 점은 무엇입니까?

3. 당신에게 주를 더욱 사랑하게 된 계기가 있었다면 무엇입니까?

4. 누구나 위대한 인생을 살 수 있습니다. 그 방법은 무엇입니까? 성경에서 생각나는 사람은 누구입니까?

주를
갈망하는 이유

주님의 사랑으로 인해

신부는 2절과 3절에서 신랑이 입맞추어 주시기를 바라는 세 가지 이유를 말합니다. 신랑(주님)의 사랑 때문이고, 신랑의 기름 때문이고, 신랑의 이름 때문이라는 것입니다.

주를 갈망하는 첫 번째 이유는 주님의 사랑 때문입니다. "네 사랑[13]이 포도주보다 나음이로구나"(2절). 주님의 사랑은 포도주보다 낫고 더 달콤하며, 다른 것과 도무지 비교할 수 없다는 말입니다.

와인 예찬론자를 만나면 포도주가 얼마나 좋은지 듣게 됩니다. 와인 한 잔은 심장병 예방에 좋고, 와인 한 잔은 잠을 잘 자게 도와주며, 와인 한 잔은 기분을 좋게 한다고 말합니다. 그래서 그들은 지하실에 서재나 기도실 대신 와인 저장고를 만듭니다. 그 방의 온도와 습도를 조절하면서 여러 종류의 와인을 귀중히 모십니다. 그리고 말합니다. "와인은 나의 목자시니 내가 부족함이 없으리로다." 그들에게 와인은 어떤 것으로도 비교할 수 없습니다.

그러나 주님의 신부는 주님의 사랑과 비교할 수 있는 것이 없다고 말합니다. 와인 맛이 아무리 깊고 탁월하다 해도 주님이 주시는 사랑에는 비할 바가 아니라는 것입니다. 포도주가 일시적으로 마음을 즐겁게 해 줄지 모르지만, 예수 그리스도는 영원토록 영혼을 만족시켜 주시기 때문입니다.

포도주는 일시적인 즐거움을 대표합니다. 주님은 영원한 즐거움을 주시는 분입니다. 비싼 포도주를 먹는다고 해서 한 시간 더 오래 살지 못합니다. 하지만 주님의 사랑을 마시는 자는 영원히 목마르지 않고 살게 됩니다. 세상적인 즐거움을 잠시 줄 뿐인 포도주를 어찌 영생을 주시는 주님의 사랑에 비교할 수 있을까요?

이러한 주님의 사랑을 아는 시편 기자는 말합니다. 아무리 자기 앞에 진수성찬이 차려져 있어도, 그것을 주님의 사랑과 바꾸지 않겠다고 말입니다(시 4:7). 하박국 선지자는 그와 정반대의 환경에서 같은 고백을 합니다(합 3:17,18). 비록 지금은 아무것도 눈에 보이지 않는 환경이라 할지라도 주님의 사랑을 빼앗기지 않겠다는 고백입니다. 심지어 사도 바울은 감옥에 갇혀 있을 때에도 주님의 고상한 사랑을 노래합니다(빌 3:7-9). 사도 요한도 하나님의 사랑을 무엇과도 비교할 수 없다고 말합니다(요일 3:1).

포도주보다 나은 주님의 사랑을 어떻게 표현할 수 있을까요? 한없이 크고 넓으신 사랑, 아무런 조건 없이 부으시는 제한 없는 사랑, 아낌없이 다 내어주시는 결코 후회할 수 없는 사랑, 시작하면 결코 실망하지 않을 변치 않는 사랑, 다함이 없는 끝없는 사랑, 나를 대신해 십자가에서 죽으신 그 사랑, 나를 구원하시고자 하늘을 뚫고 달려오신 그 사랑, 나를 얻고자 하늘 보좌를 버리고 말구유를 택하신 그 사랑. 그래서 아가서는 주님을 향한 사랑의 고백으로 가득합니다.

예루살렘 여자들이 신부에게 묻습니다.

여자들 가운데에 어여쁜 자야 너의 사랑하는 자가 남의 사랑하는 자보다 나은 것이 무엇인가 … 아 5:9

그때 신부는 주님의 사랑을 이렇게 말합니다.

내 사랑하는 자는 희고도 붉어 많은 사람 가운데에 뛰어나구나 아 5:10

우리 주님의 순결하고 생명 넘치는 사랑은 지구상의 어떤 사랑과도 비교될 수 없다는 고백입니다.

주님의 기름으로 인해

주를 갈망하는 두 번째 이유는 주님의 기름 때문입니다.

네 기름이 향기로워 아름답고 네 이름이 쏟은 향기름 같으므로 처녀들이 너를 사랑하는구나 아 1:3 (신부)

성경은 진리를 강조하기 위해 발음이 유사한 단어를 연결시켜 그 뜻을 강조하곤 합니다.[14] 2절의 '기름'과 '이름'이 그런 예입니다. 히브리어를 번역한 것이지만 한국어도 유사한 점이 느껴집니다. 어떤 학자는 '기름'과 '이름'으로 연결하는 대신 '포도주의 향기'와 '기름의 향기'로 대조해 해석하기도 합니다.[15] 그것 역시 주님의 사랑을 강조하는 것입니다.

신부가 주님을 갈망하는 이유는 주님에게서 나오는 향기 때문입니다. 기름은 성경에서 대부분 성령으로 비유됩니다(사 61:1; 요일 2:27). 주님의 삶은 성령으로 충만한 삶이셨습니다. 또한 기름은 주님의 삶에서 성령과 그의 능력이 충만하심으로 나오는 향기입니다(행 10:38a). 그러므로 '기름이 향기로워 아름답다'는 것은 주님의 자애로우심, 주님의 친절하심, 주님의 성실하심, 주님의 인자하심 등을 말합니다. 성경에서 말씀하는 '아름다움'[16]이란 가장 좋은 것이고 선한 것입니다.

저는 과일가게에서 온갖 종류의 과일을 보면 마음에 감동이 넘칩니다. 철따라 맺는 다양한 색깔과 수많은 종류의 과일들은 주님의 자상하심, 그의 자녀들을 향한 주님의 성실하심을 우리에게 보여 주기 때문입니다. 나라와 지역에 따라 계절마다 다른 과일의 종류와 색깔, 맛과 향기는 주님이 그의 자녀들을 위해 만드신 사랑의 향기입니다. 그래서 과일가게에 가면 주님의 향기에 취하고, 그럴 때마다 가슴은 감동으로 벅차오릅니다.

주님의 이름으로 인해

주님의 삶에서 흐르는 향기도 아름답지만, 신부가 주님을 갈망하는 세번째 이유는 주님의 이름 때문입니다.

네 이름이 쏟은 향기름 같으므로 처녀들이 너를 사랑하는구나 아 1:3 (신부)

기름이 주님의 사역을 의미한다면, 이름은 주님의 인격을 의미합니다.
'네 이름이 쏟은 향기름 같다'라는 말은 그분의 인격에서 나오는 희생과
사랑을 보여 줍니다.

우리는 때로 주님을 사랑하다가 낙심하는 때가 있습니다. 처한 환경
에 눌려 그분이 누구신지를 놓치는 때입니다. 감옥에 갇힌 세례 요한도
그랬습니다. 그는 주님께 제자들을 보내어 물었습니다.

… 오실 그이가 당신이오니이까 우리가 다른 이를 기다리오리이까 마 11:3

세례 요한이 이런 질문을 할 수 있을까요? 언제는 "나는 당신의 신들
메도 붙들 수 없습니다"라던 사람이 왜 이제, 감옥에서 조금 상황이 어
려워지니 이런 말을 하는 것입니까? 성경은 이를 이렇게 설명합니다.

요한이 옥에서 그리스도께서 하신 일을 듣고 … 마 11:2

그는 예수님이 하신 일을 듣고 제자들을 보내 질문합니다.
"주님이시라면 왜 이런 일들을 안 하십니까?"
낙심해 실족해 있는 요한을 위해, 주님은 요한의 제자들에게 이르십
니다.

예수께서 대답하여 이르시되 너희가 가서 듣고 보는 것을 요한에게 알리되 맹인이 보며 못 걷는 사람이 걸으며 나병환자가 깨끗함을 받으며 못 듣는 자가 들으며 죽은 자가 살아나며 가난한 자에게 복음이 전파된다 하라

마 11:4,5

이 말씀은 이사야가 예언한 것으로, 이 말씀으로 주님은 요한에게 이렇게 대답하시는 것입니다.

"너는 내가 이런저런 일들을 하지 않는다고 해서 나에 대해 낙심하면 안된다. 내가 무엇을 하고 있느냐에 집중하지 마라. 내가 누구인가에 늘 초점을 맞추라."

그러면서 주님은 무리에게 이렇게 말씀하십니다.

누구든지 나로 말미암아 실족[17]하지 아니하는 자는 복이 있도다 마 11:6

주님이 하시는 일에 초점을 맞추면 신앙생활을 하다 낙심하기 일쑤입니다. '주님, 왜 이런 일들을 빨리 해주지 않으세요?' 그러나 그럴 때마다 우리는 '주님은 나에게 누구신가?' 하는 주님의 인격에 초점을 맞추어야 합니다. 주님의 손을 보기보다, 주님의 마음을 먼저 보아야 합니다.

2절의 '당신의 이름'이 귀한 것임은 아가서가 기록된 때로부터 약 960년이 지난 마태복음 1장에서 우리에게 구체적으로 계시됩니다.

아들을 낳으리니 이름을 예수라 하라 이는 그가 자기 백성을 그들의 죄에서

오늘날도 그렇지만, 당시에 '예수'[18]라는 이름은 가장 흔한 이름이자 평범한 이름이었습니다. 더욱이 '나사렛 예수'라는 이름은 천한 지역의 천한 사람, 북쪽지방에서 태어난 평범한 사람이란 뜻입니다. 그런데 마태복음 1장에서 천사 가브리엘이 나타나 태어날 아기의 이름을 '예수'라 부르라고 마리아에게 말합니다. '예수'라는 이름에 담긴 뜻이 무엇이기에 그런 것일까요?

맥스 루카도는 "주님은 그 이름 안에 자신의 겸손과 자기 비하를, 한없이 자신을 낮추신 사랑의 모습으로 자신을 드러내셨다. 예수라는 이름 안에는 그분의 인격이 담겨 있다"라고 말했습니다.

그 이름 안에 담긴 의미를 나는 이렇게 한 마디로 정의하고 싶습니다.

"난 너를 위해서라면 무엇이든 할 수 있어."

"나의 이름을 예수라 불러다오"라는 말씀 안에는 '나는 너를 위해서라면 무엇이든 할거야. 너를 살릴 수만 있다면 내가 어떤 모습이 되어도 상관이 없어'라는 주님의 사랑이 가득 담겨 있습니다.

"너를 살릴 수만 있다면 나는 어떤 모습이 되어도 상관없어. 내가 가시고리가 달린 채찍에 맞아 피를 쏟는다 해도, 로마 병사들이 나를 모욕하며 침을 뱉고 뺨을 때려도 너를 살릴 수만 있다면 나는 상관없어. 내가 가장 참혹한 저주의 상징인 십자가에 달려 피와 물을 쏟으며 뼈가 상하고 아픔이 나의 폐부를 찔러도, 너만 살릴 수 있다면 나는 아무 상관 없어."

나 하나 때문에 기꺼이 모든 것을 참으셨던 하나님의 크신 사랑입니다. 이것이 그 이름 속에 담긴 비밀입니다.

"너를 위해서라면 나는 십자가에 달려 죽어도 좋아. 너를 위해서라면 말구유에 태어나는 것도 상관이 없어. 하늘 보좌를 버리고 질병과 저주로 가득한 세상에서 이름 없이 산다고 해도, 나는 너를 위해서라면 그 이상도 할 수 있어."

이것이 주님이 우리에게 베푸신 사랑입니다. 우리가 그토록 열망하며 주님을 가까이하고 싶은 이유가 그 사랑 때문입니다. 그 이름 때문입니다.

주님이 나를 위하셨는데

앞에서 나는 26세 때 뇌염에 걸려 죽을 뻔했던 이야기를 나누었습니다. 한양대병원 12층 처치실에 누워서 의식을 찾지 못하고 일주일 동안 호스 세 개를 몸에 꽂고 누워 있을 때, 나의 어머님은 병원 12층 난간으로 나가서서 기도하셨습니다. 그 기도 소리가 하늘에 닿도록 목이 터져라 외치며 간구하셨습니다. 저 하늘에도 들렸겠지만, 저 아래 1층에 있던 사람들도 다 들을 수 있는 절규였습니다. 자식을 살리기 위해서라면 무엇이든 할 수 있다는 것이 어머님의 마음일진대, 하물며 우리 모두를 죄악에서 구원하시기 위해 우리 주님이 저 하늘 보좌를 버리고 달려오신 그 사랑은 어떠했을까요?

그리스도인이란 그리스도와 하나된 자를 말합니다. 그렇다면 나를 살리시기 위해 모든 것을 아끼지 않으셨던 주님을 위해 내가 아낄 것이 있을까요? 오늘도 우리가 사는 이유는 우리가 받은 그 사랑 때문이고,

우리를 위한 그 이름 때문이 되어야 합니다.

가난하게 태어나 방직공장에서 일하던 데이빗 리빙스턴은 그 사랑을 깨달았습니다. 이렇게 고백합니다.

"주님, 나는 주님께 드릴 재물이 없습니다. 나는 가난합니다. 그러나 내가 가진 것, 내 몸을 주님께 드립니다. 나를 사용해 주십시오."

그리고 27세에 미지의 땅, 아프리카로 복음을 들고 나아갔습니다. 16년간 아프리카 선교사로 일한 그가 영국으로 일시 귀국해 글래스고우 대학에서 박사학위를 받았을 때, 다시 아프리카로 돌아갈 결심을 발표합니다.

사나운 맹수와 질병, 혹독한 기후, 원주민 가운데서 지금까지 지낼 수 있었던 것은 "볼지어다 내가 세상 끝날까지 너희와 항상 함께 있으리라"(마 28:20) 하신 예수님의 말씀입니다. 바로 이 말씀에 모든 것을 걸었습니다. 그 말씀이 한 번도 나를 낙심케 한 적이 없었습니다. 사람들은 내가 아프리카에서 인생을 보낸 것을 희생이라고 말하지만 희생이 아닙니다. 도저히 갚을 길이 없는 주님에 대한 빚을 조금 갚으려고 한 것에 불과합니다. 이것을 어찌 희생이라는 고귀한 말로 표현할 수 있겠습니까? 앞으로 누릴 영원한 소망을 알려준 것인데, 어찌 희생이라고 할 수 있겠습니까? 나는 한 번도 희생한 일이 없습니다. 오직 나를 구원해 주신 하나님의 은혜 때문입니다.

그는 죽기 일년 전인 1872년 3월 19일, 59회 생일 때 일기에 이렇게 썼습니다.

"나의 주님, 나의 왕, 나의 생명, 나의 모든 것, 나는 다시 나의 모든 것을 당신께 바칩니다."

평생 동안 흔들림없이 주님을 사랑하는 마음으로 살다 간 사람, 데이빗 리빙스턴. 우리도 그렇게 흔들리지 않고 주님을 사랑하면서 살아야 하지 않을까요?

1. 신부가 주님을 갈망하는 세 가지 이유는 무엇입니까?

2. 2장에서 가장 기억에 남는 것은 무엇이며 당신에게 적용할 점은 무엇입니까?

3. 그리스도인이 때로 낙심하는 이유가 무엇이며, 낙심하지 않기 위해 어떻게 해야 합니까?

4. 예수의 이름에 담긴 뜻이 무엇입니까? 내가 주님께 아끼지 않는 것은 무엇입니까? 내가 아직도 아끼고 있는 것은 무엇입니까?

갈망하는 자가
누리는 유익

세상에 없는 기쁨과 즐거움

2절의 '입맞추어 주세요'(Kiss Me)가 신부의 첫 번째 갈망이라면, 4절의 '이끌어 주세요'(Draw Me)는 신부의 두 번째 갈망이고 간구입니다.

4절에서 '왕'(3인칭)이라는 호칭이 '너'(2인칭)로 갑작스레 변하는 것은 주님을 향한 강한 열망을 표현하는 시적 형식입니다. 주님을 가까이할수록 주님을 더 가까이하고 싶어지기 때문입니다. 더 가까이하고 싶은 마음은 사랑의 속성입니다. 야고보는 "하나님을 가까이하라 그리하면 너희를 가까이하시리라"(약 4:8)라고 했습니다. 주님을 더욱 가까이함으로 신부는 여러 유익을 얻습니다.

주님을 깊이 갈망해야 하는 이유는 주님을 가까이하는 자에게 반드시 유익이 있기 때문입니다. 그 첫 번째 유익은 기쁨과 즐거움입니다.

"우리가 기뻐하고 즐거워하리니."[19] 우리가 기뻐할 수 있는 이유는 주님을 가까이하는 자에게 하나님의 기쁨이 흘러오기 때문입니다(습 3:17). 이 기쁨은 구원받는 자만이 누리는 것이며, 사랑받는 자가 누리는 은혜입니다(사 61:10). 주님이 주시는 기쁨은 어떤 상황에서도 빼앗기지 않는 즐거움입니다(합 3:17,18). 이것이 우리가 주님을 가까이함으로 얻는 열매입니다.

　주님이 주시는 기쁨은 '기쁨의 서신'이라고 불리는 빌립보서에서도 볼 수 있습니다. 바울이 감옥에서도 결코 빼앗기지 않는 기쁨을 소유하고 있다고 고백한 그것입니다. 주님이 주시는 즐거움은, 로마서에 의하면 환난 중에도 즐거워하며 환난을 이기는 즐거움입니다. 주님이 주시는 평강은 세상이 결코 빼앗을 수 없는 평강입니다.

> 평안을 너희에게 끼치노니 곧 나의 평안을 너희에게 주노라 내가 너희에게 주는 것은 세상이 주는 것과 같지 아니하니라 너희는 마음에 근심하지도 말고 두려워하지도 말라 요 14:27

　이 기쁨과 즐거움과 평안을 누가 얻을 수 있습니까? 바로 왕께 가까이 나아가기를 열망하는 사람입니다. 4절에 나오는 신부의 고백처럼 "주님을 향해 달려가는 사람들, 왕의 내실까지 들어가는 자"가 얻습니다. 왕의 침궁, 왕의 내실은 왕만이 들어가고, 왕의 사랑을 가장 많이 받는 자만 들어가는 곳입니다. 이는 바로 주님과 가장 깊은 교제의 자리를 의미합니다. 주님을 개인적으로 깊이 체험하는 자리인 것입니다.

　왕의 침궁, 왕의 내실이라는 은유적 표현은 아가서에서만 나오는 것이 아니라, 성경 여러 곳에서 나옵니다. 요한복음 14장에서 주님은 왕의 침궁, 곧 친밀한 교제의 장소를 '처소, 거처'라고 하십니다. 시편 91편에서는 친밀한 교제의 장소를 '전능하신 자의 그늘'이라고 표현합니다. 아가서 8장 5절은 그 거처를 사과 향기로 가득한 '사과나무 아래'라고 합니다.

가장 고통스러운 시간의 찬양

저는 1993년부터 21년 동안 이민목회를 했습니다. 초창기 토론토에서 목회를 할 때의 일입니다. 혼자 된 여 집사님 한 분이 아들과 딸과 열심히 살고 있었습니다. 어느날, 당시 대학교에서 학생회 부회장과 배구부 선수로 활동하던 스무 살의 건강한 아들이 원인 모를 질병으로 한 달 만에 세상을 떠나게 되었습니다. 그러나 그 집사님은 하나밖에 없는 아들을 잃는 극한의 고통의 자리에서도 하나의 노래를 반복하며 주님을 찬양하고 있었습니다.

> 나의 마음을 정금과 같이 정결케 하소서
> 나의 마음을 정금과 같이 하소서
> 내 영혼에 참 평안 있으니
> 주님과 같이 거룩하게 하소서, 주님
> 나의 삶을 드리니 거룩하게 하소서, 주님
> 나를 받으소서

나는 그 여 집사님과 딸과 함께 아들의 마지막 밤을 병원에서 지새웠습니다. 그리고 새벽기도 시간이 다가와 설교를 하기 위해 병원에서 나와 교회로 향했습니다. 설교하는 중에 그 아들이 천국에 갔다는 소식을 들었습니다. 그 후 이 찬양을 들을 때마다 믿음으로 고난을 이겨내던 그 집사님과 딸의 찬양소리가 내 귓가에 맴돌곤 합니다. 그 분들은 가장 고통스러운 시간에도 하나님 앞에 서서 흔들리지 않고 찬양으로 슬픔을 이겨냈습니다.

이처럼 세상이 결코 빼앗을 수 없는 평안은 주님께 가까이 나아가는 자가 얻는 특권입니다. 주님의 깊은 내실까지 나아가십시오. 주님과 깊은 관계를 맺으십시오.

우리가 너를 따라 달려가리라 우리가 너로 말미암아 기뻐하며 즐거워하니
아 1:4 (신부)
Draw me, we will run after you, we will rejoice in you. KJV

'주님 곁으로 날 부르소서'(Draw me close to you)라는 찬양이 있습니다. 이 찬양이 바로 4절의 '가까이 가게 해 주세요. 주님께 달려가겠습니다'라는 말씀으로 만든 곳인 듯합니다.

주님 곁으로 날 이끄소서
내 모든 것 다 드리니 주 음성 듣기 원하네
나의 참 소망 그 무엇과도 바꿀 수 없는 그 사랑
그 품 안에 나 안기니 주님 곁으로 인도하소서

주님만이 내 모든 것 되시니
주님만을 더 알게 하소서

주님이 주시는 즐거움과 기쁨을 소유한 사람들은 세상이 주는 일시적인 즐거움을 포기합니다. 세상은 항상 주님과 우리 사이를 갈라놓으려 합니다. 주님께 가까이 가지 못하게 합니다. 주님의 즐거움을 갖지 못하게 하며, 세상이 주는 즐거움으로 우리를 유혹합니다. 그 사소한 세상적 열망이 주님의 사랑에 가까이 가지 못하게 하는 것입니다. 만일 그럴 때 세상의 즐거움을 택한다면, 우리는 주님과 나누는 깊은 교제의 즐거움을 빼앗길 것입니다. 우리 인생은 시간도, 삶의 모든 것도 제한되어 있기 때문입니다. 세상이 주는 일시적 즐거움은 그저 포도주의 맛과 같을 뿐입니다.

그러면 어떻게 하면 사소한 즐거움 대신 영원한 즐거움을 택할 수 있을까요? 주님을 열망하는 것보다 덜 중요한 것들은 포기하면 됩니다. 일시적인 즐거움이 피곤한 우리 육신과 마음에 약간의 쉼을 줄 수는 있습니다. 그러나 영원한 즐거움을 위해 일시적인 즐거움은 포기해야 합니다. 최선의 적은 차선이라는 말이 있습니다. 최선을 택하고 차선은 버려야 합니다. 최선 대신 차선을 택하면 결코 최선을 택할 수 없습니다.

또 하나의 방법은 두려운 마음이 올 때, 두려워하는 것을 택하기보다 기도함으로 평안을 취하는 것입니다. 불평하고 싶을 때 불평을 토로하는 것이 최선인지 자신에게 물어보십시오. 질투가 날 때 그 질투를 내 마음에 두는 것이 최선인지 물어보십시오. 그것이 최선을 택하는 방법입니다. 차선을 선택하면 최선을 선택함으로 오는 즐거움을 깊이 맛볼 수 없습니다.

내가 비록 검으나 아름다우니

4절이 주님을 더욱 가까이하려고 열망하는 자에게 세상에서 맛볼 수 없는 깊은 즐거움과 기쁨이 주어짐을 말한다면, 5절은 주님을 가까이 함으로 얻게 되는 두 번째 유익을 말합니다. 진정한 나의 모습을 발견하는 것입니다.

> 예루살렘 딸들아 내가 비록 검으나 아름다우니 게달의 장막 같을지라도 솔로몬의 휘장과도 같구나 아 1:5 (신부)

5절의 '게달'은 이스마엘의 아들 이름으로 광야에서 유랑하는 족속입니다. 그러므로 이 구절은 '나는 그들의 장막처럼 보잘것없어 보인다'는 뜻의 은유적인 표현입니다. '검다'는 말은 단지 술람미 여인이 흑인이라는 말이 아닙니다. 햇빛을 쬐어 거무스름해졌다는 말은 세상에서의 삶이 쉽지 않다는, 편안한 삶이 아니라는 의미입니다.

그런데 신부는 거기서 그치지 않습니다. 그는 자신이 비록 검으나 아름답다고 말합니다. 이는 비록 부족하고 못났어도, 주님 안에서 사랑받고 있음으로 발견되는 새로운 나, 주님 안에서 발견되는 진정한 나의 모습을 이야기합니다.

'나는 게달의 장막처럼 검다'는 말은 육신의 관점에서 자신을 본 것입니다. 세상적인 관점과 세속적 세계관으로, 외모로 자신을 평가한 것입니다. 외모라 함은 학력, 재력, 가문 등으로도 표현될 수 있을 것입니다. 참 자유는 이런 편견에서 벗어나는 것입니다. 그러나 여전히 많은 사람들이 피부색뿐 아니라 세상이 만들어낸 여러 편견에서 자유를 얻지 못합니다.

주님을 가까이할수록 진정한 나를 발견하게 되므로 자신에 대한 세상의 평가에 개의치 않게 됩니다. 그동안 외모로 인해 가져야 했던 열등의식도 그 사람을 계속 사로잡을 수 없습니다.

칼빈은 《기독교강요》에서 "하나님에 관한 지식과 나 자신에 관한 지식은 연결되어 있다"라고 했습니다. 하나님을 알지 못하고 자신을 바르게 알 수 없습니다. 또한 자신을 알지 못하면 하나님을 알지 못합니다.[20] 나의 진정한 모습은 오직 그리스도 안에서 발견할 수 있습니다.

나의 포도원을 내가 지키지 못하였구나 아가서 1:6B (신부)

어떻게 나 같은 사람이

언젠가 사흘 밤을 자지 못한 때가 있었습니다. 잠을 못 이룬 이유는 나의 부족, 나의 추함, 나의 죄악 때문이었습니다.

'어떻게 나 같은 사람이 있을까?'

그리고 어느 날, 또 사흘 밤을 자지 못했습니다. 이번에는 주님 때문이었습니다.

'주님은 어떻게 나 같은 사람도 사랑하실까?'

이렇게 어리석고 무능한 나, 죄를 미워하며 죄를 좋아하지도 않는데 번번이 죄에 끌려다니는 연약한 나, 이런 나를 어떻게, 이렇게 사랑하시는가?

때로는 죄로 인해 나를 자책하지만, 때로는 은혜로 인해 감격하는 날이 있습니다. 이것이 주님 안에서 발견하는 새로운 나, 진정한 나의 모습입니다.

> 내 마음으로 사랑하는 자야 네가 양 치는 곳과 정오에 쉬게 하는 곳을 내게 말하라(Tell Me) 내가 네 친구의 양 떼 곁에서 어찌 얼굴을 가린 자 같이 되랴 아 1:7 (신부)

> 사랑하는 당신이여, 어디서 양 떼를 치시는지, 대낮에는 어디서 양 떼를 쉬게 하시는지 말해 주세요. 내가 왜 얼굴을 가린 여인같이, 당신 친구들의 양 떼 사이에서 당신을 찾아 헤매야 합니까? 아 1:7, 쉬운성경

이 구절은 "주님, 어디서 양 떼를 먹이십니까? 내가 그곳으로 달려가겠습니다. 어디서 양 떼를 쉬게 하십니까? 내가 그곳으로 달려가겠습니다. 화려한 왕의 침실이 아니어도 좋습니다. 황량한 빈 들이어도, 뙤약볕이 내리쬐는 광야일지라도 주님이 계시는 곳이라면 나는 달려가겠습니다. 내가 부족할지라도, 세상은 내가 주님을 사랑할 자격이 없다고 말할지라도, 그래서 내 얼굴이 가리운 자처럼 부족할지라도, 그래도 나는 주님의 양 떼 중 하나가 되겠습니다"라는 의미입니다.

자신의 부족함과 초라함에서 오는 장애물―사람들이 자신을 외모로 평가하거나, 자격이 없다고 뿌리치는 세상적 장애물―을 넘어 어디든지

주를 향해 달려가겠다며 "말씀해 주세요"(Tell Me)라고 주를 열망하는 신부의 고백이 신부의 세 번째 갈망입니다.

진정한 자신을 발견하다

신부가 세 번째 갈망의 고백을 한 후에 비로소 신랑의 음성이 들려옵니다. 그것이 8절부터 11절로 이어지는 신랑 되신 주님의 음성입니다. 주님의 음성을 듣는 것이 주님께 나아가는 자가 누리는 세 번째 유익입니다. 신랑의 음성이 처음으로 들려옵니다. 신랑이신 주님의 음성을 들으며 신부는 더욱 진정한 자신을 발견하게 됩니다.

여인 중에 어여쁜 자야 아 1:8A[21] (신랑)

이는 연인을 향한 최상의 고백입니다. 우리가 자신을 무가치하다고 여길 때, 주님은 우리를 최고로 귀하게 여기십니다. 이것이 사랑이 갖는 신비입니다. 주님은 사랑하는 이에게 삶의 방향을 말씀하십니다.

"나와 동행하는 삶의 비결은, 양 떼의 발자취를 따라(앞서간 성도들을 본받고), 목자들의 장막 곁에서(좋은 사역자들의 지도 아래서), 염소새끼(어린 양)를 먹이는 것이다."

만일 신랑의 음성에서 주님의 음성을 듣는다면, 우리는 이렇게 보는 것에 전혀 무리가 없습니다. 가장 적합한 말씀이기 때문입니다.

그리스도인이 교회라는 공동체를 떠나서 존재할 수 없습니다. 하나님은 창조 때부터 가정이라는 공동체와 교회라는 공동체를 만드셔서 그곳에서 하나님의 나라를 세우시는 것을 기뻐하십니다.

내 사랑아 내가 너를 바로의 병거의 준마에 비하였구나 아 1:9 (신랑)

주님은 신부에게 '내 사랑'이라고 부르십니다. 이는 사모하는 여인에게, 매우 친한 동료에게 쓰이는 용어입니다.[22] '내 사랑'은 아가서에서 신부를 향해 부르시는 애칭으로 무려 9회나 등장합니다. 9절은 더욱 발전된 진정한 나의 모습입니다. '내가 비록 검으나 아름다우니'가 내가 발견한 나의 모습이라면, 9절의 '내 사랑아', '너는 나에게 바로의 준마'라는 것은 주님이 보시는 진정한 나의 모습입니다. 나를 얼마나 아름답고 소중하게 여기며 사랑하시는지 알게 하는 애칭이며 은유입니다.

'바로의 병거의 준마'란 두 가지 의미를 가집니다. 첫째 의미는 가치에서의 탁월함입니다. 당시 말 중에 가장 좋은 말은 바로 왕이 거느린 말이었습니다. 그중에도 바로 왕의 병거의 준마는 다른 말에 비해 탁월했습니다. 둘째 의미는 소유의 개념입니다. 말은 왕의 소유물입니다. 주님에게 신부의 존재는 가치의 측면에서 다른 무엇보다 탁월할 뿐 아니라 '주님의 특별한 소유'라는 의미입니다.

너희는 너희 자신의 것이 아니라 값으로 산 것이 되었으니 고전 6:19B-20A

이 말씀을 이렇게 풀어 쓸 수 있습니다.
"난 70억 인구 중에 너밖에 안 보여."
이렇게 놀라운 고백이 있을까요?

하나님은 이 세상에 나 하나밖에 없는 것처럼 나를 사랑하십니다. 이것은 전능하신 하나님이시기에 가능한 사랑의 방법입니다.

성경은 이스라엘 백성을 종종 준마에 비교합니다(슥 10:3). 이런 말씀을 들으면서 가슴이 뛰지 않는다면, 내 심장이 잘못되었거나 죽은 것인지도 모를 일입니다. 주님의 사랑스런 음성을 들을 때 심장이 뛰고 있습니까? 그렇다면 나는 주님 안에서 진정으로 살아 있는 사람이고, 생명을 가진 자라고 생각해도 좋습니다.

네 두 뺨은 땋은 머리털로, 네 목은 구슬 꿰미로 아름답구나 아 1:10 (신랑)

10절은 신부의 진정한 아름다움이 어디에서 비롯되는지 말합니다. 신부의 아름다움은 신부의 단정한 모습과 신부가 가진 장식물에서 비롯됩니다. 주님이 내게 많은 것을 주지 않으셨을지라도, 내게 있는 단 하나라도 주를 향해 쓰여질 때, 그로 인한 그 삶의 향기가 그를 아름답게 하는 것입니다.

내 사랑, 나의 신부

이 대목에서 내 사랑, 나의 아름다운 신부에 대해 이야기하지 않을 수 없습니다. 이 책에서 나는 종종 아내, 손영진에 대해 이야기할 것입니다. 말하자면 아가서 강해 중에 아내의 이야기, 다시 말하면 내 아내에 대한 내 사랑 이야기가 포함되는 것이지요.

아내 손영진 사모는 현재 40대 이상이면 대개 기억하실 복음성가 가수입니다. 여성 찬양 사역자 1호로 꼽히기도 하지요. 20대 이하 청소년도 아내 이름은 몰라도 아내가 부른 노래를 말하면 거의 압니다. 디즈니 장편 애니메이션 '인어공주'의 한글 더빙판에서 주인공 애리얼(Ariel) 공주가 에릭(Eric) 왕자를 만난 후 육지를 동경하며 부른 아리아의 목소리 주인공이 바로 아내거든요. 공교롭게도 동화에서 애리얼은 세상에서 가장 아름다운 목소리를 가진 것으로 묘사되지요. 아내도 그렇다고 나는 생각합니다.

아내가 주님을 처음 만난 때는 1983년 세종문화회관에서 개최된 제2회 극동방송 복음성가 경연대회 예선을 치르던 시간이었습니다. 어릴 적부터 노래를 잘했기에 가수가 꿈이었던 아내는 가수가 되고자 경연대회에 참석했습니다. 그때까지도 마지못해 교회를 다니는 정도의 신앙생활을 하고 있던 아내는 주님을 몰랐습니다.

기타를 메고 차례를 기다리고 있는데, 앞 순서에서 찬양하는 분의 찬양이 들려왔습니다. 그는 시각장애인이었고, 기타도 음정도 소리도 서투르다고 생각하던 바로 그때, 정반대의 생각이 가슴을 때리기 시작했습니다. 자신의 노래와 다른 무엇 한 가지가 분명히 그의 노래 속에 있었기 때문입니다. 그것은 은혜였습니다. 그의 찬양에는 은혜가 흐르고 있었습니다. 그 은혜 가득한 찬양을 들으며 주님이 자신에게 하시는 두 마디 음성을 들었습니다.

"내가 너를 사랑한다. 너의 모습이 어떠하든 내가 너를 잊지 않고 있다."

주님의 뜻을 깨닫는 순간 눈물이 홍수처럼 쏟아졌습니다. 그리고 그 자리에서 주님께 이런 고백을 했습니다.

"주님, 저는 평생 주님만을 찬양하겠습니다."

그리고 아내는 어떻게 자신의 순서가 끝났는지 기억할 수 없었습니다. 주님은 그렇게 아내의 삶에 찾아오셨습니다. 그리고 아내의 삶을 송두리째 바꾸셨습니다. 주님과 사귐이 시작되었던 것입니다.

✝ ⫷⫷⫷ 함께 나누며 생각하는 시간

1. 이 책의 3장에서 배운 점은 무엇이며 당신에게 적용할 점은 무엇입니까?

2. 당신이 주님을 가까이함으로 어떤 유익이 있었습니까? 본문이 말하지 않았지만 느끼거나 깨달은 유익을 기록하고 나누어보십시오.

3. 나의 삶에 최선은 무엇이며, 차선은 무엇입니까? 최선과 차선이 갈등한 때는 언제이며, 그럴 때 어떻게 해결하고 있습니까?

4. 진정한 나를 발견하지 못했던 때에 나의 자아상은 어떠했습니까? 진정한 나를 발견함으로써 변화된 것은 무엇입니까?

향기나는
삶의 시작

냄새의 원인

사람마다 지닌 향기가 있습니다. 그 사람에게 가까이 가면 그 사람의 냄새가 납니다. 사람마다 각자 가지는 자기 냄새가 있다는 것입니다. 사람의 향기란 인격에서 풍겨나는 냄새입니다. 어떤 사람이 재물이나 소유나 명예에 욕심이 많다면, 그 사람의 인격에서 풍기는 냄새는 바로 욕심입니다. 어떤 사람의 마음이 맑고 깨끗하다면, 그 사람의 인격에서는 맑고 깨끗한 향기가 날 것입니다.

국어사전은 냄새 중에서도 좋은 냄새를 '향기'라고 구분합니다. 우리는 두 종류의 삶을 살 수 있습니다. 냄새 나는 사람과 향기 나는 사람. 그렇다면 이 두 가지를 어떻게 구분지을 수 있을까요? 바로 누구를 가까이하며 사느냐가 두 종류의 인생을 구분짓습니다. 주님을 사랑하고 열망하는 그리스도인은 당연히 주님처럼 좋은 향기가 나는 삶을 살아 가게 됩니다.

아름다운 향기를 내는 사람들

1. 주님을 갈망하는 사람

아가서 1장 전체를 주목해 봅시다. 1장에서 사랑은 주님을 향한 열 망, 갈망으로부터 시작되었습니다. 12절에 이르러 신부에게서 아름다 운 향기가 풍기는 것을 볼 수 있습니다. 이것은 무엇을 의미할까요? 주 님을 사랑하면 할수록 주님을 닮아가게 되어 주님의 향기가 풍겨난다 는 것입니다.

1장의 흐름은 이렇습니다. 먼저 신부는 "입맞추어 주세요"(2절)라며 주님을 갈망합니다. 또한 "가까이 해 주세요"(4절)라며 마음으로만 생 각하지 않고 더 가까이 가려 합니다. 그로 인해 기쁨과 즐거움을 얻게 됩니다. 거기에 신부는 한 가지 소원을 더합니다. "말씀해 주세요"(7절). 이후 신부는 진정한 자신을 발견하게 됩니다. 자신 안에서 풍겨나는 향 기를 발견하고, 백향목으로 지어진 견고한 집처럼 삶에서 안식과 쉼과 안정감을 갖게 됩니다(16절).

주님을 갈망하는 사람은 향기 나는 사람이 되어 향기 가득한 집에서 그 향기를 뿜어냅니다. 이제 신부에게 가까이 가면 그녀에게서 주님의 향기가 납니다. 이것이 1장의 내용입니다.

누군가를 사랑하는 사람에게서는 고운 향기가 납니다. 그 향기는 얼굴에서, 말에서, 마음에서 풍겨 나옵니다. 주님을 사랑하는 사람의 특징은 주님의 향기가 삶에 묻어 삶에서 주님의 향기가 풍기게 합니다. 주님의 향기가 그 사람, 곧 주님을 사랑하는 나의 향기가 되는 것입니다. 이전에는 나에게서 사람의 냄새만 났는데, 주님을 사랑하면서부터 주님의 향기가 납니다(12절). 주님을 가까이하는 사람은 향기 나는 삶을 살아가는 사람이 된다는 말입니다. 이것이 1장의 결론입니다.

이제 12절에서 주목할 말씀은 '향기'입니다. 신부는 주님을 갈망하는 마음에서 시작해 왕과 함께 앉아 먹고 마시기까지 친밀해졌습니다. 그 결과 신부에게서 향기가 나기 시작했습니다. 이것이 주님과 깊은 교제를 나눈 사람만이 가질 수 있는 열매입니다. 그 향기는 오로지 주님과 나누는 친밀함에서만 나오는 열매이기 때문입니다.

2. 소속감이 분명한 사람

그리스도인에게 소속감이란 '나는 주님의 것이며, 나는 주님께 속했다'는 것을 말합니다. 마치 풍랑에도 깊이 닻을 내린 배처럼 주님 안에서 안정감을 가진 사람입니다. 그것은 그 사람의 영성의 깊이라고 말할 수 있습니다. 12절 바로 앞의 11절은 신랑 되신 주님의 말씀입니다.

우리가 너를 위하여 금 사슬에 은을 박아 만들리라 아 1:11 (신랑)

금은 시간이 지나도 변하지 않는 성질 때문에 귀한 것으로 여겨집니다. 하나님께서는 출애굽하는 이스라엘 백성에게 성막을 계시하시면서 성막 내부를 금으로 칠하게 하셨습니다. 성막은 수양의 가죽과 해달의 가죽으로 덮힌 수수한 모습이지만, 그 안으로 들어가면 금촛대에서 비추이는 불빛으로 인해 사방이 온통 금빛으로 가득했습니다. 이는 금을 통해 변치 않는 하나님의 사랑을 보여 주시고자 함이었습니다.

주님이 금사슬의 비유로 우리를 향한 사랑의 불변성을 보여 주고자 하셨다면, '은을 박는다'는 것은 우리가 주님의 것임을 보여 주시는 표징이자 상징입니다. 성막을 세울 때 48개의 성막기둥 밑받침을 만드는 재료는 은입니다(출 26:15-30). 성막기둥 하나에 은받침을 각각 두 개씩 두었는데, 이는 이스라엘 백성이 '나를 구속하셨다'라는 의미로 각각 반 세겔씩 지불한 속전으로 만들었습니다.

결국 '은을 박아 금사슬을 만든다'라는 말은 '내 사랑은 변하지 않을 것이며, 너는 영원토록 내 것'이라는 의미입니다. 그래서 우리가 내는 향기는 우리가 주님께 속했다는 안정감이 깊어지고 소속감이 강해질수록 더 진하게 풍겨납니다. 주님에 대한 소속감이 분명할 때, 나에게서 주님의 향기가 풍겨나는 것입니다.

소속감이 분명하지 않으면 주님이 나를 사랑하신다는 사실을 믿을 수 없습니다. 그런 사람에게서는 주님의 인격, 주님의 향기를 느낄 수 없습니다. 만일 그리스도인이 주님 외의 다른 데 마음을 빼앗긴 채 산다면 그의 말과 삶에서 결코 주님의 향기를 맡을 수 없을 것입니다. 뿐만 아니라 그의 말과 그의 삶에서 그가 누구에게 속해 있는 지 훤히 알 수 있게 됩니다. 주님께 속한 사람은 주님께 아름다운 고백을 드리는 삶을 살며 주님의 향기를 풍겨냅니다(시 84:10).

이 향기 나는 삶에는 특징이 있습니다.

향기 나는 삶의 특징

1. 온몸에서 풍기는 향기

신부는 12절에서 "왕이 침상[23]에 앉았을 때에 나의 나도 기름이 향기를 토하였구나"라고 고백합니다. 여기서 '침상'[24]이란 번역보다 '상'(床, 개역한글)이라는 번역이 더 합당합니다. 왕이 교제를 위해 식사 자리에 초대한 장소이기 때문입니다.

신부에게서 풍기는 이 향기의 이름이 '나도 기름'이라고 12절은 말합니다. 인도산인 나도 기름은 매우 귀하고 값비싼 향수로, 온몸에 바르는 용도로 쓰였습니다. 그러므로 이 향기는 몸의 일부에서만 아니라 온몸에서 풍겨났습니다. 이는 주님을 가까이 함으로 전 인격이 변화되어, 전 인격에서 향기가 나는 것을 의미합니다. 즉, 말에서도, 생각에서도, 인간 관계에서도, 혼자 있는 시간에도 풍기는 향기를 말하는데, 이 향기는 주님께 드리는 내 삶의 열매를 뜻합니다. 입술(히 13:15)에서 시작되어 온몸(롬 12:1)으로, 전 인격으로 드리는 것을 의미합니다.

어떤 사람은 불평의 습관이 삶의 향기를 내지 못하게 할 수 있습니다 (전 10:1). 어떤 사람은 험담이나 비판, 만족하지 못함, 의심, 작고 좁은 생각 등으로 향기를 가릴 수 있습니다. 그러므로 우리에게 비록 억울한 일이 있을지라도 하나님의 영광과 하나님의 크신 계획 안에서 관대한 마음을 가지기를 애씀으로, 주님의 향기를 해치는 일은 아무리 작은 것이라도 버리기를 힘써야 할 것입니다.

2. 밤에도 풍겨나는 향기

나의 사랑하는 자는 내 품 가운데 몰약 향주머니요 아 1:13 (신부)

나도 기름이 온몸에 바르는 향수라면, 몰약 향주머니는 낮에도, 밤에도 목에 걸어 품에 두었던 향수입니다. 13절은 이 향기가 밤에도 함께하는, 밤을 보낼 때도 흐르는 향기라고 말합니다. 즉, 몰약 향기는 내 인생의 어두운 밤에도 흐를 수 있는 것입니다.

원어와 영어성경에는 포함되어 있으나, 개역성경에 빠진 부분까지 포함하면 13절은 이렇게 번역할 수 있습니다.

"나의 연인은 내게 몰약주머니, 내 가슴 사이에서 밤을 지내네."

"나의 사랑하는 자는 내 품 가운데서 밤에도 함께하는 몰약 향주머니 같답니다."

침상에 앉아 있는 시간, 곧 가장 친밀한 교제의 자리에서 향기는 피어나는데, 이는 밤에도 풍겨나는 향기입니다. 이 향기는 즐거울 때에도, 슬플 때에도, 힘들 때에도 나는 향기를 의미합니다.

현대인에게 잠 못 이루는 불면의 밤이 많은 이유는 주님을 가까이 하지 않음으로 오는 외로움과 불안 때문이라 할 수 있습니다. 그러나 그리스도인은 외로움을 외로움으로 여기지 않습니다. 혼자 사는 것 같지만 혼자가 아니기 때문입니다.

주님을 가까이 하면서 사는 그리스도인은 어려움을 어려움으로, 외로움을 외로움으로 여기지 않습니다. 모든 것이 주님 앞에서의 삶이고, 주님과 함께하는 삶이기 때문입니다. 어려운 때일수록 나를 사랑하시는 주님이 나를 더욱 붙잡고 계심을 믿기 때문입니다.

3. 내 안에 계신 주님에게서 풍기는 향기

이런 향기는 나에게서 나는 것 같지만 실상은 내 안에 계신 주님에게서 나는 것입니다. 향기의 원천은 내 품에 있는 주님이십니다. 신부의 아름다움과 신부의 신부다움은 신부의 향기에서 나옵니다. 그 향기는 그를 위해 나는 것이지만, 실은 그로부터 나옵니다. 내 안에 계신 주님으로부터 그 향기가 나오는 것입니다.

나의 사랑하는 자는 내 품 가운데 몰약 향주머니요 나의 사랑하는 자는 내게 엔게디 포도원의 고벨화 송이로구나 아 1:13,14 (신부)

13절의 몰약은 출애굽기 30장 23절에 나오는, 관유를 만드는 향 재료입니다. 관유란 붓는 곳을 거룩하게 하는 구별된 기름으로, 몰약을 섞어서 만드는 향기름입니다. 관유를 부어 성막과 성막기구들을 거룩하게 구별했습니다.

오늘날에는 우리 몸이 하나님의 성전입니다. 내 안에 계신 주님은 우리를 거룩하게 하시기 위해서, 우리로 거룩한 삶의 향기를 내게 하는 몰약이 되십니다. 죄로부터의 변화, 신의 성품으로 변화하는 비결은 내 안에 계신 주님에게서 나오는 몰약입니다.

14절에 나오는 고벨화 송이는 아름답고 향기로운 노란색과 흰색이 섞여 있는 꽃으로, 몸치장에 사용했던 아름다운 꽃송이입니다. 고벨이란 단어는 출애굽기 21장 30절에서 '생명의 속전으로 드린다'라는 의미로 귀중하게 쓰여지기도 했습니다.

몰약과 고벨화 송이는 마음에 즐거움을 주고, 사람에게 아름다움을 주는 것으로 특징은 향기입니다. 주님에게서 나오는 것들은 모두 얼마나 아름다운지요!

'엔게디의 포도원'에서 엔게디는 다윗이 사울을 피해 대부분의 시간을 보냈던 황무지입니다. 그러므로 "나의 사랑하는 자가 엔게디 포도원의 고벨화 송이"란 표현은 가장 어려운 광야에서 가장 귀한 분이신 주님이 나와 함께하신다고 노래하는 것입니다. 어려운 때에도 주께서 함께하심으로 우리의 삶에 향기가 날 수 있습니다.

사랑의 감탄

내 사랑아²⁵ 너는 어여쁘고 어여쁘다 네 눈이 비둘기 같구나 아 1:15 (신랑)

나의 사랑하는 자야 너는 어여쁘고 화창하다 우리의 침상은 푸르고 우리 집은 백향목 들보, 잣나무 서까래로구나 아 1:16,17 (신부)

15절은 신부를 향한 주님의 감탄이며, 16절은 주님을 향한 신부의 감탄입니다. 15절에는 감탄이 두 번 반복됩니다. 이런 뜻입니다.

"보라, 내 사랑, 너는 어여쁘다. 보라, 내 사랑, 너는 어여쁘다."

'어여쁘다'라는 단어는 아브라함의 눈에 보이는 사라에게(창 12:11), 야곱의 눈에 보이는 라헬에게(창 29:17), 하나님의 눈에 보이는 요셉에게

(창 39:6), 하나님이 세상에 처음으로 소개하시는 다윗에게(삼상 16:12, 17:42), 이제 곧 다윗의 아내가 될 아비가일에게(삼상 25:3), 왕비로 이스라엘 민족을 구원할 에스더에게(에 2:7) 쓰인 단어입니다. 이사야 43장 4절 말씀처럼 '내 눈에는 너밖에 안 보여'라는 의미가 될 것입니다.

비둘기는 온유와 순결의 상징입니다(마 10:16). 눈은 사람의 인격을 보여 주는 마음의 창입니다(마 6:22). 주님은 신부의 모습에서 온유와 순결의 향기를 말씀하십니다. 아가서 1장 2절에서 주님을 갈망하던 신부는 어느덧 주님을 닮아 있습니다.

"내가 비록 검으나 아름답다"라는 신부의 고백처럼 세상에서는 어떻게 보이든지 주님에게 최상의 기쁨을 주는 존재는 신부입니다. 30년 동안 나사렛에서 목수로 사신 예수님은 겉으로 보기에 흠모할 만한 것이 없는 삶을 사셨지만 하나님에게는 기쁨이셨던 것처럼(마 3:17) 신부도 주님께 그러했습니다.

신부가 주님께 '나의 사랑하는 자'라고 말할 수 있는 이유는 주님이 먼저 사랑하셨기 때문입니다(요일 3:1, 4:19). 15절에서 주님의 사랑을 들은 신부에게서 주님을 향한 사랑의 고백이 터져나옵니다(16절). 이 구절은 "당신이야말로 실로[26] 어여쁘고 아름답습니다"라고 번역할 수 있습니다.

"침상이 푸르다"는 것은 하나님의 집에 있는 푸른 감람나무(시 52:8)처럼 안식의 즐거움과 풍성한 쉼을 의미합니다. 또한 우리 집이 백향목 들보, 잣나무 석가래라는 것은 향기나며 견고하고 화려함을 의미합니다. 백향목은 성전 건축에 쓰이는 나무이며, 잣나무는 레바논의 영광(사 60:13)으로 불리는 화려함을 나타냅니다.

1장은 주님을 사모함으로 시작해 점점 향기 나는 삶에 이르는 신부를 보여 줍니다. 이런 향기는 신부 자신에게서 나는 것이 아니라, 신부와 함께하시는 주님에게서 나왔습니다. 아름다운 향기는 내가 깨어질 때 내 속에서 빛이신 그리스도로부터 나옵니다. 그의 빛이 깨진 질그릇 사이로 나오는 것입니다.

고통을 통과한 향기는 아름답다

아내가 1980년대 초에 복음성가만을 노래하겠다고 헌신했을 때, 방송국으로부터 가요를 하자는 요청을 많이 받았다고 합니다. 가요를 불러 유명해진 후에 찬양을 부르면 더 좋지 않겠냐는 권면도 많이 받았습니다. 그러나 헌신한 대로 복음성가만 부르기로 했지요. 그런데 복음성가의 불모지와 같았던 당시에는 교회들도 아내와 같은 여성 사역자를 초청해 주지 않았고, 예배 때 기타와 드럼도 사용하기 어려웠기에 끼니를 해결할 수 없는 어려움에 처할 때도 있었습니다. 하지만 아내는 그런 때에도 주님과 한 약속을 후회하지도, 뒤를 돌아보지도 않았습니다. 그렇게 오늘까지 35년을 오직 주만 찬양하며 달려왔습니다.

찬양 사역의 초기에는 극동방송의 소개로 찬양하러 갔다가도, 기타를 들고 온 아내를 보고 클래식이 아니라며 쫓아내는 곳도 있었습니다. 쌀독에 쌀이 떨어질 때가 많았고, 연탄이 다 떨어져 냉방에서 자기도 했고, 버스 토큰이 없어 버스를 타지 못할 때도 많았습니다. 이런 일이 찬양 1세대에만 해당하는 일은 아닐 것입니다. 어느 분야든 1세대는 길이 없는 곳에 길을 내는 개척자들입니다. 아내는 그렇게 어두운 길을 믿음으로만 혼자 걸어가야 했습니다.

한 번은 나와 교제를 하고 있던 시절에 아내가 연탄가스 중독으로 쓰러졌다는 소식을 들었습니다. 그 전날 월동준비를 하느라 내가 찬바람이 들어오는 방문 틈들을 막아주고 왔는데도, 워낙 새는 곳이 많았던 탓이었습니다.

그날 아내가 깨어나 서럽게 울었던 것은 연탄가스 때문만은 아니었을 것입니다. 아마도 그렇게 어려운 때 아무도 인정해 주지 않는 외로운 사역의 길을 가야만 했던 마음의 어려움도 그 울음 안에 배어 있었을 것입니다. 그리고 그 즈음에 만난 내가 손을 잡고 기도하고, 말씀이 담긴 엽서를 매일 띄우며, 만나면 성경공부에 집중하고, 내 도시락을 아내의 손에 조용히 건네 준 것은, 아내가 차갑고 어두운 밤을 보낼지라도 결코 혼자가 아니라는 하나님의 사랑을 표현한 일이 아니었을까요?

나는 주님께서 그 시간을 통해 아내가 주님을 찬양하는 도구로 오래도록 사용되도록, 그래서 향기 나는 삶을 살아갈 수 있도록 고통과 연단의 훈련을 하셨다고 믿습니다. 그리스도인의 향기는 인격과 삶에서 풍기는 것이기 때문입니다.

이해인 시인은 수필집 《향기로 말을 거는 꽃처럼》에서 노래합니다.

어느 땐 바로 가까이 피어 있는 꽃들도

그냥 지나칠 때가 많은데,

이쪽에서 먼저 눈길을 주지 않으면

꽃들은 자주 향기로 먼저 말을 건네 오곤 합니다.

좋은 냄새든, 역겨운 냄새든

사람들도 그 인품만큼의 향기를 풍깁니다.

많은 말이나 요란한 소리 없이

고요한 향기로 먼저 말을 건네 오는 꽃처럼 살 수 있다면,

이웃에게도 무거운 짐이 아닌 가벼운 향기를 전하며

한 세상을 아름답게 마무리할 수 있다면

얼마나 좋을까요.

✝ ⟪⟪⟪ 함께 나누며 생각하는 시간

1. 4장에서 가장 기억에 남는 것은 무엇이며 당신에게 적용할 점은 무엇입니까?

2. 신부의 향기의 특징은 무엇인지 나누어 보십시오.

3. 나의 향기는 무엇입니까? 그리고 상대의 향기는 무엇인지 서로 격려하면서 이야기해봅
   시다.

4. 더욱 향기나는 삶을 살기 위해, 내게서 꺾고 버려야 할 것은 무엇입니까?

너는 내 사랑

2부

밤, 여전히
사랑을 노래하라

샤론의 꽃,
예수

외롭습니다

2018년 1월 현재, 27,436명의 한인 선교사가 170개국에서 사역하고 있습니다. 내가 버지니아에서 목회를 할 때였습니다. 선교사 자녀를 위한 수련회가 열렸는데, 11개국에서 80명의 자녀들이 왔습니다. 모두 선교사로 헌신한 부모님을 따라 열악한 선교지에서 살고 있었습니다.

러시아, 중국, 스리랑카에서 온 자녀들…. 저들은 자기의 뜻과 상관없이 아빠와 엄마를 따라 언어도 다르고 문화가 다른 곳에서 하나님을 위해 살고 있었습니다. 그중에는 경제적인 어려움을 겪을 뿐 아니라, 정치적으로도 불안정해 정부군과 반군이 싸우는 지역에서 온 자녀들도 있었습니다.

아내가 찬양을 하는데, 80여 명의 아이들이 하나둘씩 울기 시작했습니다. 손으로 눈물을 닦더니 점차 손을 들고 찬양하기 시작했습니다. 나는 그런 그들의 모습을 뒤에서 하염없이 보고 있었습니다. 그들이 울며 찬양하는 모습을 보던 그 순간, 그들의 마음이 나에게 그대로 전해졌습니다.

"주님, 나는 외롭습니다. 몹시 힘이 듭니다. 내가 왜 그곳에서 살아야 합니까? 내가 왜 이런 고통을 받아야 합니까? 나는 어떻게 해야 합니까? 나같이 작은 아이가 그 나라의 복음화를 위해 무슨 도움이 되겠습니까? 나는 그 커다란 땅덩어리에 비해 너무 작습니다."

그들의 감정이 내게 그대로 전해지면서 내 가슴에서 터져나오는 고백이 있었습니다. 바로 아가서 2장 1,2절이었습니다.

나는 샤론의 수선화요 골짜기의 백합화로다 여자들 중에 내 사랑은 가시나무 가운데 백합화 같도다 아 2:1,2

내가 작다고 느껴질 때

살아가다 보면 때로 돌아가는 주변 상황에 비해 내가 무척이나 작다고 느껴질 때가, 내가 무엇을 한다고 말하기에는 세상이 너무 크게 느껴질 때가 있습니다.

내가 한국에서 살던 30여 년 전, '서울의 복음화'를 가슴 깊이 외치면서 기도하던 어느 날, 북악스카이웨이에 올라갔습니다. 서울이 한눈에 들어왔습니다. 그러나 빽빽이 들어찬 거대한 건물들을 천천히 살펴보는 순간, 갑자기 온몸에서 힘이 빠져버렸습니다. 내가 기도로 품기에는 서

울이 너무 커보였기 때문입니다. '저 건물 속에 있는 사람들마다 그리스
도의 복음으로 변화되는 꿈이 과연 가능할까?' 하는 생각이 들었기 때
문이었습니다. 이처럼 내가 가진 믿음에 비해 세상이 너무나 커 보일 때
가 있습니다.

이사야 40장은 하나님에게 열방은 물 한 방울과 저울의 작은 티끌 같
고, 섬들은 떠오르는 먼지 같다고 말합니다. 큰 열방에 비추어 보면 내
가 작은 물 한 방울 같고, 작은 티끌처럼 느껴질 때가 있다는 것입니다.
나는 주를 위해 무엇인가 하고 싶은데, 세상이 너무 커보이며 나의 왜소
함, 초라함, 외로움이 진하게 느껴지는 것입니다. 이런 의문에 대한 시적
인 표현이 신부의 고백인 아가서 2장 1절입니다.

나는 샤론의 수선화요 골짜기의 백합화로다 아 2:1 (신부)

이 말은 원어는 '깊은 골짜기들' 혹은 '광야에 피는 꽃'(wild flower)으
로 '풀의 꽃'(약 1:10)과 같은 의미입니다. 수선화와 백합화는 우아하고
순결하며 아름다운 꽃입니다. 그 수선화와 백합화가 깊은 골짜기에 있
고, 갈릴리 호수보다 더 넓은 샤론 평야에 있다는 것입니다.

깊은 골짜기에 있는 백합화는 잘 눈에 띄지도 않아 있으나마나 한 존
재 같고, 이스라엘에서 대표적으로 넓은 평야인 샤론 평야의 수선화는
아주 넓은 곳과 대조되는 아주 작은 꽃을 비유한 것입니다. 즉, 세상은
너무 넓지만 나는 눈에 띄지도 않는 작고 작은 존재라는 의미입니다.
나의 초라함, 나의 연약함, 나의 모자람, 이것이 1절에서 신부가 자신에
대해 고백하는 말입니다.

2장 1절의 이 고백은 2장 전체를 이끄는 주제요 동기가 되며, 2장을 새롭게 여는 출발점이 됩니다. 2장은 참으로 왜소하게 느껴지는 내가 어떻게 그런 왜소함과 초라함을 벗고 주님의 깊은 사랑의 친밀감을 누리는 자리로 나아가는지에 주목하며 흘러갑니다.

1장에서 신부는 주님의 사랑을 받은 후 자존감이 소생되었습니다. 그리하여 주님과 친밀한 교제를 시작하면서 본래의 나를 회복해 갑니다. 신부는 '검으나 아름다운 존재'임을 알았습니다(5절). 그래서 '내가 비록 일광에 쬐어서 거무스름해도 흘겨보지 말라'(6절)라고 부탁할 수 있었습니다. 사람들이 나에 대해 어떻게 말해도 나는 주님의 사랑받는 신부인 것을 알게 되었기 때문입니다. 그 결과 건강한 생명력으로 주님과의 사랑은 더욱 견고해졌고, 자존감과 자아상은 바르게 변화되었습니다(16절).

그런데 그 사랑을 이어가면서 신부에게 한 가지 의문이 생겼습니다.

'내가 주님께 사랑받는 존재인 것은 알겠는데, 내가 살고 있는 환경 속에서 나는 누구인가?'

'세상 속의 나는 누구인가?'라는 의문입니다. 하나님께 사랑을 받는 내가 세상에서 살면서 분명히 가져야 할 대답은 '나는 왜 여기 있는가? 하나님은 왜 나를 이곳으로 보내셨는가?'라는 질문에 대한 답입니다.

주님을 사랑하지만 거대한 세상 앞에서 영향력없이 나약한 존재로 서 있다고 고민하고 외로워하는 신부에게 주님의 음성이 들려옵니다. 그것이 2절입니다.

향기 없는 곳에 보냄받은 존재

여자들 중에 내 사랑은 가시나무 가운데 백합화 같도다 아 2:2 (신랑)

2절에는 골짜기와 샤론 평야 대신 다른 단어가 등장합니다. 나는 샤론 평야를 보고 있는데, 주님은 가시나무를 보라고 말씀하신 것입니다. 나는 거대한 세상과 깊은 골짜기를 바라보며 나의 작은 존재를 생각하는데, 주님은 내가 세상과 나를 보는 방법을 고쳐 주십니다. 다르게 보라고 하시는 것입니다.

주님은 '여자들 중에 내 사랑'은 사람들 중에 있다고 말씀합니다. 그런데 그들이 바로 '가시나무'[27]라고 말씀하시며 가시나무와 백합화를 대조하십니다. 이 둘의 가장 큰 차이점은 무엇일까요? 향기, 열매, 아름다움, 우아함, 정결함입니다.

가시나무(욥 31:40; 잠 26:9; 사 34:13; 호 9:6) 가운데 백합화는 그리스도의 신부만이 갖는 독특한 정체성입니다. 가시나무 혹은 가시덤불은 열매를 맺을 수 없을 뿐 아니라 땅을 황폐하게 하기에 뽑아서 불태워버려야 할 것들을 의미합니다(창 3:18; 마 7:19, 13:7; 히 6:8).

그런데 주님은 나를 어디에 두셨습니까? 가시나무 가운데입니다. 황량한 골짜기, 거대한 세상 같은 샤론 평야에 홀로 두신 것 같은데, 자세히 보니 주님의 향기가 전혀 없는 곳에 나를 두셨다는 것입니다. 열매가 없는 곳(마 7:16)에 두셨다는 것입니다. 우아함이 무엇이며, 아름다움이 무엇인지 모르는 곳으로 나를 보내시고, 그곳에 나를 심으셨다는 것입니다. 주님은 나를 왜 거기에 두셨습니까?

주님은 나의 존재 목적을 보라고 하신 것입니다. 내가 나 자신을 눈에 보이는 화려하고 거대한 세상에 비추어진 모습으로서 보는 것이 아니라, 생명 없는 사람들, 구원 받지 못한 사람들 사이에 속해 있는 모습으로서 나를 보라는 것이었습니다. 여기에 우리의 부르심, 곧 우리의 소명이 있습니다. 생명 없는 곳에서 그리스도의 십자가를 전하고, 때로는 그리스도의 십자가를 그곳에서 져야 하는 우리입니다. 주님의 복음을 증거하기 위해서는 시간과 물질도, 나의 인생과 생명도 한 알의 밀알이 되어야 하는 것이 우리의 소명이라는 것입니다. 이것이 그리스도인이 거대한 세상 속에서 세상과 함께 살아야 하는 이유이자 소명이며, 나를 향하신 하나님의 뜻입니다. 우리가 자신에 대한 연약함을 느끼고 스스로에 대해 부족함을 느낄 때, 내 힘으로 할 수 없는 무능력을 느낄 때 오히려 나의 소명을 분명히 확인할 수 있습니다.

그리스도인은 예수님의 피로 세상으로부터 구별된 거룩한 존재들입니다. 그것이 에클레시아(교회)입니다. 그러나 그리스도인은 세상으로 다시 들어가 예수 그리스도의 향기와 편지를 전하는 그리스도의 대사가 되어 예수를 증거해야 합니다. 이것이 세상으로 보냄을 받은 사도적 삶입니다. 이것이 "가라"고 명하시는 지상명령에 순종하는 나의 소명이자 교회의 소명입니다. 그러므로 나의 소명은 한 마디로 '부름받은 나, 보냄받은 나'입니다. 즉, '세상에서 부름받은 나, 세상으로 다시 보냄받은 나'인 것입니다.

그 소명을 확인하면서 다시 살아나는 신부의 고백이 3절부터 시작해 2장 전체를 가득 채웁니다. 그 소명을 확인한 신부는 먼저 주님의 모습을 다시 봅니다. 그렇게 다시 주님을 바라보니 주님이 나보다 먼저 그런 거친 환경에서 사셨음을 발견하게 됩니다.

나보다 먼저 샤론의 꽃이 되신 예수님

남자들 중에 나의 사랑하는 자는 수풀 가운데 사과나무 같구나 아 2:3 (신부)

신부는 주님을 사과나무에 비유합니다. 주님의 삶은 수풀 속의 사과나무입니다. 주님이 열매 없는 자들, 곧 향기 없는 자들 가운데서 사신 이유는 향기 없는 세상에 향기를 주고, 쉼을 주고, 구원의 양식을 주시기 위해서였습니다. 주님이 수풀 가운데 사과나무처럼 사셨던 모습을 이사야는 이렇게 묘사합니다.

"그 사람은 곤비한 땅의 큰 나무 그늘 같다. 보라, 한 왕이 의로 통치할 것이다. 그 사람은 광풍을 피하는 곳, 폭우를 피하는 곳 같을 것이라"(사 32:2, 25:4 참조).

그분은 곤비한 땅, 광풍과 폭우가 있는 곳에서 사셨습니다. 사망으로 가득한 세상에 구원을 주시기 위해 오셨기 때문입니다.

그런 의미에서 2장 1절은 참된 신랑의 모습이기도 합니다. 주님이 나보다 먼저 샤론의 수선화이셨고, 나보다 먼저 골짜기의 백합화이셨기 때문입니다. 그러므로 오늘 세상으로 부름 받은 신부의 소명은 샤론의 수선화요 골짜기의 백합화로, 앞서 가신 신랑 되신 주님의 걸음을 좇아가는 일뿐입니다.

18세기 미국의 대각성 부흥운동을 일으킨 조나단 에드워드는 '나는 샤론의 수선화'[28]라는 말씀을 통해 '주님은 천국의 기쁨으로 천국을 전하시려 세상에 사람으로 나셨고, 세상 어디에서도 볼 수 없는 가장 사랑스러운 꽃이 되셨다'[29]라고 말했습니다. '인류의 타락으로 인해 세상에 가득한 가시들—고통과 온갖 고난과 번민—대신 천국의 아름다움을 전하시려고 가시들 가운데서 한송이 장미꽃이 되셨다'[30]라고 말했습니다. 조나단 에드워드에게 아가서란 아름다운 구원의 사역을 이루신 주님의 인격과 그 탁월하심을 묵상하게 한 책이었고, 아가서 2장 1절은 언제나 기쁨으로 함께하는 말씀이었습니다. [31]

주님이 자신의 유익을 위해 사신 것이 아니라 오로지 하나님의 나라와 그 영광을 위해 사셨기에 우리도 주님을 따라 갈 수 있습니다. 거대한 세상 앞에 나의 믿음이, 나의 성실이 땅의 티끌처럼 작아 보여 절망할 때에도 믿음으로 성실하게 그 열매를 맺으며 살아야 하는 이유는 한 가지입니다. 하나님이 나를 보내신 소명 때문입니다.

'가시나무 가운데 백합화', '수풀 가운데 사과나무'라는 구절들에서 열매 없는 나무와 열매 맺는 나무의 대조를 뚜렷이 구별할 수 있습니다. 주님이 세상에서 때로 외로이 사셨듯 우리의 부르심도 소명인 것을 기억해야 합니다. 인생의 행복과 불행은 소유에 있는 것이 아니라 소명에 있기 때문입니다. 소유의 많고 적음에 우리의 행복이나 불행이 달린 것이 아닙니다. 소명의 충성 여부에 인생의 행복과 불행이 있을 뿐입니다. 아무것이 없어도 가장 부요하게 사는 삶, 모든 것을 가져도 그것에서 자유하는 삶, 이것이 소명의 삶입니다.

우리 모두는 향기 없는 자들 가운데 '그리스도의 향기'로 부름 받은 신부입니다. 그것을 깨닫게 되면 나의 외로움, 나의 연약함, 나의 부족함만을 보던 안목에서 벗어나 소명의 자리로 나아가게 됩니다. 그 결과 즐거움(3절)이 삶을 받쳐 주는 든든한 기초가 될 것입니다.

1절에 나타나는 신부의 외로움의 고백, 2절의 신부를 향한 주님의 소명의 확인, 그 결과 2장 전체가 신부의 노래가 됩니다. 주님이 이 땅에 오신 소명을 깨달으면서 신부는 점점 더 신랑의 사랑 안에 머물게 되고, 그 결과 그분과 친밀함을 맛보게 된다는 내용이 3절입니다.

너무 기뻐서 아픈 사랑

내가 그 그늘에 앉아서 심히 기뻐하였고 그 열매는 내 입에 달았도다
아 2:3 (신부)

이 기쁨의 크기와 내용을 보십시오. 신부는 기쁨과 만족을 세상에서 찾지 않습니다. 주님 안에서, 주님에게서 찾습니다. 주님은 그의 백성에게 피난처이자(시 34:8) 안식이 되셔서 목마른 영혼의 갈증을 만족시켜 주십니다.

내가 주님의 사랑을 깊이 깨달아 그 달콤함을 알게 된 때는 주님과의 첫사랑을 나눌 때였습니다. 주님이 나를 뇌염의 사망선고에서 살리시고 모든 후유증에서 완전케 하신 경험을 한 이후 주님을 향한 사랑은 더욱 실제가 되었습니다. 길을 걸을 때에도 기도했고, 꿈을 꾸어도 찬양하는 꿈을 꾸었습니다. 내 인생의 주인이 더 이상 내가 아니라 주님이심을 고백했습니다. 주님처럼 좋은 분이 없었습니다. 내게 찾아온 큰 질병은 고

난으로 끝나지 않았습니다. 고난은 내 인생을 새롭게 시작하는 터닝포 인트가 되었습니다.

> 그가 나를 인도하여 잔칫집에 들어갔으니 그 사랑은 내 위에 깃발이로구나
> 아 2:4 (신부)

여기서 '나를 인도하여 들이신 잔칫집'은 주님과 기쁨으로 사귀는 교 제의 장소를 말합니다. 깃발은 '보호한다', '구별한다'의 뜻을 가지는데, 주님의 사랑은 우리를 모든 악에서 구원하시는 방패이기도 합니다. 이 제 내 위에 걸린 사랑의 깃발은 내 인생의 목표이자 나아가야 할 길이 며, 내 삶의 푯대가 되었습니다.

> 너희는 건포도로 내 힘을 돕고 사과로 나를 시원하게 하라 내가 사랑하므로
> 병이 생겼음이라 그가 왼팔로 내 머리를 고이고 오른팔로 나를 안는구나
> 아 2:5,6 (신부)

5절에서 신부는 사랑함으로 병이 났다고 고백합니다. 가까이 하면 할수록 사랑으로 충만해 견딜 수 없는 영적 즐거움을 표현한 말입니다. 주님의 사랑은 너무나 크고 깊어서 마셔도 다함이 없다는 의미입니다. 6절의 '주님의 손'은 신부를 가까이 하시고 보호하시고 인도하시는 능 력을 의미합니다. 아가서 5장 14절에서는 그 능력의 완전하심에 대해 '황옥을 물린 황금노리개'라고 비유합니다.

주님의 사랑을 맛보면

뉴욕의 브루클린 교회 짐 심발라 목사의 사모가 쓴 《향기 있는 삶의 노래》라는 간증집이 있습니다. 그 책에서 이분들이 금요찬양을 위해 오후 6시 30분부터 밤 10시까지 모임을 가졌다고 했습니다. 그러나 대개는 더 늦은 시간까지 기도하며 모임을 가졌다고 합니다. 누군가가 '왜 그렇게까지 기도하느냐?'라고 묻자 그들은 성가대의 찬양이 단지 공연이 되어서는 안 된다고 생각했기 때문이라고 대답했습니다.

찬양을 부르는 이도 그 찬양을 듣는 이도 그 찬양을 부르고 들으면서 그들의 마음이 주의 사랑으로 가득 차기를 바랐습니다. 그렇습니다. 주님의 사랑을 맛본 자는 주님을 위해서라면 무엇이든 아까워하지 않습니다. 만일 주님을 위해 드리는 돈을 아까워하고, 주님을 위해 드리는 시간을 아까워한다면, 그는 아마 하나님 외에 다른 것을 더 사랑하고 있는 것인지 모릅니다.

주님께 가까이 가면 갈수록 '이만하면 되겠지'라는 선은 없습니다. 섬길수록 더욱 많은 사랑이 나오는 것이 주님을 향한 진정한 사랑입니다.

세상에서 살면서 때로 자신이 몹시 왜소하게 느껴질 때, 외로움의 구렁텅이에 있다는 생각이 들 때 아가서 2장을 살펴보십시오. 그러면 내가 왜 여기에 있는지에 대한 소명을 확인할 수 있을 것입니다.

보석은 클수록 혼자 있습니다. 우리는 예수 그리스도의 보석입니다. 세상에 박힌 주님의 보석입니다. 주님의 심장에 새겨진 그리스도인들입니다.

성경에는 주님에 관한 수많은 은유들이 있습니다. 이를테면 의의 태양(말 4:2), 빛나는 새벽별(계 22:16), 사과나무(아 2:3), 목자(시 23:1), 포도나무(요 15:5) 등입니다. 이 모두는 우리가 그분의 사랑 가운데 풍성히 거하게 됨을 의미합니다.

1. 5장에서 가장 기억에 남는 것은 무엇이며 당신에게 적용할 점은 무엇입니까?

2. 당신은 언제 자신이 골짜기의 백합화라고 생각했습니까? 그때 어떤 방법으로 자신의 문제를 해결하였습니까?

3. 5장을 읽으면서(공부하면서) 발견한 나의 소명은 무엇입니까? 공부하기 전과 달라진 점이 무엇입니까?

4. 4절처럼 주님과의 첫사랑을 경험한 적이 있습니까? 그때의 삶을 나누어봅시다.

벽,
그 신앙의 굴곡

신부와 대조되는 사람

그리스도인이 세상에서 살아갈 때에 때로는 주님이 내게서 매우 가까이 계시는 것처럼 여겨지지만, 어느 때는 주님이 매우 멀리 떨어진 것처럼 여겨질 때가 있습니다. 사랑하는 주님과의 사귐이 때로는 피부를 만지듯, 주님의 호흡을 느끼듯 은혜가 충만할 때도 있지만, 어떤 때 주님은 내게서 멀리 계시는 것처럼 보일 때도 있습니다. 우리의 인생에 고난과 어려움이 찾아올 때입니다.

우리는 살면서 때로는 하나님의 뜻을 발견하기 어려운 상황을 만납니다. 아가서에는 이러한 상황을 정확하게 표현하는 반복구가 등장합니다(2:7; 3:5; 8:4).

예루살렘 딸들아 내가 노루와 들사슴을 두고 너희에게 부탁한다 내 사랑이
원하기 전에는 흔들지 말고 깨우지 말지니라 아 2:7 (신부)

'예루살렘 딸들'은 아가서에서 신부와 대조되는 인물입니다. 그들은
성전이 있는 예루살렘에 거하지만 성전을 사모하지는 않습니다. 1장에
서 신부는 신랑 되신 주님을 사모하지만 예루살렘의 딸들은 주님을 사
모하지 않는 것입니다. 그들은 도리어 신부를 향해 눈을 흘깁니다. 그
래서 중국 선교의 아버지 허드슨 테일러는 예루살렘의 딸들을 '세상을
사모하는 그리스도인' 혹은 '세상에 마음을 빼앗긴 그리스도인'이라고
말합니다.

가끔씩 신앙이 흔들리는 이유

노루와 사슴은 부스럭거리는 조그만 소리에도 놀라 달아납니다. 노
루와 사슴의 비유는 신랑과 신부의 관계가 쉽게 깨어질 수 있는 상태임
을 시적으로 표현[32]한 것입니다. 그래서 깨어 달아날까봐 깨우지 말라
고 부탁합니다. 이 말씀은 주님과 우리와의 사랑이 어느 때는 한여름의
장마처럼 풍성한데, 어느 때는 한여름의 가뭄처럼 메마르게 되는 이유
를 설명하고 있습니다. 다시 말하면, 우리와 늘 함께하시는 주님이지만
그 관계가 항상 풍성한 사랑 속에 거하지 않는 이유가 있다는 것입니
다. 둘 사이에 장애물이 있기 때문입니다.

아가서에서는 이 장애물들이 '산들, 작은 산들, 창, 창살 틈, 우리 벽
뒤'라는 시적 언어로 표현되고 있습니다. 이러한 비유들은 이 땅에서 누

리는 주님과의 교제가 온전하지 않다는 것을 의미합니다. 이 땅에서 누리는 주님과의 교제는 아주 제한적이기 때문입니다(8,9절).

신앙생활을 하면서 우리는 여러 장애물들을 만납니다. 시간적인 장애물과 공간적인 장애물이 있는데 그것들로 인해 주님과의 교제는 제한될 수 있습니다. 바울은 이를 '지금은 거울을 보듯이 희미하다'(고전 13:12)라고 말합니다. 그러나 주님은 우리에게 신앙의 굴곡을 이겨내는 지혜를 갖도록 하십니다.

내 사랑하는 자의 목소리로구나 보라 그가 산에서 달리고 작은 산을 빨리 넘어오는구나 내 사랑하는 자는 노루와도 같고 어린 사슴과도 같아서 우리 벽 뒤에 서서 창으로 들여다보며 창살 틈으로 엿보는구나 아 2:8,9 (신부)

8절은 달려오시는 주님의 모습을 감탄사와 함께 각각 세 개의 동사로 묘사합니다. 신부를 향한 주님의 열정을 나타내는 동사들입니다.

보라, 그가 온다(He is coming)
　달린다, 산을(leaping)
　넘는다, 작은 산을 빨리(skipping)

9절에서도 감탄사와 함께 장애물 너머로 신부를 살피고 계시는 주님의 모습을 세 개의 동사로 묘사합니다. 신부를 돌보시고자 애쓰시는 주님의 모습입니다.

보라, 그가 서 있다(He is standing)

　들여다 본다, 창으로(looking)

　자세히 엿보고 있다, 창살 틈으로(peering)

　벽과 창과 창살 틈으로 제한받고 있는 주님과의 교제이지만 주님은 한순간도 신부를 놓치지 않고 계심을 보여 주는 말씀입니다.

　8절과 9절의 각각의 동사는 신부를 향한 주님의 열망이 주님을 향한 신부의 열망보다 훨씬 크고 강렬함을 보여 줍니다. 신부는 이 사실을 알 때 어떤 어려움도 이겨낼 수 있습니다. 이처럼 주님의 마음을 아는 사람은 어떤 고난과 어려움 속에서도 고난 너머를 바라볼 수 있으며, 믿음을 가로막는 장애물을 뛰어넘을 수 있습니다. 대표적인 사람이 다윗입니다. 다윗은 시편 18편에서 이렇게 고백합니다.

　내가 주를 의뢰하고 적군을 향해 달리며 내 하나님을 의지하고 담을 뛰어 넘나이다 시 18:29

　이때 '뛰어넘는다'는 단어가 8절의 '넘어온다'는 단어와 동일합니다. 이것은 다윗이 어느 누구보다 주님이 어떤 분이신지 잘 알고 있었다는 것을 의미합니다. 그래서 유진 피터슨은 다윗의 이 고백이 다윗의 일생을 요약한 말이라고 했습니다. [33]

　1장에서 주님을 향한 신부의 열망이 세 개의 동사로 구분되어 있다면, 2장에서는 신부를 향한 주님의 사랑의 행동이 세 개의 동사로 구분되어 두 번 반복되고 있습니다. 더욱이 주님의 이같은 행동은 신부에게

청각적으로 들리고, 시각적으로는 보이는 모습입니다.[34] 신부를 향한 주님의 사랑은 지치지 않으며, 어떤 장애물도 그에게 걸림돌이 되지 않음을 강조하는 것입니다. 그리고 9절과 17절의 노루와 어린 사슴의 비유는 반복되어 수미상관법(Inclusio)을 이루고 있습니다. 이같은 강조 형태는 신부가 신앙의 장애물들을 어떻게 이겨내야 하는지를 말합니다.

멀리 보며 사는 삶

나의 사랑하는 자가 내게 말하여 이르기를 아 2:10A (신부)

나의 사랑, 내 어여쁜 자야 일어나서 함께 가자 겨울도 지나고 비도 그쳤고 지면에는 꽃이 피고 새가 노래할 때가 이르렀는데 비둘기의 소리가 우리 땅에 들리는구나 무화과나무에는 푸른 열매가 익었고 포도나무는 꽃을 피워 향기를 토하는구나 나의 사랑, 나의 어여쁜 자야 일어나서 함께 가자

아 2:10B-13 (신부가 전하는 신랑의 말)

"일어나서 함께 가자." 이 말은 베풀어주실 주님의 은혜를 기억하며 사랑을 방해하는 장애물들을 믿음으로 이겨내라는 뜻입니다. "겨울이 지나고 비도 그쳤다"는 말은 이스라엘의 우기가 끝나고 봄이 시작된다는 뜻입니다.

많은 비가 내려 하늘의 햇빛을 볼 수 없는 어려운 시간들을 신앙의 겨울이라고 한다면, 비가 그치고 꽃이 피는 계절은 봄이라고 할 수 있습니

다. 이 말씀에서 봄의 계절이란 주께서 사랑하는 신부에게 하늘의 은혜를 베푸시는 시간이며, 신령한 것으로 회복시키는 회복의 시간, 구원의 시간, 부흥의 시간을 의미한다고 조나단 에드워드는 말합니다.[35] 보다 넓은 뜻은 다시 오실 주님을 바라보며 내세를 기억하는 것입니다. 이 땅은 우리가 살 영원한 처소가 아님을 기억하자는 것입니다.

주님은 우리를 영원한 처소로 초대하셨습니다(요 14:1-3). 그러므로 우리는 주님이 초대하시는 영광스러운 천국을 기억하며 오늘의 제한된 교제를 통해—때로 멀리 있는 듯 느껴지는 주님을 바라보며—오늘의 고난을 이겨나갈 수 있습니다. 눈 앞의 장애물을 이기려면 길게, 멀리 보며 살아야 합니다.

주님은 우리가 세상에서 처한 형편을 잘 아시기에 이렇게 말씀하십니다.

바위 틈 낭떠러지 은밀한 곳에 있는 나의 비둘기야 내가 네 얼굴을 보게 하라 네 소리를 듣게 하라 네 소리는 부드럽고 네 얼굴은 아름답구나

아 2:14 (신부가 전하는 신랑의 말)

영원한 천국에 비하면 이 땅에서의 성도의 삶은 '바위틈 은밀한 곳'과 같이 위태하고 불안하며 험한 상태입니다. 오늘을 이기는 지혜는 우리가 오늘에 머물지 않고 주님과 함께할 그날을 바라보는 것이기에, 주님은 우리에게 "일어나서 함께 가자"라고 초대하십니다.

세상을 이기는 힘

어떤 학자들처럼 '바위 틈 은밀한 곳'을 안전한 곳으로 해석하여 모세가 하나님의 영광을 본 반석 틈이나, 엘리야가 여호와의 영광을 대하던 반석의 굴로 연결할 수는 없습니다. 왜냐하면 세상 속에서 소명의 삶을 살아야 하는 신부를 말하는 2장의 문맥적 위치와 맞지 않기 때문입니다. 또한 이제까지 겨울을 보내고 이제야 봄을 맞는 신부의 삶의 정황 때문입니다.

그러므로 '바위 틈 은밀한 곳에 있는 나의 비둘기'란 말은 주님에게 사랑을 받으나 세상에서는 핍박을 받으며 의를 위해 고난을 받는 신부가 처한 상황을 의미합니다.[36]

조나단 에드워드는 '네 소리를 듣게 하라 네 얼굴을 보게 하라'를 4장 11절과 연결하며 성도의 소리와 얼굴을 성도의 기도로 이해합니다. 그래서 이 구절을 '성도의 기도를 기대하시는 주님의 모습'이라고 해석합니다. 그러므로 14절의 "네 얼굴을 보게 하라 네 소리를 듣게 하라"는 말씀은 바위 틈 은밀한 곳과 같은 어려운 형편에서도 주님과 풍성한 교제를 갖게 하는 비결인 것입니다. 이는 기도가 우리에게 호흡이며 주님과의 생명의 사귐임을 말해 줍니다. 기도가 이 땅에서 성도의 생명을 유지하는 호흡일 뿐 아니라, 기도를 가까이하는 것은 이 땅에서 주님과 가질 수 있는 제한된 교제를 풍성한 사귐으로 바꾸는 지혜이기도 합니다.

어떤 이는 기도가 노동이라 말합니다. 하지만 기도는 단지 노동에 머물지 않습니다. 기도는 노동 이상입니다. 기도는 주님에 대한 우리의 사랑을 적극적으로 드러내는 행동입니다.

하나님이 누구이신지 기억하라

여러 가지 벽들로 인해 신앙의 굴곡을 경험하는 시간에 주님과의 교제가 멀리 있는 것처럼 여겨질 때, 우리가 가장 먼저 생각해야 할 것은 '하나님이 누구이신가' 하는 것입니다. '하나님이 무슨 일을 계획하고 계신 것일까? 왜 내가 바라는 것들은 주지 않으실까?' 하는 의문이 들 때 반드시 하나님이 누구이신지 생각해야 합니다. 이것은 영적 민감성을 키우는 지혜입니다.

하나님은 어떤 분이십니까? 하나님은 나를 안고 걸어가시는 분입니다. 내가 힘들 때 나를 안고 걸어가시는 분입니다(신 1:33).

우리가 외롭고 힘들다고 생각할 때, 사실은 그때가 그분이 우리를 안고 걸어가시는 때입니다. 하나님은 그분의 백성이 광야를 걸을 때 그들을 안고 걸으셨습니다. 내가 혼자라고 느낄 때가 사실은 나를 안고 나와 함께하시는 아버지 품에 있으면서도 외롭고 무섭다고 어리광피는 모양새와 같습니다. 만약 아버지 품에 안겨 있으면서도 두려워 떠는 아이라면, 그 아이는 아직 아버지 품의 안전함을 모르는 것입니다.

때로 힘든 일을 당할 때, 그 힘든 대상에 집중하기보다 나를 안고 계시는 하나님께 초점을 맞추는 것이 세상에서 살아가야 할 그리스도인의 지혜임을 잊지 마십시오. 하나님은 나의 외로움을 그냥 두지 않으시고 함께하시는 분이심을 잊지 마십시오.

하나님은 우리를 안고 걸으실 뿐 아니라 나를 독수리가 될 때까지 훈련시키시는 분입니다. 나를 낮은 땅에서 짹짹거리는 참새가 아닌, 높은 창공을 나르며 온 땅을 지배하는 독수리가 되게 하시는 분입니다. 내가 힘들 때 때로 침묵하시는 이유는 나를 더 높이 날아오르게 하기 위함입니다.

하나님이 그 백성을 어떻게 훈련시키시는지는 신명기에 나오는 독수리의 비유를 통해 잘 알 수 있습니다(신 32:10-17). 어미 독수리는 높은 산의 벼랑에 둥지를 틀어 새끼를 기릅니다. 그 둥지는 가시나무로 엮어져 있습니다. 처음에는 자신의 털을 뽑아 가시의 뾰족한 부분을 덮어 놓습니다. 그러다 새끼가 자라면 둥지에 있는 털을 하나씩 뽑아버립니다. 새끼의 입장에서 보면 엄마의 행동이 이해되지 않을 것입니다.

그리고 어느 날 어미 독수리는 새끼 독수리를 벼랑 아래로 밀어버립니다. 한없이 떨어지는 새끼를 바라만 보다가 새끼가 땅에 닿을 것 같을 때, 시속 100킬로미터로 날아 내려와 새끼를 등으로 받습니다. 그리고 둥지로 다시 데려갑니다. 그러고는 얼마 후에 다시 새끼를 벼랑 아래로 밀어버립니다. 이런 시간이 반복되면서 새끼는 점점 강해집니다. 이처럼 다른 새들에게는 없는 고난도 훈련이 독수리를 새들의 왕이 되게 하는 것입니다.

욥은 고난 중에서도 믿음의 고백을 드리며 오늘을 이겨나갔습니다(욥 23:14). 이사야 선지자는 이스라엘을 향해 독수리의 날개치며 올라감 같을 것이라고 말합니다(사 40:27-31).

하나님은 나에게 어떤 분입니까? 하나님은 나를 안고 걸으시는 분입니다. 동시에 내가 독수리가 되도록 훈련시키시는 분입니다. 우리가 하늘을 지배하는 삶을 바라시기 때문입니다. 좁은 안목에 갇혀 사는 내가 아니라 하나님의 안목으로 살기를 바라시기 때문입니다. 하나님은 그런 분입니다. 나의 체질을 잘 아시기에 나를 가장 적절한 방법으로 훈련하십니다.

사소한 죄악들을 주의하라

우리를 위하여 여우 곧 포도원을 허는 작은 여우를 잡으라 우리의 포도원에 꽃이 피었음이라 아 2:15 (신부)

여기서 '작은 여우'는 복수형으로 '작은 여우새끼들'을 의미합니다. 포도원을 허는 것이 큰 여우가 아니라 울타리를 마음대로 넘나드는 작은 여우새끼들이라는 것입니다. 포도원을 허는 것은 그렇게 사소한 죄악들입니다. 주님은 거룩하신 분이기 때문에, 아무리 사소한 죄악들일지라도 주님과의 관계를 깨뜨리고 주님으로부터 멀어지게 하는 원인이 됩니다.

그리스도인에게 죄의 크고 작은 차이는 아무런 의미가 없습니다. 크든 작든 모든 죄는 주님이 기뻐하지 않으시며, 주님과의 교제를 끊어버리기 때문입니다. 그러므로 작고 사소한 죄를 분별해 멀리하는 것이 영적으로 민감한 삶이며, 성도가 지녀야 할 영적 성품입니다.

은연중에 내 삶에 허용하고 있는 사소한 죄악들을 분별하고 끊어내버려야 합니다. 사소한 것들이지만 내 안에 머물러 있는 죄가 없는지 늘 살펴야 합니다. 불평, 염려, 미움, 시기나 조그만 욕심들이 내 안에 있지 않도록 늘 깨어 있어야 하는 것입니다.

내 사랑하는 자는 내게 속하였고 나는 그에게 속하였도다 그가 백합화 가운데에서 양 떼를 먹이는구나 내 사랑하는 자야 날이 저물고 그림자가 사라지기 전에 돌아와서 베데르 산의 노루와 어린 사슴 같을지라 아 2:16,17 (신부)

신부는 주님과 멀리 떨어져 있는 듯한 시간을 통과하면서 오히려 주님과의 관계가 깊어집니다. 16절의 고백이 바로 그것입니다. "내 사랑하는 자는 내게 속하였고 나는 그에게 속하였구나." 사랑이 그 싹을 내고 뿌리를 내리면 서로를 향한 소속감도 함께 자라갑니다.

또한 낮이 기울듯 주님이 내게서 멀리 있다고 느껴질 때, 신부는 한가지 소망을 갖습니다. 그런 신앙의 굴곡이 빨리 끝나기를 바라는 것입니다. 이에 신부는 이렇게 기도합니다.

"빨리 작은 산들을 넘어오는 노루와 어린 사슴처럼 빨리 와 주세요. 그래서 풍성한 사귐을 회복해 주세요."

이 고백으로 2장은 끝을 맺습니다. 아가서 2장은 세상 속의 나는 누구이며, 세상을 어떻게 이기며 살아야 하는지에 대한 지혜를 우리에게 가르쳐 줍니다. 신앙의 굴곡이 주님에 대한 소속감을 더 깊게 하고 단단한 믿음 생활을 하는 계기가 되었기 때문입니다.

더 깊은 갈망으로 나아가라

내가 죽음의 문턱에서 살아난 후에 내 삶은 더 이상 내 것이 아님을 알게 되었습니다. 그리하여 내 삶의 방향과 목표가 나를 위한 삶에서 주를 위한 삶으로 바뀌었습니다. 이제는 종일토록 주를 위한 일을 하고 싶어지고 평생 주를 위해 살고 싶어졌습니다. 그래서 이전에는 막연하게 기도했던 기도 내용들을 구체적으로 쓰기 시작했습니다. 배우자를 위한 기도의 내용도 구체적이 되었습니다. 나는 말씀을 전하고, 아내 될 사람은 찬양하는 사람이면 좋겠다고 생각했습니다. 그래서 함께 온 세상을 다니며 말씀을 전하고 찬양하는 삶을 살고 싶었습니다. 그렇게 기도하고 있을 때, 극동방송국에 속하여 CCM 찬양사역자로서 찬양 사역을 시작한 아내를 만나게 되었습니다.

당시 CCC에서 주관한 '신입생을 위한 대학생활 안내'에서 강사섭외팀장을 맡고 있던 나는 행사에 초청되어 온 한 자매가 자기의 순서를 기다리며 기타를 치고 찬양하는 소리를 들었습니다. 그 목소리를 듣는 순간, '아, 저 자매구나. 내 아내 될 사람'이라는 생각이 들었습니다.

그렇게 이제 갓 주를 사랑하기 시작한 한 형제와 이제 갓 주를 위해 찬양 사역을 시작한 한 자매의 만남이 시작되었습니다. 그리고 흔히 말하는 데이트를 시작하게 되었는데, 나는 데이트를 시작할 때마다 자매의 손을 잡고 기도부터 했습니다. 우리의 만남이 주님 보시기에 좋은 만남이 되게 해달라고. 그리고 데이트를 마칠 때도 손을 잡고 기도했습니다. 오늘도 좋은 데이트를 하게 해주셔서 감사하다고.

데이트하는 시간은 기본 양육과정의 말씀을 나누며 보냈습니다. 그리고 매일 엽서를 보냈는데, 엽서의 내용은 이러했습니다.

"자매님, 오늘 묵상할 말씀은 이것입니다."

데이트가 익숙하지 않고 연애에 숙맥이었던 나는 너무 신령(?)했고, 아내는 그런 형제가 딱 일 년 동안은 너무 좋았다고 합니다. 그러나 일 년이 지나자 자매는 다른 생각을 하기 시작했습니다.

'이런 형제와 살면 얼마나 재미가 없을까.'

어느 날 자매는 나에게 만나자고 하더니 헤어지자고 선포했습니다. 그제서야 비로소 내가 얼마나 상대에게 무딘 사람인지 알 수 있었습니다. 데이트를 하러 나갈 때 마음에는 성경 말씀이 들어 있었지만, 여름에 겨울바지를 입어도 괘념치 않던 나는 상대에 대한 예의와 배려가 전혀 없는 사람이었습니다. 좋아하는 마음도 있었지만 어떻게 말해야 할지 모르는 무딘 사람이었습니다.

아내에게서 이별 통보를 받고서야 비로소 정신이 들기 시작했습니다. 그리고 비로소 영적인 면 외에 정서적인 면, 사회적인 면과 함께 배려와 칭찬에 눈을 뜨기 시작했습니다. 영적으로 민감한 성도가 되어야 하는 것처럼, 아내와의 사귐도 민감해야 했던 것입니다. 그렇게 주 안에서의 만남은 서로의 부족함과 연약함을 성숙으로 바꾸는 징검다리가 되어주었습니다.

† ⋘ 함께 나누며 생각하는 시간

1. 주님이 나에게서 멀리 계시다고 느낀 때가 언제였습니까? 그때 나는 그 문제를 어떻게 해결하려고 했습니까?

2. 산을 넘는 주님의 행동을 어떻게 강조하고 있습니까? 신앙의 굴곡을 허락하시는 이유가 무엇입니까?

3. 내 삶의 포도원을 허는 작은 여우들은 무엇입니까? 하나님이 나를 독수리처럼 훈련하시는 부분은 무엇입니까?

4. 6장에서 가장 기억에 남는 것은 무엇이며 당신에게 적용할 점은 무엇입니까?

밤,
그 영적 침체

신앙생활에 밤이 올 때

  신앙생활에도 밤이 찾아올 때가 있습니다. 주님을 믿음에도 불구하고 앞이 보이지 않아 어디로 가야할지 모를 때, 그래서 어떻게 해야 할지 알지 못할 때입니다. 주 앞에 무릎을 꿇고 기다려도 그 응답이 오지 않을 때입니다. 아가서는 우리의 삶에도 밤과 같은 깜깜한 시간이 있음을 보여 줍니다.

  1장에서 '나는 검고 게달의 장막 같다'는 비유는 나의 부족함과 초라함으로 인해 잠 못 이루는 밤을 의미합니다. 2장에서는 세상에서 만나는 크고 작은 산과 같은 여러 장애물들 앞에서 잠 못 이루는 밤이 있음을 보여 줍니다. 때로는 포도원을 허는 작은 여우들처럼 내 삶에 들어온 사소한 죄악들로 인해 주님과의 관계가 끊어짐으로 잠 못 이루는 밤도 있다고 말합니다.

3장에서는 주님을 찾아도 만날 수 없는 '인생의 밤'에 대해 이야기합니다. 주님을 열심히 찾아도 주님을 느낄 수 없는 때가 있다는 것입니다. 찾아도 찾을 수 없고, 기다려도 만날 수 없어 지쳐가는 상태입니다. 나는 이것을 '영적 침체'라고 부르고 싶습니다. 내 의지와 열심으로는 이겨낼 수 없는 밤을 맞을 때의 어려움입니다. 주님을 열심히 찾아도 주님은 나를 멀리 하시는 것처럼 느껴지는 것이 영적 침체의 특징입니다.

3장에서 이를 보여 주는 이유는 신앙생활 중에 겪는 이와 같은 '캄캄한 밤'과 같은 시간도 신앙이 성숙해지는 과정의 하나이기 때문입니다. 우리에게 영적 침체가 오는 가장 큰 이유는 이 땅에 사는 동안 나의 모든 관심이 주님에게만 맞추어지기를 원하시기 때문입니다. 이것이 중요합니다. 이 모든 시간이 결국 내 인생이 향기 나는 삶이 되기 위해 통과해야 하는 인생의 광야 시간임을 배우는 것입니다. 아가서 3장과 4장에서 우리는 우리에게 찾아오는 영적 침체와 그에서 벗어나는 방법에 대해 배울 수 있습니다.

영적 감기에 걸린 증세

영적 침체에는 나에게 주님을 사모하는 열심은 있으나 주께서 나와 함께하시지 않으시고 멀리하시는 것처럼 느끼는 특징이 있습니다. 1절부터 반복되는 '밤, 찾아도 만나지 못함'이라는 단어들이 이를 잘 표현합니다.

내가 밤에 침상에서 마음으로 사랑하는 자를 찾았노라 찾아도 찾아내지 못
하였노라 이에 내가 일어나서 성 안을 돌아다니며 마음에 사랑하는 자를 거
리에서나 큰 길에서나 찾으리라 하고 찾으나 만나지 못하였노라

아 3:1,2 (신부)

이 단어들은 어두운 시간, 즉 멀리 떨어진 시간을 의미합니다. '침체'
라는 말 그대로 깊은 웅덩이에 빠진 듯한 느낌입니다. 감기가 육체의 질
병이라면, 침체와 우울은 내적 감기, 영적 감기라고 부를 수 있습니다.
또한 영적 침체란 육적으로도 피곤하고, 영적으로나 감정적으로 고갈
돼버린 상태를 말합니다. 기도하고 싶은데 기도할 수 없습니다. 말씀을
보고 있어도 말씀이 눈에 들어오지 않습니다. 어떤 사람은 이런 상태를
가끔 느끼기도 하고, 어떤 사람은 항상 그렇게 느끼기도 합니다.

1. 두려움과 염려로 좌절하게 되는 시간

영적 침체에는 몇 가지 특징이 있는데, 첫 번째 특징은 두려움, 분노,
고독, 염려가 나의 생각을 온통 지배하는 것입니다. 그로 인해 좌절하
고, 다 포기하고 싶고, 떠나버리고 싶은 마음으로 가득하게 됩니다.

성경에서는 대표적으로 열왕기상 19장의 엘리야를 볼 수 있습니다.
18장에서 능력의 사람이었던 엘리야가 그를 죽이겠다는 여인의 말 한
마디에 19장에서 깊은 침체에 빠져 좌절하고 낙심해 버립니다. 그리하
여 자신의 직분까지 다 버리고 북쪽 이스라엘을 떠나 남쪽 이스라엘의
광야로 들어갑니다. 그는 로뎀나무 아래에 앉아서 죽기를 구했습니다.
이때 엘리야의 상태가 바로 영적 침체임을 알 수 있습니다. 그는 주님의

소명에 집중하는 대신 자기 감정에 집중했습니다.

'이대로 죽고 싶습니다. 내가 하나님을 위해 일한다는 것이 어떤 유익이 있습니까?'

그리고 자신을 다른 사람과 비교하기 시작했습니다.

'나는 내 열조보다 낫지 못합니다.'

모든 일을 다 자기 잘못으로, 자기 책임으로만 생각합니다.

'내가 열심히 일했지만 변한 것이 없습니다. 다 나의 부족함 때문입니다.'

이민 목회자로 사역하는 강준민 목사는 개척을 하고 얼마 후에 영적 침체를 겪었다고 했습니다. 그는 교회를 개척하면 교회가 곧 부흥하고 성장할 것이라고 생각했습니다. 그러나 몇 년이 지나도 자기 가족과 친척 몇 명밖에는 보이지 않았습니다. 그때 침체와 함께 좌절감이 찾아왔습니다. 그러다 어느 주일 예배시간이 가까워 올 때 갑자기 식은땀이 나고 온몸이 무기력해졌고, 도무지 일어날 수가 없어 쓰러지고 말았습니다. 마침 간호원인 교인의 도움으로 구급차에 실려 병원 응급실로 갔습니다.

그는 당시 깊은 영적 침체를 겪으면서 그때의 모습을 이와 같이 표현했습니다. (1) 믿음을 잃어버립니다. '아무도 나를 이 상황에서 도와줄 수 없을 것'이라는 생각에 빠졌습니다. (2) 의욕을 잃어버립니다. 식욕, 성취욕, 자신감, 마음의 모든 소원이 다 사라졌습니다. (3) 죽고 싶은 마음이 생깁니다. 운전을 하다가도 죽고 싶은 마음이 들었습니다. 아무것도 할 수 없을 것이라는 무력감만 가득찼습니다. (4) 세상이 어둡게 보입니다. 염려와 두려움, 절망으로 가득한 채 마음에는 사람들의 비난만 가득했습니다. (5) 몸도 약해지면서 식은땀이 자주 나고, 사람들을 만나는 것이 싫어졌습니다.

2. 잊혀짐에 대한 두려움의 시간

영적 침체의 두 번째 특징은 상대를 잃을까 하는 두려움과 절망, 낙심이 찾아오는 것입니다. '주님이 나를 기억하실까? 나같은 존재는 분명 잊으셨을거야, 나를 기억도 못하실 거야'라는 생각에 젖어듭니다. 그래서 3장은 '내가 찾아도 만나지 못했다'라는 말을 반복합니다.

젊은 날에 뇌염에 걸렸던 나도 그랬습니다. 의식이 없는 상태에서도 척추에서 척수를 뽑는 고통에 몸부림을 쳤다고 나중에 가족들이 제게 말해 주었습니다. 하지만 의식이 돌아온 후, 나는 다시 척수를 뽑아야 하는 고통보다 '과연 하나님은 나를 사랑하시는 것일까?' 하는 의문 때문에 더 고통스러웠습니다.

1982년 당시 뇌염에 걸린 환자에 대한 자료를 찾아보니 1,197명이 뇌염에 걸렸고 그중 55명이 사망했다는 기록이 있었습니다. 이는 역대 최고 수치였습니다. 주님은 그 가운데서 나를 살려 주셨지만, 당시 나는 주님에 대한 사랑의 확신을 잃어버린 채 회복의 시간을 보냈습니다. 내 안에 있어야 할 주님의 임재의식은 없이, 없어야 할 절망과 두려움만이 있었던 것입니다.

주님을 사랑하고 주님을 따른다 해도 누구나 때때로 이런 영적 침체를 경험합니다. 자주 겪느냐, 항상 겪느냐, 아주 가끔 겪느냐 하는 차이는 있겠지만, 우리 모두에게는 성숙으로 가는 과정의 일부일 뿐입니다. 그러나 영적 침체가 오는 이유는 우리가 세상에 마음을 빼앗기지 않고, 오직 주님에게만 초점을 맞추게 하시려는 주님의 간섭임을 잊지 말아야 합니다.

자기 부인을 배우는 시간

내가 밤에 침상에서 마음으로 사랑하는 자를 찾았노라 찾아도 찾아내지 못하였노라 이에 내가 일어나서 성 안을 돌아다니며 마음에 사랑하는 자를 거리에서나 큰 길에서나 찾으리라 하고 찾으나 만나지 못하였노라

아 3:1,2 (신부)

'밤에 침상에서 일어난다', '일어나서 성 중에 돌아다닌다', '거리에서, 큰 길에서 찾고 찾았다'라는 말들은 주를 간절히 찾기를 포기하지 않았다는 의미입니다. 자기를 부인하며 주를 찾는다는 말은 한때는 세상적인 즐거움을 위해 그리스도를 포기하고 살았지만 이제는 주를 찾기 위해 모든 것을 포기하는 것을 의미합니다.

신부는 잠까지 포기하고 침상에서 일어나 사랑하는 사람을 찾기까지 성 안을 돌아다닙니다. 주를 찾기까지 성 안에서, 거리에서, 큰 길에서 부지런히 찾아다니는 것입니다.

자기를 부인한다는 말은 자신의 생각과 감정을 따라가지 않고 주님에게 집중한다는 뜻입니다. 우리의 육신은 다스려야 할 대상이지, 따라가야 할 대상이 아니라는 점을 기억해야 합니다. 또한 자기를 부인한다는 말은 나 자신을 다른 사람과 비교하지 않는다는 말입니다. 또한 내

게 닥친 문제가 내 잘못 때문이라면서 나에게로 향하는 초점을 버리고 열심으로 주를 찾는 것을 말합니다. 주를 간절히 찾으며 주님이 어떤 분이신가를 묵상하는 것입니다.

다윗은 그의 시에서 그것을 잘 말해줍니다.

하나님이여 주는 나의 하나님이시라 내가 간절히 주를 찾되 물이 없어 마르고 황폐한 땅에서 내 영혼이 주를 갈망하며 내 육체가 주를 앙모하나이다 내가 주의 권능과 영광을 보기 위하여 이와 같이 성소에서 주를 바라보았나이다 주의 인자하심이 생명보다 나으므로 내 입술이 주를 찬양할 것이라 이러므로 나의 평생에 주를 송축하며 주의 이름으로 말미암아 나의 손을 들리이다 골수와 기름진 것을 먹음과 같이 나의 영혼이 만족할 것이라 나의 입이 기쁜 입술로 주를 찬송하되 내가 나의 침상에서 주를 기억하며 새벽에 주의 말씀을 작은 소리로 읊조릴 때에 하오리니 주는 나의 도움이 되셨음이라 내가 주의 날개 그늘에서 즐겁게 부르리이다 시 63:1-7

또한 시편 42편에서도 자기를 부인하는 다윗을 볼 수 있습니다.

내 영혼아 네가 어찌하여 낙심하며 어찌하여 내 속에서 불안해 하는가 너는 하나님께 소망을 두라 그가 나타나 도우심으로 말미암아 내가 여전히 찬송하리로다 시 42:5

사람을 의지하지 말라

CBMC라고 불리는 기독실업인회에 들어갈 때의 일입니다. 당시 그곳에서는 유학을 간 전임 사무국장을 대신할 후임을 뽑고 있었습니다. 공채 광고를 보고 지원했는데 마지막 남은 두 사람이 3차까지 면접을 치르게 되었고, 결국 내가 뽑히게 되었습니다. 내가 가르칠 수 있는 곳, 내가 성장할 수 있는 곳, 내 비전을 이어갈 수 있는 곳을 놓고 기도하고 있었는데, 그 자리가 바로 기독실업인회였던 것입니다.

기독실업인회 지회의 회장님들을 방문하거나 전국에 흩어진 CBMC 지회의 모임에 참석해 CBMC 사역과 비전을 설명하고, 성경공부 교재를 만들고, 전도와 양육방법을 교육하고, 국제 CBMC 대회에 참석하면서 나는 한층 넓은 세계와 귀한 사역을 경험했습니다.

그렇게 몇 년 동안 세상에서나 교회에서나 모든 걸 다 가진 듯한 분들을 만나면서 한 가지 갈증이 일어났습니다. 그것은 성경에 대한 지식이었습니다. 제게 다 있는 듯한데 무엇인가 중요한 하나가 빠져 있었습니다. 삶의 변화였습니다. 품은 비전과 꿈에 비해, 현실에서 변화를 기대하기에 삶의 열매가 작았습니다. 배움에 대한 갈증이 커지자 그 해답을 성경에서 찾아야 한다는 생각에 이르렀고, 하나님 나라에 대한 지식이 그 해답이라고 생각하게 되었습니다.

그래서 4년 만에 그 자리를 포기하고 새로운 도전을 위해 신학을 공부하려 했지만, 어느새 한 아들의 아빠이자 한 아내의 남편이 된, 35세의 가장으로서 경제적인 부담과 미래에 대한 불안이 큰 벽으로 다가왔습니다. 그러다 어느 날 경건의 시간을 갖던 아침에 민수기 11장 23절을 묵상하게 되었습니다.

여호와의 손이 짧으냐 네가 이제 내 말이 네게 응하는 여부를 보리라 민 11:23

그날 아내와 만날 약속을 하고 남대문시장 옆 새로나백화점 앞에서 기다리고 있었는데, 약속 시간보다 무려 40분이 넘도록 아내가 나타나지 않았습니다. 그래서 그 시간에 아침 경건의 시간에 묵상한 그 말씀을 떠올려 보았습니다.

'그래, 하나님은 광야에서 불순종한 이스라엘 백성 이백만 명도 먹이셨는데, 하물며 주를 위해 살겠다는 우리 세 식구를 먹이시지 않겠는가.'

이런 생각과 함께 신학을 하기로 결단했습니다. 그러자 머리에서 계산이 돌아가기 시작했습니다. 회장님들의 이름이 떠오르기 시작한 것입니다. 이분들에게 이야기하면 경제적인 짐은 더 이상 벽이 될 것 같지 않았습니다.

그런데 눈을 감고 기도를 하면 한 가지 생각이 떠올랐습니다.

'철웅아, 사람을 의지하지 말아라.'

눈을 뜨면 기독실업인회 회장님들에게 이야기하면 다 해결될 듯 싶었고, 눈을 감으면 사람을 의지하지 말라는 주님의 말씀이 들렸습니다. 결국 주님에게 순종하기로 결심한 나는 입을 닫고 기독실업인회를 사임했습니다.

그런데 하나님이 일하기 시작하셨습니다. 당시 CBMC 회장님으로 계시던 유상근 회장님이 내가 사임하는 날, 사무실로 부르시더니 첫 등록금을 주셨고, 이후 매 학기마다 여러 사람들을 통해서 등록금을 해결해 주셨습니다. 내가 CBMC로 인도한 친구 우수영 변호사는 매달 책값을 보내 주었고, 최근 기독실업인회의 회장이셨던 두상달 장로님은 신학교 마지막 학기의 등록금을 주셨습니다. CBMC를 떠나 신학을 시작하는 첫걸음은 나의 생각을 내려놓고, 현실의 문제에서 나를 부인하는 법을 배우는 과정이 되었습니다.

영적 멘토들의 도움을 얻는 시간

성 안을 순찰하는 자들을 만나서 묻기를 내 마음으로 사랑하는 자를 너희가 보았느냐 하고 그들을 지나치자마자 마음에 사랑하는 자를 만나서 그를 붙잡고 … 놓지 아니하였노라 아 3:3,4 (신부)

신부는 밤에 침상에서 신랑을 찾는 것으로 만족하지 않고(1절), 성 안을 돌아다니며 거리와 큰 길에서 찾습니다(2절). 그래도 찾을 수 없습니다. 그러나 거기서 포기하지 않고 또 다른 방법을 찾아냅니다. 곧 성 안에서 밤새 지키며 순행하는 자들에게 물어보는 것입니다. 이들은 밤에도 깨어 있어 새벽을 맞이하는 사람들입니다. 이들은 인생의 파수꾼들과 목자들을 의미합니다. 신앙의 스승들로서 영적 침체를 맞은 사람들에게 도움을 주는, 깨어 있는 사람들입니다.

영적 침체에서 벗어나기 위해서는 성숙한 이들의 도움이 필요합니다. 이들을 영적 멘토라고 말할 수 있는데, 1장 8절에 나오는 '양 떼의 발자취를 남긴' 믿음의 선진들이라 할 것입니다.

주위에 좋은 멘토를 많이 가진 사람이 건강한 신앙생활을 할 수 있습니다. 훌륭한 신앙을 가진 사람에게서 받는 영향이 우리의 삶을 윤택하게 하기 때문입니다.

나는 신학을 공부할 때 설교학을 가르쳐주셨던 우백 박종렬 목사님을 종종 기억합니다. 그 분은 당시에도 이미 충무교회에서 은퇴하신 후 여러 책을 저술하시며 사역하고 계셨는데, 신학교에 오셔서 설교학을 가르치셨습니다. 그 분의 말씀 중에 특히 기억나는 가르침은 "우리는 우리의 영성을 위해서 세 개의 방을 늘 가지고 있어야 한다"는 것이었습니다. 첫째는 골방이요, 둘째는 책방이고, 셋째는 심방이라고 하셨습니다. 기도로 주님을 만나는 것이 나의 골방이며, 인생의 지혜를 얻는 멘토를 만나는 것이 나의 책방이며, 함께 시간과 공간을 나누는 지체들을 만나는 방이 심방이라고 하셨습니다. 나는 이 말씀을 들은 대로 실천하고, 또 틈틈이 이 말씀을 나누고 가르치려고 애썼습니다.

이후 유진 피터슨의 책을 통해 심방에 대해 더 잘 이해하게 되었는데, 그는 참된 심방이란 그를 위로하기 위해 방문하는 것이 아니라, 그들에게서 하나님이 어떻게 역사하고 계시는지 보는 것이라고 했습니다. 어려운 가정을 방문해 그곳에서 하나님의 일하심을 보는 눈을 갖는 것은 영적 침체를 이겨내는 또 하나의 지혜입니다.

또한 우리는 기도의 골방의 평수를 늘려서 기도의 큰 골방이 있는 집에서 살아야 합니다. 세상의 큰 집들을 볼 때마다 나의 골방의 크기를 생각해야 합니다. 그것이 우리의 진정한 집이기 때문입니다.

진정한 부요는 기도에서 나옵니다. 우리는 기도로 언제든지 주님에게 나아갈 수 있으며(엡 6:18), 또 그 기도를 갚아주겠다고 주님은 약속하셨습니다(마 6:6).

기도의 골방에서도 주님이 멀리 느껴질 때에는 또 하나의 방, 책방에서 인생의 스승들을 만날 수 있습니다. 이들은 지금 이 세상에 있지 않지만 여전히 시대를 깨우는 파수꾼들입니다. 이들을 가까이 두어야 합니다. 필요할 때마다 그들을 찾아가 만나야 합니다. 책을 소중히 여기십시오. 그리고 인생의 스승들을 만나십시오.

심방이 시간과 공간을 함께 나누는 지체의 삶 속에서 역사하시는 하나님을 만나는 장소라면, 책방은 시간과 공간의 차이로 만날 수 없는 멘토들을 만나는 곳입니다. 누구를 만나느냐 하는 것이 오늘의 행복지수를 결정합니다. 우리는 다 약하고 질그릇과 같아서 어떤 사람의 말 한 마디에 살아나기도 하고, 어떤 사람의 말 한 마디에 마음이 상하고 깨어지기도 합니다. 사람은 격려의 말, 인정받는 말을 들을 때 살아납니다.

목회를 하는 중에 너무도 피곤해 낙심이 되던 어느 날 밤의 일입니다. 그때 나는 나의 책방으로 가서 유진 피터슨의 《예레미야》를 꺼내 읽었습니다. 그리고 힘을 얻었습니다.

그날 나는 일기장에 이렇게 기록했습니다.

예레미야의 생애를 보면 뚜렷이 기억할 만한 사건이 있다. 예레미야 12장에서 예레미야가 대적에 의해 점차 파괴되고, 자기 연민에 빠져서 스스로 죽음에 굴복하려고 했던 때, 하나님으로부터 받은 특유의 소명을 버리고, 그저 예루살렘의 한 주민으로 주저앉기 직전, 한 가지 질문이 그의 머리에 가득했다.
'내가 주께 질문하옵나니 악한 자의 길이 형통하며 패역한 자가 다

안락함은 무슨 연고니이까? 언제까지 … 이 땅이 슬퍼하며…'

그는 사역을 하는 중에 혼돈 가운데 빠져든다. 이해할 수 없는 상황이 계속되는 것을 보면서 낙심 가운데 빠져든다. 그의 상심한 마음을 보는 듯하다. 그의 눈에서 떨어지는 하염없는 눈물을 보는 듯하다. 바로 그 중요한 순간에 그는 다음과 같은 책망을 듣게 된다.

"네가 사람과 달리기를 해도 피곤하면, 어떻게 말과 달리기를 하겠느냐?"

"네가 조용한 땅에서만 살 수 있다면, 요단 강의 창일한 물속에서는 어찌하겠느냐?"

유진 피터슨은 이 장면을 그의 책에서 이렇게 상세히 설명한다.

"예레미야야, 그래, 인생은 고해와 같단다. 그래서 방해하는 첫 파도가 몰아칠 때 아예 기권하려는 것이니? 인생에 하루 세끼 식사와 밤에 잠자리를 구하는 것 이상의 것이 있음을 알게 되자 뒤로 물러갈 작정이냐? 수많은 사람들이 하나님의 영광을 보기 위해 위험을 감수하는 것보다 자기 신변의 안전에 더 관심이 많은 것을 보는 순간 집으로 뛰어갈 생각이냐? 너는 조심조심 살 생각이냐, 아니면 용감하게 살 생각이냐? 나는 너로 하여금 최상의 삶을 살고, 의를 추구하고, 탁월성을 향해 계속 전진하라고 불렀다. 그래, 오히려 신경과민에 걸리는 편이 더 쉽다는 것을 나도 알고 있다. 기생충처럼 사는 편이 더 수월하다는 것, 보통 사람처럼 느긋하게 사는 편이 더 쉽다는 것도 안다. 그렇게 사는 것이 더 쉬운 건 사실이지만, 그러나 더 나은 삶은 아니야. 더 수월하긴 하지만, 더 뜻깊은 삶은 아니지. 더 쉽긴 하지만, 더 보람 있는 삶은 아니란다. 나는 네가 스스로 이룰 수 있다고 생각하는 것보다 훨씬 더 고상한 목적을 가진 삶을 살라고 너를 불렀고, 네 소명을 이룰 수 있도록 능력을 공급하겠다고 약속하지 않았니? 그런데 이제 첫 번째 난관이 보이자마자 그만두려고 하다니! 이처럼 평범하기 그지없는 미지근하고 냉담한 군중과 경쟁하다가 피곤에 지쳐 나가 떨어지면, 도대체 진짜 경주가 시작되면 어떻게 할 작정이냐? 날렵하고 승부욕이 강한 탁월한 말들과 경주하면 어떻게 할 작정이냐? 예레미야야, 네가 진정으로 원하는 것이 무엇이냐? 이런 군중과 함께 발을 질질 끌면서 걷고 싶으냐? 아니면 말들과 함께 힘차게 경주하고 싶으냐?"

하나님의 질문 앞에서 그의 삶이 그의 대답이 된다.

"저는 말들과 함께 달리겠습니다."

피곤한 밤, 유진 피터슨과 함께, 예레미야와 함께 주님은 나에게 찾아오신다. 나는 고백한다.

"주님, 저도 말들과 함께 달려가겠습니다. 너무도 좋으신 주님, 그래서 내게 전부이신 주님, 그 주님을 오늘도 온 마음으로 사랑합니다. 주님의 공의가 이 땅에 사람들의 마음에 온전히 실현되기까지."

이렇듯 우리에게 영적으로 어두운 밤이 왔을 때 우리는 멘토를 만나 우리의 밤을 이길 수 있습니다. 영적 멘토를 만나는 일에 실패하면 우리는 더 깊은 침체에 빠지게 됩니다. 그 대표적인 그룹이 애굽을 떠나 광야에서 영적인 침체를 경험한 이스라엘이었습니다. 광야에서 먹을 것이 부족하던 그때, 이스라엘이 광야생활에서 실패한 것은 믿음이 없는 사람들의 말에 귀를 기울였기 때문임을 기억해야 합니다.

그들 중에 섞어 사는 다른 인종들이 탐욕을 품으매 이스라엘 자손도 다시 울며 이르되 누가 우리에게 고기를 주어 먹게 하랴 민 11:4

이스라엘 백성의 실수는 신앙이 약한 사람들에게 영향을 주지 못하고 도리어 그들의 논리에서 영향을 받았기 때문입니다.

인생의 좋은 스승들을 가까이 하고, 그들을 만나기를 기대하며, 또 열심히 사십시오. 그때 우리는 밤의 시간들을 이겨낼 수 있습니다. 신부는 그 결과 사랑하는 신랑을 만납니다.

그들을 지나치자마자 마음에 사랑하는 자를 만나서 그를 붙잡고 내 어머니 집으로, 나를 잉태한 이의 방으로 가기까지 놓지 아니하였노라 아 3:4 (신부)

'어머니 집'이란 여인들이 기거하는 곳으로 외부인이 함부로 들어올 수 없는 내밀한 곳이며 오직 사랑하는 이에게만 허용되는 장소입니다. 어머니의 집으로, 어미의 방으로 간다는 뜻은 주님과의 교제를 위해 어떤 것에도 방해받지 않겠다는 열망의 표현입니다. 이런 강렬한 열망이 사랑하는 이를 만나게 한 것입니다.

영적 침체는 우리의 인격이 성숙하는 데 필수과정입니다(약 1:12). 영적 침체는 주님을 사랑하는 삶에서 한 번 있는 과정이 아니라, 반복될 수 있음을 기억해야 합니다. 그래서 5절은 주님과의 교제는 늘 깨어지기 쉬운 것임을 반복해 노래합니다.

예루살렘 딸들아 내가 노루와 들사슴을 두고 너희에게 부탁한다 사랑하는

자가 원하기 전에는 흔들지 말고 깨우지 말지니라 아 3:5 (신부)

성경은 여러 곳에서 이러한 위험을 이야기하고 있습니다.

너희는 삼가 그의 목소리를 청종하고 그를 노엽게 하지 말라 출 23:31
하나님의 성령을 근심하게 하지 말라 엡 4:30

신랑 되신 거룩하신 주님의 사랑을 누리는 성도들은 부스럭거리는 잎
사귀에도 놀라 도망가는 들사슴을 주목하면서 죄를 피하도록 조심해
야 합니다. 사소한 죄까지 주의하며 살피는 것은 성령의 임재와 주님과
의 교제를 계속 누리는 데 반드시 필요한 요소입니다.

다시 만날 주님을 기대하는 시간

6-11절은 거친 들로부터 나오고 있는 신부의 가마를 소개합니다. 어
떤 학자들은 이것을 솔로몬이 탄 가마라고 이해하지만, 거친 들에서 올
라오는 것을 생각하면 이 가마가 왕이 신부를 맞이하기 위해 보낸 것이
라고 볼 수 있습니다.

또한 6-11절까지가 누구의 노래인지에 대해서도 논란이 많습니다.
신부의 고백인가 아니면 예루살렘 여인들의 고백인가 하는 논란입니다.
누구의 고백이 되었든 솔로몬 왕과 신부의 혼인식을 위한 가마인 것은
확실합니다. 이 장면은 "너희를 내게로 영접하여 나 있는 곳에 너희도
있게 하리라"(요 14:3)라는 종말론적 사건에 대한 예수님의 말씀을 떠오

르게 합니다.

> 몰약과 유향과 상인의 여러 가지 향품으로 향내 풍기며 연기 기둥처럼 거친
> 들에서 오는 자가 누구인가 볼지어다 솔로몬의 가마라 이스라엘 용사 중 육
> 십 명이 둘러쌌는데 다 칼을 잡고 싸움에 익숙한 사람들이라 밤의 두려움으
> 로 말미암아 각기 허리에 칼을 찼느니라 아 3:6-8 (예루살렘의 딸들)

거친 들을 헤치며 오는 그의 모습이 화려합니다. 온갖 향료와 그 향
기로 가득한 모습입니다. 그 행렬은 연기기둥[37]처럼 장엄하게 보이며 종
말론적 현상을 연상케 합니다. 8장 5절에서는 거친 들에서 오는 자가
여인라고 말합니다.

여기서 '솔로몬의 가마'란 침상 혹은 침대를 일컫습니다. 어떤 학자들
처럼 이 침상 가마를 결혼식에서 첫날밤을 보내는 침상으로 해석하려는
시도는 좋지 않습니다. 왜냐하면 이 침상이 은밀한 공간이 아니라 누구
나 보고 감탄할 만큼 화려하고 웅장하며, 광야로부터 오는 이동식 침
상 가마[38]를 뜻하기 때문입니다.

이 가마를 지키는 이들은 이스라엘 용사 중에서 선발해 뽑은 60명입
니다. 다윗에게 30명의 용사(삼하 23:24-39)가 있었는데 신부의 가마를
지키는 용사가 그 두 배라는 것은 그것의 형언할 수 없는 영광스러움을
암시합니다. [39]

60명의 용사의 역할은 거친 들에서부터 왕의 혼인식 자리까지 신부를
안전하게 호위하고 데려오는 것이었습니다. 밤이 주는 두려움의 시간에
서도 이들은 주님의 명령을 좇아 신부를 보호합니다.

3장에서 '밤'이라는 단어가 두 번 나오는데 그 구조를 보면 영적 침체를 더 잘 이해할 수 있습니다.

1절) 내가 밤에 침상에서
------------ (자기 부인)
------------ (영적 멘토)
8절) 밤의 두려움에서 지키는 60명의 용사들

이 구조는 우리가 자신의 열심으로 영적 침체에서 벗어날 수 있는 것 같지만, 실상은 신부가 보내는 영적 침체의 시간들도 주님의 완전한 보호 아래 있음을 알게 합니다.

솔로몬 왕이 레바논 나무로 자기의 가마를 만들었는데 그 기둥은 은이요 바닥은 금이요 자리는 자색 깔개라 그 안에는 예루살렘 딸들의 사랑이 엮어져 있구나 시온의 딸들아 나와서 솔로몬 왕을 보라 혼인날 마음이 기쁠 때 그의 어머니가 씌운 왕관이 그 머리에 있구나 아 3:9-11 (예루살렘의 딸들)

본문은 신부보다 신부를 데리러 오는 가마를 더 묘사하는 듯 보이지만, 가마에 대한 묘사는 혼인예식과 아울러 신랑과 신부의 만남을 더욱 찬란하게, 고귀하고 화려하게 하는 장식물의 묘사와 같습니다. 여기에서 은은 순결을, 금은 변치 않는 하나님의 영광을,[40] 자색은 그리스도의 피를 비유[41]합니다.

예루살렘 딸들의 사랑이 가마 내부에 엮어져 있다는 것은 그들의 소망 또한 혼인잔치에 있음을 의미합니다. 11절에서는 시온의 딸들도 모두 혼인예식의 신랑 되신 주님을 바라보도록 집중[42]하게 합니다. 11절의 왕의 모습은 신부의 행렬이 도착하기를 기다리는 모습입니다. 본문은 천국잔치로 인도하시려고 신랑이 보내는 가마 행렬의 모습인 것입니다. 처소를 예비한 후 우리를 맞으시는 모습입니다.

어두운 시간에 기억할 것

우리는 주님을 만나게 될 것입니다. 주님이 오셔서 나를 만나시거나, 아니면 내가 주님을 만나기 위해 세상과 이별하는 때입니다. 주님이 때로 멀리 계신 듯 여겨질 때에도 낙심하지 않아야 할 것은 주님이 우리를 위해 처소를 예비하시며 우리를 데리러 오실 것이라는 분명한 사실 때문입니다.

건강한 신앙인의 삶의 기초는 재림 신앙에 있습니다. 영적으로 어두운 시간에 우리가 기억해야 할 것은 '주님의 재림'이라는 두 단어입니다.

일본이 압제하던 때 신사참배를 거절함으로 감옥생활을 선고받은 두 그리스도인이 있었습니다. 한 사람은 6년을 선고 받았고, 다른 한 사람은 8년을 선고 받았습니다. 그때 6년을 선고 받은 사람이 8년을 선고 받은 사람에게 말했습니다.

"형님, 부럽수다. 나보다 하늘나라에서 상급이 많을 것이니."

그들은 어떻게 이렇게 말할 수 있었을까요? 주님이 다시 오실 날이 인생의 결산일임을 믿는 재림 신앙 때문이었습니다.

우리 모두가 인생의 성적표를 받는 날이 곧 올 것입니다. 그 날은 지금 잠시 받는 고난과 족히 비교할 수 없는 영광의 날이 될 것입니다.

기억하십시오. 내가 이 땅에서 눈을 감는 그 순간이 주님 앞에서 눈을 뜨는 순간이라는 것 말입니다.

주님은 내가 하늘에 도착할 때, 나를 어떻게 영접하실까요? 이사야는 이렇게 말합니다.

신랑이 신부를 기뻐함 같이 네 하나님이 너를 기뻐하시리라 사 62:5

우리가 주님을 만나는 날은 세상의 수고가 끝나고, 슬픔이 끝나는 날입니다. 그 날은 영광의 환희로 들어가는 시간이 될 것입니다.

✝ ⋘ 함께 나누며 생각하는 시간

1. 지금 내가 겪고 있는 영적 침체는 무엇입니까? 그 증상은 어떤 것들이며, 벗어나기 위해 무엇을 하였습니까?

2. 영적 침체를 벗어나는 세 가지 방법이 무엇이며, 그 중 나에게 가장 도움을 주는 교훈은 무엇입니까?

3. 골방, 책방, 심방 중에 나에게 가장 좋은 경험을 주었던 것은 무엇이며, 내가 이제부터 더 계발할 방은 무엇입니까?

4. 7장에서 가장 기억에 남는 것은 무엇이며 당신에게 적용할 점은 무엇입니까?

주께서
나를 바라보실 때

내가 집중할 것

영적인 침체는 초점을 잃게 합니다. 우리는 주를 바라보기보다 내가 나를 어떻게 보고 있는가 혹은 다른 사람이 나를 어떻게 보고 있는가를 생각하며 스스로 실망하고 나약해지기 쉽습니다. 우리는 그럴 때일수록 주님이 나를 어떻게 보고 계시는가에 집중해야 합니다. 그럴 때 바른 자아상을 회복할 수 있습니다. 주님이 나를 얼마나 어여삐 여기시는지, 주님이 나를 얼마나 만나고 싶어하시는지, 주님이 얼마나 내 기도를 기다리시는지 아는 것은 영적 침체를 이기고 벗어나는 길입니다. 이것이 4장의 내용입니다.

아가서 2장과 4장은 뚜렷한 대조를 이룹니다. 2장은 2절의 신랑의 음성을 제외하면 모두 신부의 고백입니다. 10-14절의 신랑의 음성도 신부를 통해 들려집니다. 반면 4장은 마지막 절에 나오는 신부의 고백을 제외하고 모두 신랑의 음성입니다.

2장에서 신부가 '나는 왜 여기에 있는가?', '나는 이 넓은 세상에 비해 너무 작고 초라하지 않나?' 하는 생각으로 정체성이 흔들리고 있을 때, 신랑은 2장 2절의 한 마디 말로 신부를 회복시킵니다. 신부가 말한 샤론의 수선화, 신랑이 말한 가시나무의 백합화가 바로 그것입니다. 2장이 그렇게 신랑의 말씀 한 절로 회복된 신부의 고백으로 가득하다면, 4장은 영적 침체에 빠진 신부를 깨우는 신랑의 음성으로 가득합니다.

4장은 신랑 되신 주님이 영적 침체에 빠진 신부에게서 무엇을 보시는지, 어떻게 보고 계시는지를 말합니다. 그래서 신부로 하여금 주님의 안목을 갖도록 인도하셔서 영적 침체를 이기게 하시는 것입니다.

나의 전체를 보시는 주님

주님은 나의 부족한 한 부분이 아니라 전체를 보십니다. 과거와 현재뿐 아니라 나의 성숙하고 완성된 미래까지 함께 보시는 것입니다. 주님이 보시는 신부의 모습은 모양과 색깔에서 완전한 조화를 이루고 있습니다. 이는 우리가 영적 침체를 겪으며 주님을 만나지 못하는 것 같은 때에도 하나님이 우리의 전체를 보고 계심을 기억하라는 말씀입니다.

너는 어여쁘고도 어여쁘다 아 4:1 (신랑)

너는 어여쁘고 아무 흠이 없구나 아 4:7 (신랑)

마치 창세기 1장 31절에서 "지으신 모든 것을 보시니 보시기에 심히 좋았더라"라고 하셨듯이 주님은 신부를 보시되 그리스도 안에서 구속받은 이의 모습으로 보십니다. 주님은 나의 완성된 모습을 이미 보고 계시는 것입니다. 그래서 모든 게 예뻐 보인다고 하십니다.

나 자신을 보는 나의 시선도 주님의 시선과 같아야 합니다. 주님이 나를 완성된 전체로 보시듯, 영적 침체에 빠져 있을 때에도 자신을 완성된 전체로 보아야 하는 것입니다. 이 말은 나의 약점만 보지 말고 나의 전 과정을 보라는 것입니다. 나의 과거와 현재만 보지 말고, 나의 미래까지 보라는 것입니다.

어린아이의 특징은 부분에만 집착하는 것입니다. 부분으로 전체를 결정짓습니다. 쉽게 말하면 이런 것입니다.

'나는 코가 납작해. 그래서 나는 못생겼어. 나는 키가 작아. 그래서 나는 못생겼어. 나는 종아리가 굵어. 그래서 나는 미워.'

그런데 어린아이만 그런 것이 아닙니다. 어른이 되었을지라도 주님의 안목을 배우지 못하면 여전히 나의 부족한 면을 보며 전체를 놓치는 삶을 살게 됩니다.

'나는 돈이 없어. 그래서 나는 불행해. 나는 건강하지 않아. 그래서 나는 불행해. 나는 배운 게 없어. 그래서 나는 불행해.'

돈이 없다는 것은 조금 불편할 뿐이지 불행한 것이 아닙니다. 그러므로 주님이 나를 어떻게 바라보시는지 주님의 눈으로 나를 다시 보는 법을 배워야 합니다(습 3:17). 전체를 보는 안목을 길러야 하는 것입니다. 나의 오늘의 삶도 다시 보아야 하며, 나의 인생도 다시 길게 보아야 합니다. 오늘 하루의 삶으로 나의 인생을 단정하지 말아야 합니다. 그렇게 길고 넓게 생각하면 현재의 고난이 반드시 고난은 아닙니다. 현재의 불행이 반드시 불행은 아닙니다. 나는 어떤 행위로 주님을 기쁘시게 하려고 애쓰지만, 주님에게는 내 존재 자체가 이미 기쁨이기 때문입니다.

나와 교제하기를 기뻐하시는 주님

날이 저물고 그림자가 사라지기 전에 내가 몰약 산과 유향의 작은 산으로 가리라 나의 사랑 너는 어여쁘고 아무 흠이 없구나 내 신부야 너는 레바논에서부터 나와 함께 하고 레바논에서부터 나와 함께 가자 아마나와 스닐과 헤르몬 꼭대기에서 사자 굴과 표범 산에서 내려오너라 아 4:6-8 (신랑)

날이 기울고 그림자가 사라지기 전, 비록 영적 침체의 시간이 오고 주님이 멀리 계시는 것처럼 여겨질 때라도 우리는 주님이 나와의 교제를 기뻐하시고 기다리신다는 사실을 기억해야 합니다. 주님은 한 장소를 지정하시고 그곳으로 우리를 초대하십니다.

아마나와 스닐과 헤르몬 산들은 웅장하고 매력적이고 아름답습니다. 그러나 아무리 아름다워도 맹수들이 사는 곳입니다. 사자 굴이 있고 표범이 거하는 곳입니다. 이는 화려하고 웅장하나 위험한 세상의 모습을 말합니다.

한편, 주님은 작은 산을 지정하십니다. 온갖 향기로 가득한 곳으로 내가 나아오기를 기대하시는 것입니다. 주님은 몰약 산, 유향의 작은 산, 곧 모리아 산의 시은소에서 만나자고 하십니다. 그 이유는 시온 산은 안전한 곳(사 35:9)이고, 생명의 말씀이 있으며, 주님과 교제가 있는 곳(시 132:12)이기 때문입니다. 주님은 그곳으로 신부를 초대하십니다. 주님이 십자가에 달려 죽으심으로 성소의 휘장이 찢어지면서 이 초대는 우리가 언제든지 응할 수 있는 무한한 은혜가 되었습니다.

내가 버지니아에서 두 번째 교회 개척을 하고 있을 때였습니다. 북쪽 보스턴으로부터 버지니아를 지나 플로리다까지 이어지는 95번 고속도로가 그곳에서 가까웠습니다. 많은 사람들이 여행을 하려고 이 도로를 지날 때, 나와 아내는 기도하고 통곡하며 눈물로 하나님께 부르짖기 위해 95번 도로를 찾았습니다. 100마일을 운전하며 주님을 찾을 때 차 안은 소리 높여 기도하는 기도원이 되었고, 눈물 가득하여 울부짖는 통곡의 장소가 되었으며, 주님을 만나는 시은소가 되었습니다. 그때는 기도의 부족함을 깨닫고 기도에 집중하던 시간이었습니다.

어느 날 새벽기도를 마친 아내는 나를 먼저 보내고 교회당에 남아 기도하고 있었습니다. 아내는 그때를 종종 이렇게 간증합니다.

저희가 두 번째 개척교회를 할 때였습니다. 개척교회는 여러 가지가 부족해서 힘이 듭니다. 반주자도 없고 일꾼도 없고 열심히 힘을 다해 섬겨도 열매가 없는 시간이었습니다. 어느 날 새벽, 그날 새벽기도 반주를 마치고 저는 목사님을 집으로 먼저 가시라고 했습니다. 그리고 교회당 문을 잠갔습니다. 하나님께 기도하기보다는 떼를 쓰기 위해서였습니다.

'주님, 저는 이제 못해요. 아니, 안 해요. 이렇게 열심히 하는 데도 이렇게 열매가 없나요?'

얼마나 떼를 쓰며 오랫동안 기도했을까요. 기진하여 졸음이 오는 그때 하나님은 제 눈을 여셨습니다. 그리고 하나의 장면을 보여 주셨습니다. 그것은 독수리가 새끼를 훈련시키는 장면이었습니다. 어미독수리가 벼랑에서 새끼를 떨어뜨리고는 추락하는 새끼를 위에서 한없이 바라보다가 바닥에 떨어지려는 순간 시속 100킬로미터 이상으로 날아와서 새끼를 어미의 등으로 받고는 다시 둥지로 데려가는 장면이었습니다. 목사님의 설교를 통해 신명기 32장 9-12절의 이 이야기는 잘 알고 있었습니다. 그러나 반복되는 그 장면을 보고 있을 때 하나님은 제가 깨닫게 하셨습니다. 아니, 하나님의 음성을 듣게 하셨다고 할까요. '네가 바로 그 독수리다'라고요.

그때 제 어깨에 있던 모든 짐들이 날아가고 가벼워지는 것을 느꼈습니다. 부흥의 짐들, 수고의 짐들이 가벼워지고, '주님이 저를 참새가 아닌 독수리로 만드셨구나' 하는 은혜로 새로워지는 시간이었습니다. 그러고는 자리를 훌훌 털고 일어나 다시 열심히 주를 위해 살 수 있게 해 준 그 시간을 저는 결코 잊을 수 없습니다. 힘들다고 떼를 썼던 개척교회는 도리어 저를 살리는 장소였고, 주님을 만나는 시은소였습니다.

주께서 우리를 시은소에서 만나자고 격려하시는 이유가 있습니다. 그것이 4장 9-15절의 말씀입니다. 거기에는 네 가지 이유가 있습니다. 너는 나의 누이 나의 신부이며(9절), 너는 나의 사랑 나의 향기이며(10절), 너의 기도와 찬양을 듣기 원함이며(11절), 너는 나의 동산이기(12-15절) 때문이라는 것입니다.

나의 누이, 나의 신부

내 누이, 내 신부야 네가 내 마음을 빼앗았구나 네 눈으로 한 번 보는 것과
네 목의 구슬 한 꿰미로 내 마음을 빼앗았구나 아 4:9 (신랑)

아가서에 나타나는 주님의 사랑을 한 줄로 요약하면 바로 이 말씀이
라고 할 수 있습니다. '나의 누이'란 순수함과 친밀감의 표현이고, '나의
신부'란 정결함과 거룩함의 표현입니다.

신부를 향한 주님의 사랑이 얼마나 순수하고 거룩하고 친밀한지, 이
한 마디의 호칭에 모두 담아내고 있습니다. 그리고 이 호칭이 4장 14절,
5장 1절에서 거듭 반복되고 있는 것은 나를 향한 주님의 사랑이 결코
변하지 않음을 의미합니다. 5장에 이르러 신부가 영적 침체에 있을 때에
도 이 사랑은 식지 않았고 오히려 더욱 강렬했기에, 5장 2절에서는 무려
네 번이나 반복해서 표현합니다.

나의 누이, 나의 사랑, 나의 비둘기, 나의 완전한 자야 문을 열어 다오

아 5:2 (신랑)

주님이 어떻게 나를 이렇게 사랑하시는지에 대해서는 9절이 설명해
줍니다. 이 표현은 1장 9,10절과 같습니다.

네 눈으로 한 번 보는 것과 네 목의 구슬 한 꿰미로 내 마음을 빼앗았구나

아 4:9 (신랑)

내 사랑아 내가 너를 바로의 병거의 준마에 비하였구나 네 두 뺨은 땋은 머리털로, 네 목은 구슬 꿰미로 아름답구나 아 1:9 (신랑)

여기서 '빼앗다'라는 말은 주님의 눈과 마음이 신부에게 얼마나 사로 잡혀있는지를 잘 나타냅니다. 그 하나님의 사랑─얼마나 그의 마음을 빼앗기셨는지─을 행동으로 보여 주신 말씀이 바로 요한복음 3장 16절입니다.

하나님이 세상을 이처럼 사랑하사 독생자를 주셨으니 이는 그를 믿는 자마다 멸망하지 않고 영생을 얻게 하려 하심이라 요 3:16

성숙해진 신부의 사랑

내 누이, 내 신부야 네 사랑이 어찌 그리 아름다운지 네 사랑은 포도주보다 진하고 네 기름의 향기는 각양 향품보다 향기롭구나 아 4:10 (신랑)

1장에서 신부가 주님을 열망하는 이유는 주님의 사랑, 주님의 기름 때문이었는데, 어느새 신부에게서 주님의 향기가 나고 있습니다. 신부에게서 나오는 향기가 주님처럼 온전하거나 많은 것은 아니지만, 단지 하나의 목걸이, 단지 한 번의 눈빛이 주님을 향할 때에도 주님은 사랑하시고 기뻐하십니다.

내 신부야 네 입술에서는 꿀 방울이 떨어지고 네 혀 밑에는 꿀과 젖이 있고 네 의복의 향기는 레바논의 향기 같구나 아 4:11 (신랑)

성경은 사람의 좋은 말과 하나님의 말씀을 꿀에 비유합니다(잠 16:24; 시 19:10). 더욱이 입술에는 꿀방울이 있고, 혀 밑에는 꿀과 젖이 있다는 말씀을 아람어 성경[43]에서는 성전에서 기도하는 제사장의 기도 소리와 하나님을 찬양하는 성도들의 찬양 소리라고 말합니다. 나의 기도와 찬양이 주님에게는 꿀방울과 같다는 의미입니다. 요한계시록에서는 금대접에 담긴 향이 하나님의 보좌 앞에 부어지는 성도의 기도라고 했습니다(계 5:8).

주님에게 나의 기도가 사랑의 언어이고 사랑의 대화임을 안다면, 우리는 기도의 통로를 더욱 거룩하고 순결하게 사용할 수 있습니다. 연인의 모든 대화가 다른 사람이 보기에는 가치없고 사소해 보여도 두 연인에게는 사랑이 가득히 묻은 향기가 되는 것처럼, 우리의 기도도 그럴 것입니다. 주님은 언제나 우리의 기도에 신속히 응답해 주시고, 나를 사랑하셔서 내 삶에 열매를 허락하시는 분입니다(요 14:13; 계 3:20).

주님이 거니시는 동산

내 누이, 내 신부는 잠근 동산이요 덮은 우물이요 봉한 샘이로구나 네게서 나는 것은 석류나무와 각종 아름다운 과수와 고벨화와 나도풀과 나도와 번

홍화와 창포와 계수와 각종 유향목과 몰약과 침향과 모든 귀한 향품이요

너는 동산의 샘이요 생수의 우물이요 레바논에서부터 흐르는 시내로구나

아 4:12-15 (신랑)

성경은 이스라엘을 '동산'이나 '샘'으로 자주 비유했습니다(사 58:11). 근심이 없는 마음을 물 댄 동산으로 비유하기도 합니다(렘 31:12). '잠근 동산', '덮은 우물', '봉한 샘'이란 주께서 신부의 아름다움, 순수함을 안전하게 보호하고 계심을 비유적으로 표현하는 말입니다.

신부의 영혼은 주님이 그 향기를 흠향하시며, 주님이 거하시고 거니시는 동산입니다. 그러므로 신부된 나는 자신의 영혼을 늘 살펴 아름다운 향기로 마음을 가꾸기를 힘써야 합니다. 세상으로부터 아무것이나 스며들어오지 않도록 마음을 관리하는 것입니다(약 1:27). 이는 주님이 내 안에 계시기 때문이고, 내 영혼은 주님이 거니시는 주님의 동산이기 때문입니다. 동산은 아름다운 과실을 맺음으로 그 소중한 가치를 드러내 듯 내 영혼의 아름다운 열매는 주님에게 큰 즐거움이 됩니다.

4장 13-15절의 각종 과실과 향품은 신부의 동산에서 흐르지만 실상은 신부에게서 나는 것이 아니라 신부와 함께하시는 주님으로 인해 맺는 성령의 열매입니다.

세상에서 구별된 거룩한 신부는 무엇보다 마음을 지켜야 합니다. 이에서 생명의 근원이 나기 때문입니다. 주님은 울타리가 쳐진 동산, 덮은 우물같이 순수하게 구별되고 거룩한 영혼에 함께 거하기를 기뻐하십니다. 성도의 영혼은 잠근 동산, 혹은 봉한 샘처럼 오직 주님에게만 드려져야 하는 것입니다(고전 3:16). 그럴 때 삶의 향기와 열매가 주를 위해

맺어지고 주께 영광이 되는 삶을 살게 됩니다. 이는 또한 신부의 존재가 세상으로부터 거룩하게 구별된 존재임을 의미합니다. 이 비유들은 2장의 '너는 가시나무 가운데 백합화로구나'와 같은 표현으로, 주님에게 내가 얼마나 소중한 존재인지 알려 줍니다.

함께 나누며 생각하는 시간

1. 8장에서, 아가서 2장과 4장의 차이점은 무엇이라고 합니까? 이 사실이 나에게 주는 교훈은 무엇입니까?

2. 영적 침체를 벗어나기 위해 아가서 4장이 제시하는 두 가지 교훈은 무엇입니까?

3. 주께서 한 장소를 정하시고 신부를 만나고자 하시는 이유가 무엇이라고 말합니까? 그 이유와 관련해, 당신의 새로운 결심을 말해보십시오.

4. 8장에서 가장 기억에 남는 것은 무엇이며 당신에게 적용할 점은 무엇입니까?

영성,
그리스도인의 향기와 열매

향기와 열매를 내는 삶

진정한 그리스도인은 가까이 하면 할수록 향기가 나고 열매가 있습니다. 단지 크냐 작으냐, 많으냐 적으냐의 차이가 있을 뿐, 있느냐 없느냐의 문제는 아닙니다. 아무리 갓난아이일지라도 그리스도인은 주님의 생명을 가졌기 때문입니다.

본문에서는 신부가 한 절, 신랑이 한 절을 노래하는데, 노래의 주제는 향기와 열매입니다. 신부의 열망은 세 가지 동사로 강조되고 있습니다. 일어나라(awake), 오라(come), 불어라(blow)입니다. 열망의 이유도 세 가지입니다. 향기를 날리도록(flow out), 주님이 들어오시도록(come), 열매를 먹도록(eat) 바라기 때문입니다. 세 가지의 동사가 두 번에 걸쳐 강조되는 이 형태는 영적 침체를 이겨 낸 신부의 고백의 절정입니다. 곧 영적 침체라는 시험을 이겨낸 자의 승리의 외침이며, 주를 향한 더 큰 열망입니다. 또한 이 내용은 삶의 진정한 목표가 무엇인지 말해 줍니다.

신부의 열망 세 가지	그 열망의 이유
1. 일어나라, 북풍아	1. 날리도록, 향기를
2. 오라, 남풍아	2. 들어오도록, 나의 사랑하는 자가 그 동산에
3. 불어라, 나의 동산에	3. 먹도록, 그 아름다운 열매를 (신부)

신부의 열매와 향기는 곧 신부의 영성의 이야기입니다. 그리스도인의 영성, 곧 영적 성품은 향기와 열매에서 나타납니다.

북풍은 차가운 바람으로 모든 구름을 몰아내어 하늘을 청명하게 합니다. 반대로 남풍은 따뜻한 바람으로 동산의 과일을 익게 해서 꽃의 향기가 퍼지게 합니다. 북풍은 신부의 마음에서 모든 의심과 두려움과 불신앙과 죄악을 몰아내고, 따스한 남풍은 신부의 마음에 열매와 향기가 가득하게 하는 것입니다. 이제 신부는 4장 마지막에서 강한 열망으로 인생의 진정한 목적과 삶의 이유를 노래합니다.

입맞춤으로 시작된 1장 후반부에서는 신부에게서 향기가 흐르기 시작했고, 4장 10-14절에 이르러서는 각종 귀한 향기로 가득하게 된 신부의 변화를 보여 줍니다. 4장 16절에서는 더 귀한 향기와 많은 열매를 기대하는 신부의 열망을 보게 됩니다. 주님에게 가까이 하기를 열망했던 첫걸음이 이제는 신부의 성품과 삶에서 더욱 진한 향기와 풍성한 열매를 맺는 것으로 바뀌었습니다.

주님의 사랑은 오묘하고 놀라워서 우리가 주님에게 가까이 할수록 더 가까이 가고 싶어지고, 주님을 닮아갈수록 더욱 닮고 싶어지게 합니다. 이것이 다함이 없는 주님의 사랑의 순수함이고 신비함입니다.

또한 신랑 되신 주님의 열망도 신부의 마음과 같습니다. 주님은 1절에서 주님을 사랑하는 모든 사람들이 아름답고 향기로운 삶을 살기를 간절히 바라십니다. 그렇습니다. 그리스도인의 삶은 향기와 열매로 가득해야 합니다.

1절에서 중요한 것은 모든 향기와 열매의 원천이 주님이시라는 것입니다(요 15:1). 이것이 '나'가 강조되고 거듭 반복되는 이유입니다. 주님을 닮아가는 삶이 영적 성품이며 모든 열매와 향기의 출발이라는 의미입니다.

영성에 대한 이해

그렇다면 영성이란 무엇이며, 그 영성은 어디에서부터 시작될까요? 영성은 두 가지의 성품을 이해하면서 시작됩니다. 곧 죄를 미워하고, 거룩함을 열망하는 성품입니다. 영성은 두 가지의 성품 안에서 계발됩니다. 내 안에 있는 죄를 미워하는 것과 내 안에 없는 거룩함을 열망하는 것입니다.

내 속에서 평생 나를 소유하려는 죄를 미워하는 것은 내 안에 있는 옛사람을 매일 버리는 것입니다. 또한 내 안에 없는 거룩함은 우리가 잃어버린 것으로서, 우리에게 없는 것이며 우리가 이 땅에서 사모해야 할 목표입니다.

영성은 한 마디로 오늘도 내 안의 죄를 미워하고 버리고 포기하는 싸움이며, 나에게 없는 하나님의 성품을 주의 말씀으로 내 안에 채워가는 날마다의 변화 과정인 것입니다. 나그네인 우리에게는 이러한 영성의 계발이 날마다 있어야 합니다. 만일 우리가 이 싸움을 잊고 있다면, 우리는 중요한 삶의 목표를 잃고 있는 것입니다.

그렇다면 영성을 계발하는 기본과정은 무엇입니까? 비움, 채움, 나눔입니다. 하나를 비우며, 두 개를 채우며, 세 개를 나누는 것이라고 하겠습니다. 열매와 향기로 가득한 영성의 삶이란 나의 옛사람을 비우고, 내 속을 하늘의 것으로 채우고, 인생을 나눔으로 살아가는 삶입니다.

1. 하나를 비움

첫째는 자신을 비우는 것입니다(빌 2:5-8). 하나님이신 주님이 그 높은 영광을 버리고 죄와 사망의 냄새로 가득한 이 땅에 내려 오셨습니다. 성경은 이를 가리켜 '자신을 비워' '종'의 형체를 가지셨다고 했습니다. 하나님이 인간이 되신 성육신의 사건은 자신을 비우신―자신의 권리와 신분을 포기하신―과정입니다.

물론 그분의 비우심은 우리의 비움과 다릅니다. 우리는 죄로 가득찬 연약한 피조물입니다. 우리는 질그릇과 같이 깨지기 쉬운 사람들입니다. 그래서 우리의 비움은 우리의 죄성을 비우는 것입니다. 오늘도 나를 의지하고 인정하고 주장하기보다, 나를 포기하고 나를 버리고, 나를 높이려는 모든 노력과 의식을 벗어버리려는 의지적인 노력이 우리의 비움의 과정입니다. 우리의 비움은 곧 나를 향한 모든 시선에서 벗어나, 주를 향하는 삶에 있습니다.

2. 두 가지를 채움

그런 다음 채워야 합니다. 이것이 두 번째 과정입니다. 기독교의 영성은 주님을 닮아 두 가지를 채우는 것입니다. 성경은 성육신하신 주님의 생애에 나타난 주님의 영성을 이렇게 표현합니다.

> 말씀이 육신이 되어 우리 가운데 거하시매 우리가 그의 영광을 보니 아버지의 독생자의 영광이요 은혜와 진리가 충만하더라 요 1:14

주님은 아버지의 영광으로 가득하셨는데, 바로 이 두 가지로 자신을 가득 채우셨다고 말할 수 있을 것입니다. 하나는 은혜이고, 다른 하나는 진리였습니다.

은혜란 무엇입니까? 한 마디로 하나님이 내게 허락하신 모든 것입니다. 이 은혜는 내 삶을 전적으로 하나님의 주권에 내어 맡기는 믿음에서 출발합니다. 그래서 은혜로 가득한 사람들은 이렇게 고백합니다.

"하나님이 내게 허락한 것 중에 유익하지 않은 것은 없다."

은혜로 가득한 사람은 내 삶의 모든 것이 하나님의 은혜임을 고백합니다. 우리는 하나님의 은혜 없이는 한 걸음도 살 수 없는 사람들입니다. 만일 우리가 한순간이라도 은혜를 잃어버린다면, 그 순간 우리는 모든 것을 잃어버리게 됩니다. 그래서 사도 바울은 모든 교회를 향한 서신서에서 "은혜가 있기를 원한다"라는 기원을 빠뜨리지 않습니다. 그리고 '나의 나 된 것은 하나님의 은혜'라고 고백합니다(고전 15:10). 히브리서 기자는 "은혜로 굳게 함이 아름답다"라고 말합니다(히 13:9).

진리는 무엇입니까? 주님은 "내가 곧 길이요 진리요 생명이니 나로 말미암지 않고는 아버지께로 올자가 없느니라"(요 14:6), "그들을 진리로 거룩하게 하옵소서 아버지의 말씀은 진리니이다"(요 17:17)라고 말씀하셨습니다. 주님 자신이 바로 진리이셨고, 주님의 말씀이 진리이셨고, 주님의 삶이 진리였습니다. 그분은 은혜와 진리로 가득찬 분이셨습니다.

이사야 53장에서 말하듯 주님의 모습은 보기에 흠모할 만한 아무것도 없으셨습니다. 아무도 그분을 부러워하지 않았습니다. 더욱이 그분은 30년간 목수로 자라 손이 거칠었습니다. 그러나 그분의 삶은 은혜와 진리로 가득했습니다. 오로지 하나님의 은혜와 말씀의 진리로 채워졌습니다. 그런 후에 그분은 공생애를 시작하셨습니다. 곧, 자신을 비우고 은혜와 진리로 채우신 후, 그 은혜와 진리를 나누기 시작하신 것입니다.

3. 세 가지를 나눔

영성의 마지막 단계는 '나눔'에 있습니다. 나를 나누는 것입니다. 곧 나의 모든 것을 나누는 것입니다. 성경은 주님의 나눔을 세 가지로 말합니다. 가르치시고, 고치시며, 전파하신 것입니다.[44] 모든 내용이 '나눔'의 관점에 있습니다. 죽은 자를 살리시고, 눈먼 자를 고치시고, 주린 자를 먹이신 이 말씀은 하나님 나라가 이 땅에 도래했다는 것을 말합니다. 나눔의 내용이 곧 하나님의 나라이기 때문입니다. 인생은 '비움, 채움, 나눔'으로 이루어집니다. 그러므로 그리스도인의 진정한 영성의 향기와 열매는 결국 나눔에서 나와야 합니다. 나누고, 베풀고, 섬기는 삶은 하나님 나라의 관점으로 볼 때 매우 성공적인 삶의 방식입니다.

우리의 간절함보다 큰 주님의 간절하심

5장 1절은 주님이 신부의 갈망에 얼마나 신속히 응답하시는지 잘 보여 줍니다. 또한 이 한 절에 담긴 여섯 개의 동사는 신부가 사람들에게 축복의 통로가 되기를 주님이 얼마나 간절히 원하시는지 알게 합니다.

4개의 행동
들어왔고, 내가 내 동산에(have come into)
거두었고, 몰약과 향재료를(have gathered)
먹었고, 꿀송이와 꿀을(have eaten)
마셨으니, 내 포도주와 내 우유를(have drunk) (신랑)

2개의 청원
먹으라, 나의 친구들아(Eat)
마시라, 많이 나의 사랑하는 사람들아(Drink) (신랑)

또한 '내 누이, 내 신부, 내 동산, 나의 몰약, 나의 몰약, 나의 향재료, 나의 꿀송이, 나의 꿀, 내 포도주, 내 우유'[45]라는 반복적인 시적 비유들은 듣는 이에게 운율의 아름다움을 느끼게 하지만, 주님이 신부의 마음에 들어와 교제하기를 얼마나 원하시는지, 우리에게서 성령의 열매를 얼마나 바라고 계시는지도 알게 합니다. 주님은 신부의 영혼과 삶에 방해가 되는 모든 것들이 제거되고(사 57:14,15) 그 삶에 열매와 향기가 가득하기를, 신부가 열망하는 것보다 훨씬 더 바라고 계신 것입니다.

그러므로 영성은 늘 현재 진행형입니다. 과거의 영성이 반드시 오늘의 영성이 될 수는 없습니다. 과거의 간증도 좋고, 미래의 꿈과 비전도 좋지만, 지금 내 마음에 담긴 열망이 내 영성의 현주소를 말해 줍니다.

현재의 영성은 죄와 거룩을 향한 선한 싸움을 싸우는 것입니다. 현재의 영성은 오늘도 내 안의 죄를 미워하고, 버리고, 포기하는 열심이며, 나에게 없는 하나님의 성품을 주의 말씀으로 내 안에 채워가는 열심이어야 합니다.

다양한 영성훈련이 필요하다

사람마다 성격이 다르고 기질이 다르고 은사가 다르듯이 영성을 추구하는 길도 다양합니다. 종교개혁을 통해서 기독교는 로마 가톨릭과 분명한 선을 그었습니다. 루터와 칼빈은 '오직 성경'을 주장하면서 교회에 말씀의 권위를 회복시켰습니다. 로마 가톨릭이 예배를 제단 중심에 두었다면, 기독교는 말씀을 예배의 중심에 둡니다. 로마 가톨릭이 신앙의 감각적 측면과 복음의 신비를 강조한다면, 기독교는 말씀을 통한 지적 강화를 강조합니다.

루터와 칼빈도 세부적인 면에서는 강조하는 바가 조금 달랐습니다. 루터는 성경에서 금하는 것이 아니면 허용했습니다. 그래서 로마 가톨릭의 예배 요소를 많이 수용했습니다. 그러나 칼빈은 성경에서 명하는 것이 아니면 다 제거했습니다.

자신의 현재의 영성을 깊이 있게 하려면 이처럼 영성의 다양한 길을 이해하고, 그중 자신의 것을 확인한 후에 주께 더 가까이 나아가야 합니다. 영성 훈련에 관해서는 여러 사람이 다양한 길을 제시했습니다. 대표적인 사람들이 리차드 포스터, 헨리 나우웬, 게리 토마스 등입니다.

리차드 포스터는 내면의 영성을 키우는 길을 묵상 훈련, 기도 훈련, 금식 훈련, 학습 훈련으로 나누었고, 외적 삶의 영성을 키우는 길은 순종, 정직, 혼자 있는 시간, 섬김, 단순한 삶으로 나누었습니다.

반면 헨리 나우웬은 고전적 영성 훈련 방법인 세 가지에 힘쓰라고 권면합니다. 곧 마음 훈련, 책 훈련, 공동체 훈련입니다. 마음 훈련이란 지금의 내 마음을 들여다보고, 내 마음이 무엇에 집중하고 있는지 살피는 것입니다. 내 마음이 하나님께 귀를 기울이고 있는지, 하나님께 집중하고 있는지 아니면 다른 무엇에 마음을 빼앗기고 있는지 살피고, 기도를 통해 다시금 초점을 새롭게 하는 훈련을 말합니다.

그는 기도가 마음으로 하나님을 듣는 것이라고 정의합니다. 마음 훈련이란 내 삶의 모든 것들, 곧 두려움, 불안, 죄책, 수치심, 성적 상상, 탐욕, 기쁨, 분노, 소망, 방황 등에 대해 마음 구석구석에서 하나님의 음성을 듣는 것이며, 내 존재의 구석구석마다 하나님이 말씀하시도록 나를 드리는 훈련입니다.

책 훈련이란 묵상 훈련입니다. 성경 말씀을 통해 하나님의 말씀을 개인적으로 친밀한 방식으로 듣는 것입니다. 묵상 훈련이란 말씀을 먹고 되새김질함으로 말씀이 나의 삶에 체질화되도록 하는 것입니다. 책 훈련, 곧 묵상 훈련을 통해 우리는 내면으로부터 참된 순종의 길을 걷는 한편, 오랜 동안의 책 훈련으로 우리의 성품과 체질을 변화시켜 나가야 합니다.

공동체 훈련은 교회 중심의 삶을 말합니다. 공동체 안에서 하나님의 임재를 맛보고 증거하는 삶입니다. 교회에 귀를 기울이는 것은 교회의 머리이신 주님에게 귀를 기울이는 것이며, 교회에 헌신하는 것은 주님의 몸을 만지고 붙잡고 헌신하는 것입니다.

게리 토마스는 《아홉가지 영성》이란 책에서 다양한 영성을 소개합니다. 보는 영성, 느끼는 영성, 드리는 영성, 금하는 영성, 행동하는 영성, 포기하는 영성, 표현하는 영성, 침묵하는 영성, 깨닫는 영성입니다. 조금 더 전문적인 표현을 쓴다면 자연주의 영성, 감각주의 영성, 전통주의 영성, 금욕주의 영성, 행동주의 영성, 박애주의 영성, 열정주의 영성, 묵상주의 영성, 지성주의 영성입니다.[46] 이 다양한 영성의 길들이 서로 조화를 이루어, 크신 하나님을 만나는 통로가 된다는 것이 토마스의 주장입니다.

사람마다 추구하고 선호하는 바가 다릅니다. 그러므로 자신에게 친근한 영성의 길을 발견해서 그 길을 더욱 추구하고 계발해야 합니다. 이를 통해 더 깊은 우물을 파고 뿌리 깊은 나무가 될 수 있습니다.

영성을 향하는 여러 길들은 그리스도인들이 더욱 많은 주님의 향기와 열매를 맺도록 믿음의 선진들이 닦아 놓은 길들입니다. 저들은 그 길을 먼저 걸었고, 그리하여 시대마다 자신들의 부르심 안에서 주님의 향기를 드러냈으며, 다른 사람들로 하여금 그 열매를 맛보게 했습니다.

내 마음의 정원을 돌보라

향기나는 삶, 곧 열매맺는 삶을 위해 우리가 오늘도 점검해야 할 것들이 있습니다.

첫째, 매일 내 마음의 정원을 관리해야 합니다. 좋은 토양을 유지하기 위해 매일 아침마다 밭을 일구어 조각돌을 골라내는 농부의 성실함처럼, 내 마음의 동산을 부지런히 갈아야 합니다. 그리스도인 각자는 죄의 유혹으로 넘어지기 쉬운 마음의 정원에서 날마다 파고 파내도 나오는 죄의 조각들, 곧 일평생 나의 마음속에서 골라내고 솎아내어도 나오는 죄의 성품들을 말씀에 비추어 성실히 관리하고 유지하는 '내 마음의 정원 관리자'가 되어야 합니다. 때로는 불필요한 가지를 쳐내는 전지 작업을 해야 하고, 때로는 마음에 아픔과 상처를 내는 조각돌을 골라내는 작업을 해야 하고, 때로는 죄에 무감각해져 굳은 마음의 살들을 도려내는 작업을 해야 합니다.

우리의 마음은 하나님과 대화하는 곳입니다. 하나님과의 만남이 깊어져야 비로소 건강한 영성을 나타내는 것입니다. 우리의 체질과 환경에 의해 감기에 걸리기도 하고, 외적 질병에 걸리기도 합니다. 그럴 때면 처방전을 받아 약을 먹고 치료를 받습니다. 그러나 영혼에 병이 들면 치유하기가 쉽지 않습니다. 그 영혼의 질병은 다양한 형태의 외적 질환으로도 나타날 것입니다. 때로는 우울하고 피곤하며, 평안을 누릴 수 없고, 대수롭지 않는 말 한 마디에도 쉽게 상처를 받고, 쉽게 섭섭함을 느끼며, 까닭 없이 눈물이 흐르고, 외로워지는 현상들입니다. 성경은 "심령이 상하면 그것을 누가 일으키겠느냐"(잠 18:14)라고 말합니다. 그러므로 매일 나의 영혼을 돌보고 관리할 필요가 있습니다.

뿌리 깊은 나무가 되라

둘째, 매일 예수님께 깊이 뿌리를 내려야 합니다. 바울은 "그러므로 너희가 그리스도 예수를 주로 받았으니 그 안에서 행하되, 그 안에 뿌리를 박으며 세움을 입어"(골 2:6,7)라고 말합니다.

뿌리가 깊을수록 나무는 높게 뻗어 오릅니다. 이웃에게 쉼과 그늘이 되어 줍니다. 그런데 나무의 뿌리는 바람이 몹시 부는 환경을 지날 때 깊게 뻗어내려간다고 합니다. 동쪽에서 몹시 강한 바람이 불어 나무가 서쪽으로 기울어질 때, 그 나무는 도리어 바람이 불어오는 동쪽으로 깊이 뿌리를 내립니다. 이런 나무처럼 우리도 인생에 부는 광야의 바람과 고난을 이겨내는 중에 예수님께 더욱 깊이 뿌리를 내릴 수 있습니다.

또한 '샘이 깊은 물'과 같아야 합니다. 샘이 깊으면 깊을수록 그 샘은 가뭄에도 마르지 않습니다. 날이 더울수록 시원한 샘이 됩니다. 몹시 더운 날, 깊은 샘물에서 길어 올린 물은 차고도 시립니다. 깊은 샘은 환경에 순응하거나 환경에 동화되지도 않습니다. 깊은 샘물은 장마 때에도 그 물 맛이 변하지 않습니다. 도리어 가뭄과 장마와 더위에 그 진가를 더욱 드러냅니다.

그리스도인의 깊은 영성은 뿌리 깊은 나무 같고 깊은 샘물과 같습니다. 그래서 더위를 맞은 이웃을 시원케 하고, 한겨울에 춥게 보내는 이들을 따뜻하게 하며, 상처 입은 영혼에게 다가가 편안함과 안식으로 치유를 전합니다. 깊은 영성을 지닌 그리스도인의 언어는 냉기를 녹이는 따뜻한 언어가 되고, 곤고한 영혼을 소생케 합니다.

스위스 심리학자이며 목사였던 폴 투르니에는 세상 사람들이 하루에 5분 동안만 침묵하며 하나님의 말씀을 귀를 기울인다면, 자신의 문제가 무엇인지 하나씩 알아가게 될 것이라고 말합니다. 그가 말하는 환자란 자기 스스로 해결할 힘을 갖지 못해 의사가 무엇인가를 말해 주기만을 갈망하는 사람들, 곧 자기 스스로 내면의 힘을 기르지 못한 사람들이라고 했습니다.

매일 나의 속사람을 돌아보며, 속사람을 능력으로 강건케 하여(엡 3:16) 아름다운 열매와 향기를 낸다면, 그 나눔을 통해 지치고 상한 사람들을 회복시키는 축복의 통로가 될 것입니다. 참 경건의 모양을 열매로 일구어 내는 그리스도인이 그리운 시대입니다.

함께 나누며 생각하는 시간

1. 그동안 당신은 영성을 무엇이라고 정의하였습니까? 9장에서 새롭게 깨달은 영성의 정의는 무엇입니까?

2. 영성을 키우는 세 가지 단계는 무엇입니까? 각각의 단계에서 내게 주는 교훈은 무엇입니까?

3. 폴 트루니에는 환자란 내면의 힘을 기르지 못한 사람이라고 했습니다. 영성 계발을 위해 당신이 힘써야 할 부분은 무엇입니까?

4. 영성을 아홉 가지로 나눈다면 당신은 어느 영성에 가장 가깝다고 생각합니까? 영성을 어떻게 더 계발할 수 있을까요?

너는 내 사랑

3부

나의 사랑아,
깨어 일어나라

잠,
그 영적 태만

오랜 신앙일수록 주의하라

신부가 성숙한 사랑으로 나아가기 위해 넘어야 할 또 하나의 장애물이 있습니다. 그것이 5장의 내용입니다. 곡식이 열매를 맺기 위해서는 한여름의 무더위와 소낙비를 이겨내야 하지만, 가을의 따가운 햇살도 지나야 비로소 오곡백과가 됩니다. 이와 같이 영적 태만도 그리스도인이 성숙한 사랑의 열매를 맺기 위해 반드시 지나야 할 장애물 중 하나입니다. 영적 태만은 영적 부주의, 영적 게으름이라 할 수 있겠습니다.

영적 태만이 마지막 장애물로 등장하는 것은 매우 의미가 있습니다. 1절에서 주님의 칭찬과 자랑을 듣게 되었을 즈음에 신부는 영적으로 부주의하게 됩니다(고전 10:12). 마치 여호수아서에서 7년 간의 정복 전쟁을 통해 가나안의 주요 거점들을 점령한 후 이스라엘 백성에게 영적 태만이 생긴 것을 여호수아가 꾸짖는 장면(수 18:3)이 나오듯, 우리가 무엇인가 이루었다고 생각하는 순간 영적 태만과 게으름이 슬며시 우리에게 찾아옵니다.

장애물은 이스라엘 백성뿐 아니라 믿음의 사람들에게서도 발견됩니다. 심지어 삼 년 동안 주님을 따랐던 제자들에게도 발견됩니다. 겟세마네 동산에서 주님이 마지막 밤을 보내실 때 베드로와 야고보와 요한이 주님을 따라 갔습니다. 가장 중요한 그 시간에 주님과 함께한 제자들은 기도하시는 주님과 달리 기도하지 못하고 잠들었습니다. 이에 주님이 "너희가 나와 함께 한 시간도 이렇게 깨어 있을 수 없더냐"(마 26:41)라고 지적하셨지만, 베드로는 또다시 잠이 듭니다(마 26:43). 몇 시간 전에는 그렇게 큰 소리를 쳤던 베드로지만 육신이 피곤한 탓에 잠에 빠지고 말았습니다. 이것이 영적 태만의 모습입니다.

야곱이 20년의 하란 생활을 마치고 벧엘로 돌아오는 길에 일어난 일도 마찬가지입니다. 얍복강에서 긴 밤을 보내고 형 에서와의 갈등을 잘 해결한 야곱은 하나님의 약속의 장소였던 벧엘에 오기 바로 전에 세겜 땅 숙곳에 머물려 했습니다(창 33:17. 비교, 창 35:1-3). 벧엘에서의 약속을 잊어버린 그는 벧엘로 올라가라고 하나님이 부르실 때까지 거기 머물러 살 작정을 한 것입니다.

성도는 큰 축복과 큰 기적을 맛본 후 곧이어 잠, 곧 영적 부주의에 빠지기 쉽습니다. 주님의 칭찬 뒤에 등장하는 신부의 모습도 '잠'입니다.

영적 태만의 특징

내가 잘지라도 마음은 깨었는데 나의 사랑하는 자의 소리가 들리는구나 문을 두드려 이르기를 나의 누이, 나의 사랑, 나의 비둘기, 나의 완전한 자야 문을 열어 다오 내 머리에는 이슬이, 내 머리털에는 밤이슬이 가득하였다 하는구나 아 5:2 (신부)

신부가 잠들었습니다. 그런데 마음은 깨어 있습니다. 마음으로는 아는데, 몸이 반응하지 않는다는 뜻입니다. 마음은 원이로되 육신이 약할 뿐입니다. 주님이 문 밖에서 계속 두드리고 계시는데 문을 열지 못합니다. 주님의 머리에 밤이슬이 가득하기까지 오랫동안 두드리시는 소리가 들려도 신부는 문을 열지 못합니다. 잠들었기 때문입니다.

아가서 3장에서는 신부에게 '밤'이 왔습니다. 그런데 5장에서는 신부에게 '잠'이 옵니다. '밤'이 깨어 있어 주님을 찾지만 주님이 멀리 계시는 듯 응답이 없는 시간이라면, '잠'은 주님이 열심히 나를 찾으시는데 내가 주님을 향해 움직이지 않는 시간을 의미합니다. 주님의 뜻을 듣고, 어떻게 살아야 하는지 알고, 마음으로도 동의하지만 몸이 움직이지 못하는 형국입니다.

5장 2절에서 주님은 나의 이름을 간절히 부르십니다.

"나의 누이, 나의 사랑, 나의 비둘기, 나의 완전한 자야."

이처럼 네 번이나 반복해서 간절하게 부르신 적이 그 전에는 없었습니다. 마치 추운 눈 위에서 잠에 빠져들어가는 사람을 미친듯이 흔들면서 잠들지 않기를 바라는 사람처럼, 주님은 네 번이나 간절하게 찾으십니다. 그런데 신부는 주님에게 곧바로 반응하지 않습니다. 오랫동안 문 밖에서 내 마음의 동산, 내 마음의 문을 두드리시는 주님의 머리 위에는 이제 밤이슬이 잔뜩 내립니다. 의식이 있어서 애타게 자신을 찾고 부르시는 주님의 음성을 듣지만, 신부는 즉시 일어나지 못합니다.

> 내가 옷을 벗었으니 어찌 다시 입겠으며 내가 발을 씻었으니 어찌 다시 더럽히랴마는 아 5:3 (신부)

'옷을 벗었다', '발을 씻었다', '신을 벗었다'라는 표현은 잠을 잘 때의 상태이며 안일한 모습입니다. 이런 영적 상태는 성경의 다른 부분에서 그 연속성을 찾아볼 수 있습니다. 에베소서 6장에서는 마귀의 궤계를 대적하기 위해 성도가 어떤 모습으로 살아야 하는지에 대해 말합니다(엡 6:10-15; 5:23-24). 그러나 신부는 지금 무장하지 않았습니다. 신을 신지 않았습니다. 옷을 입지 않았습니다. 곧 신부의 시간은 밤입니다. 주님은 오랫동안 밖에서 문을 두드리며 열어달라고 하시지만 옷도 입지 않고 신도 신지 않았기에 움직이지 못하는 신부의 모습은 마치 세상에 살면서 무장을 해제한 그리스도인의 모습 같습니다. 이런 신부는 영적 전쟁을 포기한 사람의 모습을 보여 줍니다. 마치 전쟁이 무엇인지 잊어버리고 사는 사람입니다. 영적 태만, 영적 게으름에 빠진 사람의 모습을 보여 주는 것입니다.

영적 태만의 세 가지 현상

영적 태만이 오면 세 가지 현상이 나타납니다. 첫째, 신앙이 안일해집니다. 신앙의 나태, 안일함, 게으름 등이 나타나는 것입니다. 학교 다닐때 흔히 하던 수업 빼먹기, 지각하기, 숙제 안 하기, 시험 준비는 하지 않고 대충 시험을 보는 것이 그 예입니다.

둘째, 신앙이 종교화됩니다. 이 종교화의 의미는 신앙은 없이 껍데기만 남는 상태를 말합니다. 마치 몸은 같이 있지만 마음은 다른 곳에 가 있는 상태 같은 것입니다. 찬양을 불러도 입만 움직일 뿐 가슴은 차갑고 냉랭합니다. 몸이 피곤하다고 생각할 뿐 마음의 간절함은 사라진 지 오래입니다. 신앙의 연륜만 늘어갈 뿐 간증은 없습니다. 외적 직분만 자랑할 뿐 내적 열매는 없습니다. 머리만 있고 가슴은 없습니다. 주님의 사랑 때문에 감격한 적이 언제였는지, 오래 전의 기억일 뿐입니다. 신앙은 있는데, 굳어버린 화석처럼 되어버리는 것입니다. 신앙이 습관화되었을 뿐 그 이상을 보여 주지는 못합니다. 이것이 종교화된 것입니다.

셋째, 신앙생활에서 바꿔치기가 일어납니다. 나의 심장이 뛰는 대상이 바뀌어 버리는 것입니다. 옛날에는 주님 생각만 하면 가슴이 뜨겁고, 즐겁고, 좋고, 눈물이 났는데, 이제는 주님 생각을 해도 그 사랑을 잃어버린 채 옛사랑 정도로 희미할 뿐입니다. 즐거움의 대상이 바뀐 것입니다. 세상에 대해, 즉 육적 본성이 주는 즐거움에 대한 감각이 하나씩 살아납니다. 죽은 줄 알았던 나의 죄성이 내 마음에서 하나둘씩 살아 솟아오르고, 육적 본성이 내 마음을 지배하기 시작합니다. 주님을 품고 살아야 할 내 마음에 주님 대신 다른 것이 살아 있습니다. 그것이 내 마음을 뛰게 하고, 오히려 그것을 열렬히 사모하게 해서 마침내 세상 것을 애타게 구하게 되는 것입니다.

영적 태만이란 주님은 나를 찾고 계시는데, 나는 주님을 멀리한 채 세상과 세상이 주는 즐거움을 가까이하는 것입니다. 이제 주님의 음성은 들리지 않고 세상이 주는 음성들이 내 마음에 가득합니다. 주님의 말씀보다 TV 드라마가 내 심장을 더 뛰게 할 때, TV 드라마의 스토리가 주님 말씀보다 애절하게 와닿을 때, 혹시 영적 태만에 빠진 것은 아닌지 스스로를 살펴야 합니다.

주님은 우리가 '재물'과 '하나님'을 동시에 섬길 수 없다고 하셨습니다 (마 6:24). 우리는 세상과 주님을 동시에 사랑할 수 없습니다(요일 2:15). 그럼에도 동시에 섬기고 사는 듯이 보입니다. 그만큼 세상의 유혹과 세상이 주는 즐거움을 가까이 할수록, 주님의 은혜와 천국의 능력은 멀어지고 희미해지는 것입니다. 이것이 영적 태만의 결과입니다.

기회를 놓치다

영적 태만에 빠지게 되면 주님의 음성에 반응하고 싶어도 몸과 마음이 뜻대로 움직이지 않습니다.

내 사랑하는 자가 문틈으로 손을 들이밀매 내 마음이 움직여서 일어나 내 사랑하는 자를 위하여 문을 열 때 몰약이 내 손에서, 몰약의 즙이 내 손가락에서 문빗장에 떨어지는구나 내가 내 사랑하는 자를 위하여 문을 열었으나 그는 벌써 물러갔네 그가 말할 때에 내 혼이 나갔구나 내가 그를 찾아도 못 만났고 불러도 응답이 없었노라 아 5:4-6 (신부)

4,5절의 시적 표현은 아직 일어날 준비가 덜 된 모습입니다. 지체하다가, 준비만 하느라 주님 만나는 때를 놓친 것입니다. 마치 신랑이 오는 것을 기다리다가 기름이 다 떨어져 신랑을 맞이하지 못한 다섯 처녀들처럼 늦게 반응하게 된 것입니다. 마치 '오늘 말고 내일부터 하자', '내년부터 하지 뭐', '이번만 건너뛰자' 같은 생각들입니다. 옳고 그릇 것이 무엇인지 알면서도 결단하지 못해 머뭇거리다가 기회를 놓치는 모습입니다.

요한계시록에 나오는 라오디게아 성도들의 모습이 이러했습니다. 주님의 말씀 앞에서 머뭇거리고 있었던 것입니다(계 3:15). 무엇이 부요인지 모르는 눈먼 신앙 때문에 주님을 향해 열심을 내야 함에도 그럴 수가 없었습니다. 그래서 주님은 그들에게 이 말씀을 하셨습니다.

볼지어다 내가 문 밖에 서서 두드리노니 누구든지 내 음성을 듣고 문을 열면 내가 그에게로 들어가 그와 더불어 먹고 그는 나와 더불어 먹으리라 계 3:20

오늘도 손 내미시는 주님

'손을 들이밀다'라는 단어는 아가서에서 단 한 번만 사용되었습니다. 성경 전체에서 790회나 사용된 이 단어는 대체로 무능력한 죄인을 구원하시는 하나님의 구원의 능력을 보여줍니다(창 19:10; 출 3:14; 23:20; 말 3:1).[47] 이는 내가 연약해서 할 수 없는 그 일을 능히 하시는 주님의 모습을 의미합니다. 영적 태만에 빠진 나를 깨우시려고 장애물을 뛰어넘어 내 인생에 간섭하려 애쓰시는 특별한 행동입니다.

그제서야 신부의 마음이 주님을 향해 쏟아부어지기 시작합니다. 비로소 찢어지고 깨어진 자신의 상한 마음을 볼 수 있었습니다. '내 마음 [48]이 움직여'는 그제서야 크게 격동하며 행동하는 신부의 모습입니다. 이 단어도 아가서에서 단 한 번 나옵니다. 곧 주님의 은혜의 간섭으로 말미암아 나태함에 빠졌던 신부가 비로소 움직임으로 영적 태만에서 벗어나는 모습입니다.

> 내가 내 사랑하는 자를 위하여 문을 열었으나 그는 벌써 물러갔네 그가 말할 때에 내 혼이 나갔구나 내가 그를 찾아도 못 만났고 불러도 응답이 없었 노라 아 5:6 (신부)

신부는 늦게나마 주를 위해 문을 열지만 주님은 이미 떠나고 안 계셨습니다. '그가 말할 때에 내 혼이 나갔구나'라는 말씀은 우리가 흔히 하는 '그땐 내가 정신이 나갔었지. 내가 미쳤었지'라는 말과 같은 의미입니다. '혼이 나가다'라는 말은 '실패하다', '떨어지다'와 같은 뜻입니다. 내가 그를 찾아도 만나지 못하고, 불러도 응답이 없었다는 의미입니다. 그가 한 말 때문에 내 마음이 침울해졌고, 내 모습 그대로 즉시 주께 나아가지 못함으로 주님과의 만남의 기회를 상실했다는 의미입니다.

신부는 시간이 지난 후에야 비로소 주께 나아가지만, 후회와 자책감, 죄책감으로 때늦은 후회의 시간을 맞이했습니다. 영적 게으름, 영적 태만, 영적 안일 때문에 선 줄로 생각하다가 넘어진 것입니다. 파수꾼도 새벽에 졸듯이, 피곤한 육신을 가진 우리는 세상에서 오는 온갖 스트레스와 싸움으로 인해, 혹은 나태함과 안일함으로 게을러져서 이런 영적 태만의 시기를 맞이할 수 있습니다.

> 성 안을 순찰하는 자들이 나를 만나매 나를 쳐서 상하게 하였고 성벽을 파
> 수하는 자들이 나의 겉옷을 벗겨 가졌도다 아 5:7 (신부)

7절은 그로 인해 받는 대가를 보여줍니다. 성 안을 순찰하는 자들과 성벽을 지키는 파수꾼들이 신부를 상하게 하고, 웃옷을 빼앗으며 모욕을 주고 책망합니다. 3장에서는 파수꾼들이 주를 찾는 신부를 잘 도와주어 신부가 주님을 만날 수 있었지만, 5장에서는 그와 반대로 파수꾼들이 신부를 책망한 것입니다. 그리하여 무력감과 절망감으로 신부는 때늦은 후회를 하게 됩니다.

영적 태만은 내 속의 죄에 대해 더 느끼지 못하게 만듭니다. 어려움에 부딪힐 때는 그 원인을 바깥에서 찾게 됩니다. 다른 사람들에게서 잘못을 찾아내려고 애를 쓰게 만듭니다. 영적 태만이라는 무서운 죄는 다른 사람의 죄에 대해서는 민감하게 만들어도 내 속의 죄에 대해서는 둔감하게 만듭니다. 주님이 내 삶에 특별히 간섭하실 때까지는 전혀 깨닫지 못합니다. 남보다 내가 더 나은 사람이라고, 내 믿음이 최고라고 여기지만, 실은 자신이 영적 태만이라는 무서운 덫에 걸려 있는 줄 깨닫지 못하는 것입니다. 이처럼 영적 태만은 무서운 질병입니다. 하지만, 이 질병으로 인해 다시 깨어나 주를 더욱 찾게 되는 것은 주님이 나에게 베푸신 은혜 때문입니다.

내가 뇌염에 걸렸다가 안면마비와 전신마비의 고통을 겪으면서 점차 회복되어갈 때, 이전과는 다르게 주님을 찾고 있는 나 자신을 발견했습

니다. 기도원에 올라가 홀로 작은 기도굴에서 손뼉을 치면서 기도하며 주를 찾는 나 자신을 발견했습니다. 이전에는 상상조차 할 수 없었던 일이었습니다. 손뼉을 치며 기도하는 모습은 옛날의 나 자신을 완전히 깨뜨리던 대표적인 행동이었습니다. 그렇게 요란하게 신앙생활을 해야 만 하느냐고 비판했던 내가 바로 그 자리에 서게 된 것입니다.

그전까지 나는 손뼉을 치며 주를 향해 부르짖는 사람들의 마음에 담긴 절규와 고통을 보지 못했습니다. 그러나 그때 가난해지는 마음을 비로소 배울 수 있었기 때문입니다. 나를 비우는 것이 무엇인지 조금씩 알게 되었된 것은 내 삶에 장애물을 두신 주님의 이유를 깨닫게 되면서부터였습니다. 이제 나는 고통을 겪은 그때가 오늘의 나를 있게 한 중요한 시간이었다는 것을 압니다.

지금 내 삶의 무엇이 깨어져야 할까요? 나를 깨뜨리기 위해 내가 할 일은 무엇일까요?

✝ ⫷⫷⫷ 함께 나누며 생각하는 시간

1. 신앙의 잠을 잔 기억이 있습니까? 신앙의 잠에 빠진 것을 알게 된 것이 언제입니까? 영적 태만에 빠진 이유는 무엇이라고 생각합니까?

2. 영적 태만의 세 가지 특징은 무엇입니까? 영적 태만에 빠졌을 때 자신이 겪은 현상이 어떠했습니까?

3. 영적 태만을 벗어나기 위해 어떻게 하였습니까? 그 결과는 어떠했습니까?

4. 10장에서 가장 기억에 남는 것은 무엇이며 당신에게 적용할 점은 무엇입니까?

아파도
귀한 사랑

아픈 사랑의 추억

우리 모두는 누구를 사랑해본 경험이 있을 것입니다. 마음의 병이 될 만큼 아픈 사랑도 해보았을 것입니다. 그 대상은 주님도 되고, 사람도 되고, 나도 될 수 있습니다.

신부는 8절에서 '나는 신랑을 사랑하기에 마음에 병이 들었다'라고 고백합니다. 신랑 되신 주님을 몹시 사랑하기 때문에 마음에 병이 난 사람이 신부입니다. 이 고백이 귀한 이유는 신부가 평안하고 순탄할 때 한 고백이 아니기 때문입니다. 5장에서 알 수 있듯이, 신부에게 영적 침체가 찾아왔습니다. 신앙생활에 잠이 찾아왔습니다. 깨려고 하지만 몸과 마음이 무기력해져 뜻대로 움직여지지 않았습니다. 그럼에도 주님과 멀리 떨어져 있어보니 주님이 얼마나 귀한 분인지 알게 되어 '병이 들었다'고 고백하는 것입니다.

구약성경에 나오는 인물 중에 느헤미야를 알 것입니다. 그는 고국 이스라엘의 형편을 듣다가 근심이 지나쳐 마음에 병이 들었습니다.

왕이 내게 이르시되 네가 병이 없거늘 어찌하여 얼굴에 수심이 있느냐 이는 필연 네 마음에 근심이 있음이로다 하더라 그 때에 내가 크게 두려워하여 느 2:2

느헤미야는 바사 왕 아닥사스다 옆에서 섬기는 고위직 관료였습니다. 그에게는 자신의 안위와 부귀를 얻고 잃음이 중요하지 않았습니다. 오로지 이스라엘을 향한 사랑 때문에 마음의 병을 얻었습니다. 아가서에서 신부가 주님을 그리워하다 병이 난 것과 같은 단어가 느헤미야에게 쓰인 것입니다.

느헤미야는 고위직에 있으면서도 자신의 안위가 아니라 이스라엘을 향한 사랑 때문에 병을 얻었지만, 아가서의 신부는 영적 태만에 빠져 있다가 자신의 무지와 실패를 통해 비로소 주님과 사랑을 경험합니다. 그런데 이 고백은 아가서에서 처음 나오는 고백이 아닙니다. 이미 2장 5절에서 신부는 사랑이 병이 되었다고 고백했습니다.

너희는 건포도로 내 힘을 돕고 사과로 나를 시원하게 하라 내가 사랑하므로 병이 생겼음이라 아 2:5 (신부)

앞서 신부는 '세상 속의 나는 누구인가'를 고민하며 믿음이 흔들렸다가, 수풀 속의 사과나무로 서 계신 주님을 바라본 후 자신의 소명을 회복한 적이 있습니다. 이제는 영적 태만에 빠진 신부가 자신의 부족함을 발견하고 주께 나아가는 자리에서 다시 고백합니다. 이처럼 사람은 연약합니다. 자주 흔들리고 넘어집니다. 그럼에도 다시 제자리로 돌아갈 수 있는 것이 큰 은혜입니다.

세상을 더 사랑한 이스라엘

나는 모태신앙이었습니다. 신앙적인 환경에서 자란 탓에 다섯 살 때는 어머니에게 "언제 구역예배를 드리러 가느냐"며 함께 가자고 졸랐다고 어머니가 말씀해주셨습니다. 주일예배를 드리는 것은 당연했고, 교회에서 봉사하며 부흥회는 빠지지 않고 참석했고, 수양회에 가서 며칠씩 밤을 새우고, 전도지나 교재 인쇄물을 만드는 생활이 저에게는 당연했습니다. 하지만 그토록 열심이던 신앙생활이 도리어 저에게 영적 태만을 가져올 줄은 몰랐습니다. 어느 주말에 친구들끼리 놀러가자는 열 번째 유혹에 급기야 타협하고 주일에 교회 가지 않고 다녀왔는데, 그것이 하필 뇌염에 걸리는 계기가 되었습니다.

1장에서 간략하게 간증했지만, 기적처럼 살아난 후 회복하는 중에 나 자신을 돌아볼 시간을 가졌습니다. 비로소 그때 나의 신앙에서 무엇이 잘못되었는지 알게 되었습니다. 이스라엘처럼 종교적 열심은 있었지만, 실상은 바른 지식이 없는 신앙생활을 하고 있었던 것입니다. 호세아 선지자는 이런 이스라엘의 상태를 몇 가지 비유로 선포합니다.

내 백성이 지식이 없으므로 망하는도다 호 4:6

그들은 다 간음하는 자라 과자 만드는 자에 의해 달궈진 화덕과 같도다
호 7:4

에브라임이 여러 민족 가운데에 혼합되니 그는 곧 뒤집지 않은 전병이로다
호 7:8

에브라임은 어리석은 비둘기 같이 지혜가 없어서 애굽을 향하여 부르짖으며
앗수르로 가는도다 호 7:11

그들은 돌아오나 높으신 자에게로 돌아오지 아니하니 속이는 활과 같으며
호 7:16

'달궈진 화덕'이란 열정은 있는 듯 보이나 주님에 대한 참된 사랑이 아니라 세상의 헛된 욕망으로 가슴이 끓고 있는 삶의 비유입니다. '뒤집지 않은 전병'이란 한 쪽을 보면 잘 익어 먹음직스럽지만, 실상은 한쪽만 멀쩡할 뿐 다른 한쪽은 다 타버려서 버려야 하는 존재를 말합니다. '어리석은 비둘기'란 살려달라고 부르짖지만 하나님을 향한 부르짖음이 아니라 세상의 도움을 구하는 것을 말합니다. '속이는 활'이란 하나님을 목적으로 사는 듯 보이지만, 실상은 구부러진 화살처럼 다른 데로 날아가는 마음 상태를 말합니다.

내 모습도 바로 그 이스라엘의 모습과 같았습니다. 하나님은 그런 내 삶을 수술하시려 손을 대신 것입니다. 내 속마음을 헤집어 나에게 보이셨습니다. 나는 그때 비로소 내 신앙의 실체를 볼 수 있었습니다. 26년 동안 열심히 신앙생활을 해왔다고 자랑했지만, 성경책을 한 번도 통독하지 않은 나를 보았습니다. 하나님 중심, 말씀 중심, 교회 중심은

단지 표어였을 뿐, 그런 소원도 없이 살고 있었습니다. 그래서 가장 기본적인 제자훈련부터 받기 시작하였습니다. 말씀암송을 시작했습니다. 구원의 확신을 점검하고, 기도의 삶을 체계적으로 배우기 시작했습니다. 주님의 십자가 안에서 나를 다시 발견할 수 있었고, 갈라디아서 2장 20절 말씀이 비로소 나의 고백이 되었습니다.

> 내가 그리스도와 함께 십자가에 못 박혔나니 그런즉 이제는 내가 사는 것이 아니요 오직 내 안에 그리스도께서 사시는 것이라 이제 내가 육체 가운데 사는 것은 나를 사랑하사 나를 위하여 자기 자신을 버리신 하나님의 아들을 믿는 믿음 안에서 사는 것이라 갈 2:20

아픔을 통해 배운 사랑

뇌염이라는 병에 걸려 죽게 되기 전에도 정기적으로 성경공부반에 참석하기는 했습니다. 그러나 내 마음의 중심이 변하지 않았기에 신앙생활은 나 중심의 신앙을 쌓는 것일 뿐이었습니다. 기도도 나의 소원과 목표를 이루는 도구와 수단에 불과했습니다. 그러나 내 마음의 중심에 주님이 왕이 되시는 순간부터 내 삶은 근본적으로 달라지기 시작했습니다. 기도와 찬양의 고백이 달라졌습니다.

나 같은 죄인 살리신 주 은혜 놀라워

잃었던 생명 찾았고 광명을 얻었네

이제껏 내가 산 것도 주님의 은혜라

또 나를 장차 본향에 인도해 주시리

거기서 우리 영원히 주님의 은혜로

해처럼 밝게 살면서 주 찬양하리라

_ 나 같은 죄인 살리신, 새찬송가 305장

찬양이 형식이 아닌 기쁨에서 흘러나오는 진심의 고백이 되었고, 장차 주 앞에 서겠다는 소망이 내 삶의 주제가 되었습니다.

갈보리산 위에 십자가 섰으니 주가 고난을 당한 표라

험한 십자가를 내가 사랑함은 주가 보혈을 흘림이라

멸시천대 받은 주의 십자가에 나의 마음이 끌리도다

귀한 어린양이 세상 죄를 지고 험한 십자가 지셨도다

험한 십자가에 주가 흘린 피를 믿는 맘으로 바라보니

나를 용서하고 내 죄 사하시려 주가 흘리신 보혈일세

주가 예비하신 나의 본향 집에 나를 부르실 그날에는

영광 중에 계신 우리 주와 함께 내가 죽도록 충성하리

(후렴) 최후 승리를 얻기까지 주의 십자가 사랑하리

빛난 면류관 받기까지 험한 십자가 붙들겠네

_ 갈보리산 위에, 새찬송가 150장

이렇게 내게 가장 좋아하는 찬송이 생겼습니다. 찬양을 부르며 십자가의 은혜로 감격하며, 비로소 내 인생이 내 것이 아니니 이제는 주를 위해 나의 삶을 드리겠다는 결단을 하게 되었습니다. 그때는 길을 걸을 때도 찬양하며 기도했고, 꿈에서도 기도하고 찬양했습니다. 그저 주님이 좋았습니다. 너무나도 좋았습니다. 좋아서 견딜 수가 없었습니다. 그렇게 주님과 사랑에 빠지게 되었습니다.

나는 아가서의 신부처럼 영적 태만의 터널을 지나서 비로소 주님의 사랑을 전인격적으로 알게 되었습니다. 주님을 사랑해서 병이 났다는 신부의 고백처럼 주님과 첫사랑을 시작하게 되었습니다. 내 인생의 목표가 바뀌었습니다. 하루 종일 주를 위해 사는 일을 하고 싶다고 고백했습니다. 늦은 나이에 신학 공부를 하면서 방학 때 아르바이트로 얻는 수입의 전부를 주께 드릴 때도 전혀 아깝지 않았습니다. 그때 주님이 내 삶에 가장 가까이 계심을 비로소 알았습니다.

기도 응답의 삶이 시작되었습니다. 아주 작은 기도에도 구체적으로 응답하시는 주님을 만났습니다. 전혀 이루어질 수 없는 절벽 앞에서 드리는 기도에도 주님은 가장 좋은 것으로 허락하셨습니다.

내가 여호와를 기다리고 기다렸더니 귀를 기울이사 나의 부르짖음을 들으셨도다 나를 기가 막힐 웅덩이와 수렁에서 끌어올리시고 내 발을 반석 위에 두사 내 걸음을 견고하게 하셨도다 새 노래 곧 우리 하나님께 올릴 찬송을 내 입에 두셨으니 많은 사람이 보고 두려워하여 여호와를 의지하리로다

시 40:1-3

이 말씀처럼 내 삶의 웅덩이와 수렁에서 나를 건져내기 시작하셨습니다. 조각난 내 삶에 아픈 편린들이 모여 주를 위한 간증이 되었습니다. 졸업 후에는 주님에게 배운 것을 가르칠 수 있는 곳, 믿음으로 더욱 성장할 수 있는 곳을 꿈꾸며 기도했고, 그 기도대로 기독실업인회(CBMC)에 들어가게 되었습니다. '나는 말씀을 전하는 사역자가 되고 내 아내 될 사람은 찬양하는 사람이면 좋겠다. 그래서 동역하며 하나님 나라를 세워가고 싶다'라고 기도하던 대로 CCM 찬양사역자인 아내를 만나게 하셨습니다. 그리고 30년이 지난 지금까지 함께 온 천하에 다니며 말씀을 전하고 복음을 증거하는 삶을 살고 있습니다.

사랑 때문에 병이 나다

21년 동안 나는 이민 목회를 소명으로 알고 최선을 다해 살았습니다. 최선의 삶이 언제든 차선과 바뀌어질 수 있음을 알고서 전부를 드리며 살고자 했습니다. 이민 목회를 하면서 네 분의 부모님을 천국으로 보내드려야 하는 아쉽고 안타까운 시간도 있었습니다. 여러 번의 개척을 하면서 많은 눈물을 뿌려야 했고, 내 부족함 앞에서 절망하면서도 기도와 말씀에 전념하며 살고자 힘썼습니다. 두 자녀가 죽을 고비를 넘기는 시간도 있었고, 아내의 눈에 대상포진이 오는 바람에 한쪽 눈이 실명될 위기에 처하는 시간도 있었습니다. 아내의 각막수술을 계기로 두 번째 헌신을 하게 되었고, 이제는 순회사역자로 전 세계를 다니며 성경을 가르치고 목양의 경험을 나누며, 말씀이 필요한 이들뿐 아니라 가난하고 소외된 이들을 찾아다니며 섬기는 복된 시간을 갖고 있습니다. 이 모든 것이 주님의 은혜입니다.

목회를 할 때나 순회사역을 할 때 나의 비전은 하나입니다. '머무는 자리마다 천국으로 만드는 삶을 사는 것'입니다. 주님의 사랑에 매인 후로는 더 이상 세상에 매이는 삶을 따르지 않게 되었습니다.

이 글을 쓰고 있는 오늘까지 나는 매일이 기적 같은 삶이라고 고백합니다. 매일 하나님의 살아계심과 하나님의 돌보심을 체험하며 살고 있기 때문입니다.

우리 모두는 이렇게 고백할 수 있어야 합니다. 사랑 때문에 병이 났다고 말입니다. 식어버린 사랑을 회복해야 합니다. 영적 태만에 빠져 형식이 되어버린 나의 세계를 깨뜨려야 합니다.

함께 나누며 생각하는 시간

1. 호세아 선지자가 진단한 이스라엘의 4가지 상태를 설명하고 우리가 당면한 문제는 무엇인지 나누어봅시다.

2. 내 삶을 두 부분으로 나눈다면 주님을 만나기 전과 후가 될 것입니다. 주님을 인격적으로 만난 때를 나누어봅시다.

3. 당신 인생의 꿈과 비전은 무엇입니까? 그것이 주를 위한 것인지 살펴보고 서로 나누어 봅시다.

4. 11과에서 가장 기억에 남는 것은 무엇이며 당신에게 적용할 점은 무엇입니까?

인생의
가장 중요한 질문

인생과 역사를 바꾸는 질문

인류 역사에서 가장 중요한 사건은 예수 그리스도에 관한 것입니다. 예수 그리스도의 탄생과 십자가의 죽으심과 부활은 인류 역사를 기원전(B.C.)과 기원후(A.D.)로 나누었고, 인류를 죄와 사망에서 구원하셨으며, 개인의 인생을 죽음에서 생명으로 바꾸었습니다. 이제 예수 그리스도를 믿는 자마다 영생을 얻고 하나님의 자녀가 되는 무한한 은혜를 모든 인류가 누리게 되었습니다.

그런 면에서 개인의 인생이나 인류의 역사에서 예수 그리스도에 관한 질문은 인생을 바꾸는 가장 중요한 질문이며, 동시에 역사를 바꾸는 가장 위대한 질문이 됩니다.

네가 그토록 사랑하는 주님은 누구신가?

예수님은 제자들에게 질문하십니다.

너희는 나를 누구라 하느냐 눅 9:20

이 질문은 한 개인의 인생에서 가장 중요한 질문입니다. 당신에게 예수님은 어떤 분입니까? 이 질문에 대한 대답을 들어보면 그와 예수 그리스도와의 관계를 밝히 알 수 있습니다. 9절은 예루살렘 여자들이 예수님에 관해 신부에게 묻는 질문을 기록합니다.

여자들 가운데에 어여쁜 자야 너의 사랑하는 자가 남의 사랑하는 자보다 나은 것이 무엇인가 너의 사랑하는 자가 남의 사랑하는 자보다 나은 것이 무엇이기에 이같이 우리에게 부탁하는가 아 5:9 (예루살렘의 여자들)

예루살렘 여인들이 "너는 왜 그렇게 주님을 사랑하니? 그분은 누구시니?"라고 묻자 신부는 신체의 열 부분을 예로 들어 주님의 열 가지 특성을 말합니다.

내 사랑하는 자는 희고도 붉어 많은 사람 가운데에 뛰어나구나 머리는 순금 같고 머리털은 고불고불하고 까마귀 같이 검구나 눈은 시냇가의 비둘기 같은데 우유로 씻은 듯하고 아름답게도 박혔구나 뺨은 향기로운 꽃밭 같고 향기로운 풀언덕과도 같고 입술은 백합화 같고 몰약의 즙이 뚝뚝 떨어지는구나 손은 황옥을 물린 황금 노리개 같고 몸은 아로새긴 상아에 청옥을 입힌 듯하구나 다리는 순금 받침에 세운 화반석 기둥 같고 생김새는 레바논 같으며 백향목처럼 보기 좋고 입은 심히 달콤하니 그 전체가 사랑스럽구나 예루살렘 딸들아 이는 내 사랑하는 자요 나의 친구로다 아 5:10-16 (신부)

이스라엘에서 '10'은 온전한 수를 의미합니다. 곧 주님의 인격이 얼마나 완전하신지, 주님의 성품이 얼마나 아름다운지 말하는 것입니다. 이 답변이 중요한 것은 답변의 내용과 위치에 있습니다.

주님에 대한 구체적인 계시는 성경 여러 곳에 나오는데, 다른 곳에 나타난 주님의 특징과 이 구절의 내용은 매우 대조적입니다. 예를 들어 아가서 5장은 사랑으로 가득한 주님의 모습을 보여 주고 있지만, 이사야서 6장 1-3절은 하늘보좌에서 영광으로 가득하신 주님의 모습을 보여 줍니다.

웃시야 왕이 죽던 해에 내가 본즉 주께서 높이 들린 보좌에 앉으셨는데 그의 옷자락은 성전에 가득하였고 스랍들이 모시고 섰는데 각기 여섯 날개가 있어 그 둘로는 자기의 얼굴을 가리었고 그 둘로는 자기의 발을 가리었고 그 둘로는 날며 서로 불러 이르되 거룩하다 거룩하다 거룩하다 만군의 여호와 그의 영광이 온 땅에 충만하도다 하더라 사 6:1-3

또한 다니엘서에서는 나라를 심판하시는 주님의 모습을 보여줍니다.

내가 보니 왕좌가 놓이고 옛적부터 항상 계신 이가 좌정하셨는데 그의 옷은 희기가 눈 같고 그의 머리털은 깨끗한 양의 털 같고 그의 보좌는 불꽃이요 그의 바퀴는 타오르는 불이며 불이 강처럼 흘러 그의 앞에서 나오며 그를 섬기는 자는 천천이요 그 앞에서 모셔 선 자는 만만이며 심판을 베푸는데 책들이 펴 놓였더라 단 7:9,10

요한계시록 1장은 만물을 심판하시는 주님의 모습을 보여줍니다.

촛대 사이에 인자 같은 이가 발에 끌리는 옷을 입고 가슴에 금띠를 띠고 그의 머리와 털의 희기가 흰 양털 같고 눈 같으며 그의 눈은 불꽃 같고 그의 발은 풀무불에 단련한 빛난 주석 같고 그의 음성은 많은 물 소리와 같으며 그의 오른손에 일곱 별이 있고 그의 입에서 좌우에 날선 검이 나오고 그 얼굴은 해가 힘있게 비치는 것 같더라 계 1:13-16

또한 본문의 위치는 아가서 전체에서 신부의 성숙과 연관해서 중요합니다. 신부는 1장에서 주님을 가까이하고자 하며 자신이 사랑받고 있음을 발견합니다. 2장에서는 세상에서 자신이 누구인지를 고민하며 소명을 확인합니다. 3장에서는 영적 침체를 겪으며 장애물을 허락하신 주님의 뜻을 이해합니다. 4장에서는 주님이 나를 어떻게 여기시는지 알게 되면서 더욱 향기로운 삶으로 열매를 맺으며 주님을 닮고자 합니다. 그리고 5장에서는 영적 침체라는 장애물을 지나고 있는 신부에게 사람들이 묻고, 신부는 그 물음에 답하고 있습니다.

사랑으로 가득하신 주님

내 사랑하는 자는 희고도 붉어 많은 사람 가운데에 뛰어나구나 아 5:10 (신부)

나의 주님이 '희다', '눈이 부실만큼 하얗다'라는 것은 그분의 인격이 눈부실 만큼 빛난다는 의미입니다. '붉다'는 말은 내면의 영성의 아름다움을 표현합니다. 주님의 생명력이 눈부실 만큼 아름답다는 것입니다. 요한계시록 4장 3절에서 하나님이 앉으신 보좌가 벽옥과 홍보석 같다고 표현하는데, 이는 주님의 말할 수 없는 아름다움을 인간의 말로는 다 표현할 수 없어서 '희다', '붉다'라고 표현한 것입니다. 하나님의 마음에 합한 사람 다윗을 하나님께서 역사의 첫 무대에 소개하실 때 다윗의 모습이 그러했습니다(삼상 16:12).

'만 사람(ten thousand)에 뛰어난다'라고 했는데, 성경에서 '천'은 매우 많은 숫자를, '만'은 결코 비교할 수 없는 큰 숫자를 의미합니다. 만물의 으뜸이라는 뜻입니다. 인류를 대신해 죽으신 주님의 사랑은 어느 것과도 비교할 수 없는, 모든 이름 위에 뛰어나신 이름이 됩니다(빌 2:9-11). 이는 나에게 주님은 세상의 그 무엇과도 바꿀 수 없는 분이심을 의미합니다.

머리는 순금 같고 머리털은 고불고불하고 까마귀 같이 검구나 아 5:11 (신부)

여기서 '순금'은 '금 가운데 금'의 강조형으로, 정금, 곧 가장 뛰어난 금을 의미합니다. 순금은 불변하는 최상의 가치를 가진 보석으로, '머리가 순금같다'라는 말은 주님이 모든 이름 위에 뛰어나신 분이심을 의미합니다(엡 1:21,22). 불변하시는, 가장 가치있는, 가장 지혜로운 분을 의미합니다(골 2:9). 그래서 이스라엘은 성소를 금으로 만들었습니다.

'머리카락'은 성경에서 헌신에 관해 말할 때 많이 쓰였습니다(민 6:1, 5). '머리털이 까마귀처럼 검고 꼬불꼬불하다'라는 말은 주님의 헌신이 지치지 않으며 생명으로 가득함을 의미합니다(엡 2:1). 이와 같이 주님의 머리와 머리털은 주님의 가장 뛰어난 사랑, 주님의 지치지 않는 헌신과 희생을 뜻합니다. 이 사랑은 나를 위해 십자가를 지시며, 가시면류관을 쓰시고 채찍에 맞으시는 예수님의 사랑에서 나타났습니다(마 27:29-30).

눈은 시냇가의 비둘기 같은데 우유로 씻은 듯하고 아름답게도 박혔구나

아 5:12 (신부)

주님의 또 다른 성품은 '눈'에 대한 비유로 나타납니다. 요한계시록 2장에 나오는 주님의 눈은 불꽃 같으시지만, 아가서에서는 시냇가의 비둘기 같습니다. 요한계시록에서는 만물을 통치하시고 심판하시는 분으로 표현되었다면 아가서에서는 맑고 영롱해서 사랑과 생명으로 넘치시는 분으로 나타납니다.

'비둘기'는 평화롭고 순결하며 온유함을 상징합니다. 그래서 제단의 제물로 사용되었으며(레 5:11), 하나님의 성령이 임하실 때(마 3:16), 예수님이 공생애를 시작하실 때 요단강에서 성령이 예수님에게 임하심을 나타낼 때 언급되었습니다. '우유로 씻는다'는 것은 '희어져 깨끗하다'라는 뜻이며(창 49:12), 보석처럼 '아름답게 박혀 있다'는 것은 흔들리지 않

고 견고하며 흠과 티가 없으심을 나타냅니다. 주님의 눈이 나의 모든 것을 보시고 아시지만, 나를 향한 주님의 사랑은 부드럽고 순결한 성령으로 넘치도록 충만하십니다.

뺨은 향기로운 꽃밭 같고 향기로운 풀언덕과도 같고 입술은 백합화 같고 몰약의 즙이 뚝뚝 떨어지는구나 아 5:13 (신부)

신부는 '주님이 누구신가'라는 질문에 '두 뺨은 향기로운 꽃밭 같고 입술은 향기로 넘쳐흐르는 분'이라고 대답합니다. '뺨'은 감정의 창문입니다. 부끄러우면 얼굴에 홍조를 띠게 되듯, 내면의 감정과 내면의 아름다움을 드러내는 곳이 뺨입니다. 주님의 아름다움은 주님의 뺨에서 가득 흘러넘칩니다. 복음서에 나타나는 주님의 두 뺨은 동정과 긍휼로 인해 눈물이 가득한 뺨입니다(히 5:7; 요 11:35; 눅 19:41). 십자가에 달리시기 전, 주님은 채찍에 맞으시고 그 뺨에 침뱉음을 당하셨습니다. 주님의 두 뺨은 나의 죄를 대신해서 내어놓으신 모욕과 치욕의 자리입니다. 나를 대신해서 십자가를 지시고 나를 대신해서 모욕과 멸시와 천대를 받으신 그 가득한 사랑의 향기가 주님의 뺨에 넘쳐납니다.

'그 입술은 백합화 같고 몰약의 즙이 뚝뚝 떨어진다'라는 말은 주님의 입술에서 나오는 말씀이 백합화같이 향기롭고 아름답다는 뜻입니다. 요한계시록 2장에서 주님의 입술은 좌우에 날선 검이 나오는 심판주의 모습이지만, 아가서에서는 사랑의 말씀의 향기로 가득합니다. 그 입술로 주시는 사랑의 말씀 한 마디만으로도 나의 생명은 소생할 수 있습니다(마 8:8).

손은 황옥을 물린 황금 노리개 같고 몸은 아로새긴 상아에 청옥을 입힌 듯하구나 아 5:14 (신부)

일반적으로 손이나 팔은 사람의 능력을 가리킵니다. 그래서 '손은 황옥을 물린 황금노리개 같다'는 뜻은 주님 사역의 완벽함을 말합니다. 이것이 나를 구원하시는 주님의 능력입니다. '주님의 손이 황금보석 같다'라는 말은 죽은 자를 살리시는 능력과 십자가에 못 박히사 고난 받으신 손으로 인류를 구원해내셨음을 의미합니다. 못이 박힌 주님의 그 손이 나를 죄와 사망에서 구원해내셨습니다. '주님의 몸은 아로새긴 상아에 청옥을 입힌 듯하다'는 말은 주님의 사랑이 티없이 맑고 깨끗하며 순결함을 보여줍니다(출 24:10).

다리는 순금 받침에 세운 화반석 기둥 같고 생김새는 레바논 같으며 백향목처럼 보기 좋고 아 5:15 (신부)

요한계시록 1장에서 주님의 발은 풀무불에 단련한 빛난 주석 같습니다. 이는 인류의 심판자요, 모든 나라의 정복자요, 승리자의 모습입니다. '발로 밟는다, 발 아래 둔다'라는 표현은 전쟁의 승리와 통치를 의미합니다(신 33:29; 시 8:6). 반면에 아가서는 주님의 발과 모양을 주님의 아름다우심과 귀하심으로 묘사합니다. 레바논과 백향목에 비유해 주님의 다리는 화반석 기둥 같고 형상은 장엄한 레바논 같다고 말한 것입니다. '화반석 기둥'이란 주님의 두 다리가 견고하고 곧게 뻗어 있다는 것이고, '레바논 같고 백향목 같다'는 것은 주님의 형상이 아름다워 레바논처럼 장엄하고 빼어나다는 것입니다. 내가 사랑하는 주님은 아름다운 견고한 반석이시며, 나를 향한 사랑에 흔들림이 없으시고, 조금도 변함없는 신실하신 분입니다.

입은 심히 달콤하니 그 전체가 사랑스럽구나 … 아 5:16 (신부)

그리고 신부는 주님의 입과 주님의 전부를 언급하며 달콤하고 사랑스럽다고 말합니다. '입이 심히 달다'는 말은 그의 입에서 나오는 모든 말씀을 무엇과도 바꿀 수 없다는 뜻입니다. 또한 '그 전체가 사랑스럽다'는 것은 주님이 완전하시고 완벽하시기에 어느 것도 사랑하지 않을 수 없다는 의미입니다. 신부에게는 주님의 모든 것이 사랑스럽기만 합니다. 그래서 자기 마음을 온통 주님에게 빼앗겼다고 말합니다. 마음으로, 삶으로, 내 전부로 주님을 사랑한다고 고백할 수 있습니다.

… 예루살렘 딸들아 이는 내 사랑하는 자요 나의 친구로다 아 5:16 (신부)

예루살렘 여자들의 질문, "그분이 누구시기에 네가 그토록 사랑하니? 다른 사람과 그분이 다른 점이 무엇이니?"라는 질문에 신부는 단호하게 한 마디로 말합니다. "그분은 내가 사랑하는 자요, 나의 친구입니다."
당신은 '주님이 누구이신가, 왜 그렇게 사랑하는가?'라는 질문에 어떤 답변을 하시렵니까? 어떤 말과 어떤 삶으로 그 질문에 답할 수 있을까요? 베드로는 우리에게 소망에 관한 이유를 묻는 자들에게 대답할 말을 준비해야 한다고 말합니다 (벧전 3:15).

아가서에서의 주님은 사랑과 온유와 평화와 긍휼로 가득한, 무엇과도 바꿀 수 없는 귀하신 분입니다. 반면에 이사야 6장에 나오는 주님의 모습은 누구도 가까이할 수 없는 거룩하신 분입니다. 만군의 여호와를 본 이사야는 두려움에 가득찹니다(사 6:5). 요한계시록 1장에 나오는 주님의 모습은 역사의 심판자요, 인류의 심판주이십니다. 그 모습을 본 요한은 쓰러져 죽은 자처럼 됩니다(계 1:17,18). 그러나 아가서의 주님은 친구가 되시는 주님이십니다.

나에게 주님이 누구십니까? 나에게 주님은 어떤 분이십니까? 주님이 나의 친구이시며 나의 전부라고 말할 수 있습니까? 그렇게 고백하며 주님을 따라갈 수 있습니까?

함께 나누며 생각하는 시간

1. 성경에서는 주님의 모습을 여러 곳에서 계시합니다. 각각의 특징을 나누어봅시다.

2. 아가서 5장에서는 주님의 모습을 자세히 보여줍니다. 주님의 신체의 각각의 특징과 의미는 무엇입니까?

3. 주님의 신체의 각 부분을 노래하는 아가서 5장이 신부에게 중요한 이유는 무엇입니까? 또 이 말씀이 나에게 중요한 이유는 무엇입니까?

4. 이 과에서 가장 기억에 남는 것은 무엇이며 당신에게 적용할 점은 무엇입니까?

가정과 교회,
이 시대의 소망

주님을 만날 수 있는 곳

어떤 이들은 이 시대의 가정과 교회에 대해 "이 두 기관은 이제 소망이 없다"라고 쉽게 말합니다. 사실 가정은 깨어지고 있으며, 교회는 세상의 소망이라고 말하기 어려운 상태로 위태롭게 서 있는 듯 보입니다. 그리스도인들의 삶이 세상보다 더 거룩하다고 말할 수 없는 지경에 이르렀습니다. 그럼에도 교회는 여전히 세상의 소망이며, 그리스도인은 어두운 세상을 밝히는 등불일까요? 마땅히 그래야 하고, 더 그래야 합니다. 다른 대안이 없기 때문입니다. 성경은 다른 대안을 우리에게 보여주신 적이 없습니다. 어느 때보다도 지금, 그리스도인들은 자신의 삶에서, 가정과 교회에서 살아계신 주님을 보여주어야 합니다. 여기에 우리의 부르심이 있습니다. 이 시대의 소망이 여기에 있습니다.

여자들 가운데에서 어여쁜 자야 네 사랑하는 자가 어디로 갔는가 네 사랑하
는 자가 어디로 돌아갔는가 우리가 너와 함께 찾으리라

아 6:1 (예루살렘의 여자들)

예루살렘 여자들이 두 번째로 신부에게 질문합니다.

"그렇게 아름다운 주님을 어디에서 만날 수 있는가? 우리가 너와 함
께 찾고 싶구나."

이것은 인생에게 중요한 두 번째 질문이기도 합니다. '주님이 누구이
신가?'라는 질문이 내 인생에서 가장 소중한 첫 번째 질문이라면, 두 번
째 소중한 질문은 '그 주님을 어디에서 만날 수 있는가?' 하는 것입니다.

내 사랑하는 자가 자기 동산으로 내려가 향기로운 꽃밭에 이르러서 동산 가
운데에서 양 떼를 먹이며 백합화를 꺾는구나 나는 내 사랑하는 자에게 속하
였고 내 사랑하는 자는 내게 속하였으며 그가 백합화 가운데에서 그 양 떼
를 먹이는도다 아 6:2,3 (신부)

2절은 주님이 자기 동산에 계신다고 말합니다. 주님은 동산으로 내
려가셔서 그곳에서 양떼를 먹이시고 백합화를 모으십니다. 백합화를 꺾
는다는 뜻은 꺾어서 버린다는 의미가 아니라 '떨어진 이삭을 주워 모은
다', '거둔다'는 의미입니다.[49]

요한계시록 1장 20절의 일곱 촛대가 일곱 교회를 의미하고, 이사야
에서 이스라엘을 동산에 비유하듯(사 58:11), 아가서에서 동산은 주님의
신부를 비유합니다.[50] 그곳에서 주님은 양 떼를 먹이십니다. 아가서 2

장 1,2절에 나오는 백합화도 주님의 신부, 곧 성도의 비유입니다.[51]

> 내 누이, 내 신부는 잠근 동산이요 덮은 우물이요 봉한 샘이로구나 아 4:12
>
> 너는 동산의 샘이요 생수의 우물이요 레바논에서부터 흐르는 시내로구나
>
> 아 4:15 (신랑)
>
> 내 사랑하는 자가 자기 동산으로 내려가 향기로운 꽃밭에 이르러서 동산 가
> 운데에서 양 떼를 먹이며 백합화를 꺾는구나 아 6:2 (신부)

주님이 동산에서 기대하는 것은 열매이고 향기입니다. 열매와 향기는 동산에서 함께하시는 주님에게서 옵니다. 그리고 주님이 동산에서 기대하는 것은 사람들이 그 열매와 향기로 인해 함께 즐거워하는 것입니다.

> 내 누이, 내 신부야 내가 내 동산에 들어와서 나의 몰약과 향 재료를 거두고
> 나의 꿀송이와 꿀을 먹고 내 포도주와 내 우유를 마셨으니 나의 친구들아 먹
> 으라 나의 사랑하는 사람들아 많이 마시라 아 5:1 (신랑)

주님의 그 마음을 아는 신부는 자신의 삶이 열매로 풍성하고 향기로 가득하기를 바랍니다.

> 북풍아 일어나라 남풍아 오라 나의 동산에 불어서 향기를 날리라 나의 사랑
> 하는 자가 그 동산에 들어가서 그 아름다운 열매 먹기를 원하노라
>
> 아 4:16 (신부)

주님이 계시는 동산

주님은 향기로운 꽃밭, 곧 열매 가득한 동산에서 머물고 계십니다. 백합화 가운데서 양 떼를 먹이고 계십니다. 주님을 갈망하고 주님 곁에 머물기 원하는 성도들 곁에 계신 것입니다. 오늘도 주님이 계시는 동산은 신부의 마음, 곧 내 마음입니다. 주님은 내 안에 임마누엘로 함께하십니다.

만일 우리가 주님의 영광을 보기 원하고 주님의 영광이 이 시대에 회복되기를 기도한다면, 우리 자신이 주님께 더욱 가까이 나아가야 할 것입니다(약 4:8). 주님의 영광을 보기 원한다면, 주님을 사랑하는 사람들 곁으로 가야 합니다. 그들 옆에서 함께 호흡해야 합니다. 그들과 함께 기도해야 합니다. 주님의 은혜와 임재를 누리는 사람들 곁에 주님이 계십니다.

기독교에는 참으로 묘한 진리가 있다고 토저 목사는 말합니다.

"하나님께 간절히 나아가기 원하는 사람은 하나님께 가장 가까이 있는 사람이다. 하나님을 만난 사람은 하나님을 더욱 만나기를 갈망한다. 하나님을 사랑하는 사람은 더욱 사랑하고 싶어서 안달이 난다."

이것이 주님을 사랑하는 사람의 특징입니다. 그리스도의 신부는 하나님을 이미 찾았으나, 언제나 그분을 찾기 위해 더욱 노력합니다. 백합화를 꺾어 모으시는 주님을 기억하면서, 우리는 더 향기나는 삶을 살기 위해 자신을 더 살펴야 합니다. 그리스도께서 내 삶에서 승리의 열매를 맛보시고 향기를 얻으시도록, 염려와 두려움을 정복하고 세속의 모든 가치들을 몰아내야 합니다. 마음 깊은 곳의 은밀한 마음까지 깨끗이 해야 합니다. 모든 더러운 습관과 더러운 생각을 그곳에서 몰아내야 합니다. 우리 마음은 영적 전쟁이 치열한 전투의 장소이기 때문입니다.

그러므로 세상 사람들에게는 보이지 않는 주님을 어디서 만날 수 있을까요? 맡을 수 없는 주님의 향기를 어디서 맡을 수 있을까요? 신부의 마음입니다.

주님이 통치하는 가정을 이루라

우리 각자의 마음과 아울러 주님의 통치와 다스림이 주도권으로 서야 하는 곳은 그리스도인의 가정과 교회입니다. 나는 결혼하면서 성경적인 가정은 어떤 모습이어야 하는지 고민했습니다. 그것은 바로 심플라이프, 단순하게 시작하고 단순하게 사는 삶이라고 생각했습니다. 그래서 결혼식도 부모님에게 손을 벌리지 않고 최소한의 비용으로 치렀습니다. 그리스도인은 세상의 흐름을 거슬러 살아야 하는데, 결혼식도 세상 방식과 달라야 한다고 믿었기 때문입니다. 예물은 금반지 한 돈씩만 준비했습니다. 중고가구점에서 작은 옷장을 하나 사고, 아내가 자취할 때 사용하던 식기를 쓰되 숟가락 두 벌만 더 샀습니다.

직장에서 가까운 곳에 신혼 방 하나를 구하고 싶어 기도했습니다. 복덕방 주인도 크리스천, 집 주인도 크리스천, 뜨거운 물이 나오는 한 칸의 방을 놓고 기도했는데, 그렇게 만난 집이 300만 원에 얻은 작은 신혼방이었습니다. 1986년 여름의 일입니다.

장로교인이었던 내게 연희침례교회 목사님으로부터 청년부를 맡아 달라는 제안을 받고 청년부 사역을 시작하면서, 집에 오는 청년들을 더 돌보고 싶어 새로운 기도를 시작했습니다. 방은 두 개 있고, 교회에서

10분 거리에 있는 집을 주시도록. 이사를 가야 하는 날이 일주일밖에 남지 않았을 때도 그런 집은 나오지 않았습니다. 그때 청년부 부회장이 고민하는 나를 보더니 이모부가 이사 나온 집을 보여 주었습니다. 그 집은 방이 네 개나 있고 넓은 텃밭을 낀 아주 넓은 집이었고, 교회에서 5분 거리였습니다. 하지만 상황이 여의치 않아 난감해 하는 나를 본 집주인이 청년을 놓치고 싶지 않다며 싸게 해줄 터이니 함께 살 사람들을 구해보면 어떻겠냐고 제안했습니다.

교회로 돌아가 기도하면서 공동체 생활의 비전이 떠올랐습니다. 그렇게 해서 모인 세 가족이 지금은 일본 선교사로 헌신해서 살고 있는 공영환 선교사 부부, 군에서 ROTC 장교로 제대하고 그때까지 장가를 가지 않고 있던 아내의 오빠, 그리고 우리 부부였습니다. 세 가정이 방 하나씩 사용하고 하나 남은 방은 공동 서재로 사용했습니다. 함께 모여 식사를 하고 다트 게임에서 진 형제가 설거지를 하고, 밤마다 모여 함께 찬양하며 기도했습니다. 그 집 벽에 걸린 표어는 거창했습니다.

"오라, 우리가 세상을 변화시키자!"

그것은 우리의 꿈이었습니다. 신혼집 응접실에 걸어 두었던 이 표어는 이제 우리의 삶에서 향기로운 열매를 맺고 있습니다.

청년들이 집을 왕래하기 시작했습니다. 집에 오는 분들을 위해 방명록을 준비했습니다. 방명록에 서명하는 사람들이 늘어갔습니다. 많은 분들이 다녀갔고, 한 달에 출입한 청년들의 수를 세어보니 200명이 넘었습니다. 쌀이 떨어지던 어느 날엔 집 담벼락 안으로 쌀 한 자루가 떨어져 있었습니다.

남편이 일본인이고 불교 신자였던 집주인은 우리를 좋아해서 옆의 40

평 텃밭까지 그냥 사용하도록 허락해주었습니다. 공 선교사의 정성스런 돌봄으로 그 텃밭은 상추와 고추밭이 되었습니다. 거름을 많이 주어야 한다고 밤이면 화장실 대신 밭으로 나가는 공 선교사를 보며 함께 깔깔거리기도 했습니다. 이처럼 신혼 공동체는 주님을 위해 사는 꿈을 꾸는 장소가 되었습니다. 심플 라이프, 체인징 라이프를 주제로 삼은 '데결 세미나'(데이트와 결혼 세미나)는 그때부터 제 청년 사역의 주된 메시지가 되었습니다. 부모님께 짐을 드리지 않는 조촐하고 단순한 결혼식을 하는 청년들이 늘어갔습니다. 거대한 세상에서 살지만 조용히 주변을 변화시키는 작은 누룩처럼 말입니다.

결혼과 독후감

목회를 하면서 그동안 많은 주례를 했습니다. 나에게 주례를 부탁하러 오는 청년들에게는 약속을 받았습니다. 결혼식 전까지 기독교 결혼에 관한 책을 10권을 읽을 것과 읽고 난 후에는 독후감을 보내줄 것을 약속 받는 것입니다. 그리스도인의 만남부터 시작해서 기독교적인 성(性)에 이르는 10권의 책입니다. 결혼과 가정과 성(性)에 대해 세상적인 가치로 물들었던 마음과 생각을 새롭게 해야 한다고 믿기 때문입니다. 두 사람이 독후감을 보내오면 나는 그것으로 예쁘게 책을 만들어 결혼식날 두 사람에게 선물로 줍니다.

결혼식 당일 새벽까지 마지막 숙제를 하던 제자이자 신부가 생각이 납니다. 뉴저지에 살고 있는 임수진 자매입니다. 그녀는 마지막 독후감에 이렇게 썼습니다.

결혼식 전날, 아니 결혼식 당일 오전 12시 25분에 열 번째 독후감을 쓰게 될 줄은 정말 몰랐다. 왠지 오늘까지 이 독후감을 제출하지 않으면 정말 기말고사 공부의 제일 중요한 마지막 챕터를 전혀 공부하지 않은 채 기말고사 시험을 치르러 가는 심정일 것 같기에, 기쁜 마음으로 마지막 독후감을 제출하고 오늘 결혼식장으로 향하고 싶다 (중략). 하나님께서 주신 선물인 부부의 성이, 진정한 선물이 될 수 있도록, 결혼이 시작되는 오늘부터 우리는 그것을 위해 함께 솔직하게 대화하고, 서로를 배려해서 결혼생활에 기쁨이 되도록 창의적으로 잘 사용하게 되기를 기대한다. 이 부분도 우리가 함께 기도하고 대화하고 우리만의, 우리다운 것이 되도록 만들어 가야 할 매우 중요한 부분임에 틀림없다. 몇 시간 있으면 떠나게 될 부부로서 떠나는 첫 여행, 음… 매우 기대된다. 서로에 대해 함께 나누고 대화하고 기도하고 더 알아갈 수 있는 귀한 시간이 되기를 소망한다.

그렇게 결혼한 지 7년이 된 자매에게 전화를 해 보았습니다. 이제는 두 아이의 부모가 되어 있었습니다. 그들은 지금도 독후감을 모아 만들어준 그 책을 침대 옆에 두고 가끔씩 꺼내본다고 했습니다. 볼 때마다 새롭게 다가오고 이해된다고도 했습니다. 아이들에게도 선물받은 독후감 모음집을 보여주며 이야기를 들려주기도 한다고 합니다.

그렇습니다. 주님의 거룩한 신부로서 귀한 사랑을 받은 그리스도인들은 순결하고 아름다운 사랑을 나누며 세상적 가치와 타협하지 않고, 도리어 세상의 가치를 거슬러 살아야 한다고 믿습니다.

한 사람을 통해 확산되는 하나님 나라

성경은 하나님 나라가 화려하게 거대한 모습으로 세워진다고 말하지 않습니다. 누룩처럼, 겨자씨처럼 아주 작은 모습으로 은밀하게 이 땅에서 확산되어 간다고 말합니다. 곧 한 사람, 한 가정, 하나의 교회가 그 존재와 역할에서 얼마나 소중한지를 말하는 것입니다.

오늘도 하나님은 한 사람을 통해, 한 가정을 통해, 지상의 작은 한 교회를 통해 일하십니다. 여기에 소망이 있습니다. 한 사람, 한 가정, 한 교회가 작아 보여도 함께하시는 주님은 위대하신 분이시기 때문입니다. 그만큼 한 사람이 깨어 있는 것이 중요합니다.

이 땅에서는 주님과 나누는 사랑이 제한적입니다. 어떤 때는 주님을 사랑하다가도 장애물을 만나면 주님과의 교제가 희미해집니다. 주님과의 교제를 게을리 하면 사랑의 감정은 점점 둔해집니다. 그 결과 가슴에서 그 사랑의 감각을 잃어버리게 됩니다. 그 사랑은 머리에만 남아 있을 뿐입니다. 그러다 '나는 주님을 사랑하고 있어…. 나는 주님을 사랑했어…. 나는 주님을 사랑했었어…'라며 신앙이 점점 과거형이 되어갑니다. 그 결과 사랑하는 주님을 가슴에서 잃어버리게 됩니다.

또 다른 이유는 눈에 보이지 않는 주님을 사랑하다가 어느 날부터 눈에 보이는 세상으로 눈을 돌리기 때문입니다. 세상의 즐거움에 혹하여 세상에 길들여지기 시작합니다. 이것이 영적 침체의 모습입니다. 이것이 이 시대 신부의 모습이고, 가정과 교회의 모습입니다. 주님의 뜻에는 움직이지 않는 내 몸과 내 마음이 세상적인 정욕, 관심, 가치에는 민감하고 재빠르게 움직입니다. 고삐 풀린 망아지처럼 자꾸 내 마음이 풀려서 이곳저곳을 뛰어다닙니다. 진정시킬 수 없고 주체할 수도 없습니다. 그러다가 고삐마저 잡을 수 없게 되는 시간들이 옵니다. 그것이 오늘의 내 삶의 실제 모습이 되는 것입니다.

처음으로 돌아가라

그렇다면 어떻게 이런 영적 태만을 제거할 수 있습니까? 먼저, 자신이 얼마나 태만에 빠져 있는지, 얼마나 무디어진 신앙으로 살고 있는지 깨달아야 합니다. 그리고 무디어진 자신을 깨뜨려야 합니다. 나의 신앙이 얼마나 종교적인지, 형식적인지, 습관적인지, 주님을 향한 감동과 눈물이 살아 있는지를 알아보려면 자신을 깨뜨려야 합니다. 영적 태만에서 벗어나 영적 민감함의 자리로 나아가야 합니다. 내가 죽어야 주님이 내속에서 사십니다.

바울은 늘 깨어 있는 삶을 살기에 힘썼습니다(고전 9:27). 그래서 '내 몸을 쳐서 복종시킨다'라고까지 말했습니다.[52] 왜냐하면 다른 사람에게는 복음을 전파하지만 그 후에 자기가 도리어 버림이 될까 두렵기 때문이었습니다.

영적 태만에서 벗어나기 위한 또 하나의 방법은 가난한 마음을 회복하는 것입니다. "선 줄로 생각하는 자는 넘어질까 조심하라"(고전 10:12)라고 말씀하신 것처럼 무언가를 이루었다는 마음을 가지게 되는 순간이 가장 위험함을 기억해야 합니다. 그럴 때 우리는 더욱 마음을 낮추고 겸손해져야 합니다. 성경에서 '낮아지다', '가난하다'라는 말은 원래 '창피하다', '치욕스럽다', '패배하다'라는 의미를 가지고 있습니다. '낮아

짐'이란 단어가 '겸손'이란 단어로 재해석되는 순간은 바로 주님이 십자가에 달리실 때였습니다.

더 깊은 사랑으로 나아가려면 무디어진 신앙습관을 고쳐야 합니다. 게으른 요소들을 골라내서 버려야 합니다. 내 삶에서 '대충, 적당히'라는 단어를 골라내고, 마음에 들어 있는 모든 쓰레기들을 청소해서 가난한 마음으로 돌아갈 수 있도록 애써야 합니다. 그러기 위해서는 처음으로 돌아가야 합니다. 그리고 교회의 영광을 드러내도록 힘써야 합니다. 이 시대의 가정과 교회가 하나님 나라의 거룩한 자태를 드러낼 수 있기를 위해 기도합니다.

하나님께서 구하시는 제사는 상한 심령이라 하나님이여 상하고 통회하는 마음을 주께서 멸시하지 아니하시리이다 시 51:17

함께 나누며 생각하는 시간

1. 오늘날 가정과 교회의 문제점은 무엇이며, 회복을 위해 가장 필요한 것은 무엇이라고 생각합니까?

2. 가정에서 가장 기억에 남는 복된 경험은 무엇입니까? 교회에서 신앙생활을 할 때 가장 인상 깊었던 경험은 무엇입니까?

3. 우리 마음이 주님이 거니시는 동산임을 잊고 살 때가 많습니다. 이것을 알고 난 후에는 어떤 면에서 새로워져야 한다고 생각합니까?

4. 이 장에서 가장 기억에 남는 것은 무엇이며 당신에게 적용할 점은 무엇입니까?

하나,
오직 하나뿐인 그대

사랑의 장애물들

주님에게 신부는 어떤 존재인가요? 아가서 6장에서 신부는 주님으로 부터 지상에서 들을 수 있는 최고의 애칭을 듣게 됩니다.

"너는 내게 오직 하나뿐인 사랑이다."

내 비둘기, 내 완전한 자는 하나뿐이로구나 그는 그의 어머니의 외딸이요 그 낳은 자가 귀중하게 여기는 자로구나 여자들이 그를 보고 복된 자라 하고 왕비와 후궁들도 그를 칭찬하는구나 아 6:9 (신랑)

주님의 눈에 나밖에 보이지 않는다는 이 말은 결코 과장이 아닙니다. 이때의 '하나'라는 숫자는 8절에 나오는 60명의 왕비와 80명의 후궁과

수를 셀 수 없는 시녀[53]와 대조되는 숫자입니다.

왕궁에 아무리 많은 여인들이 살고 있다 해도 왕의 눈은 오직 신부를 향해 있습니다. 그래서 '하나'라는 숫자는 왕에게 특별한 존재이며 유일한 존재라는 의미입니다.[54] 세상에 단 한 명의 여인이 존재한다는 뜻이 아니라 주님에게 신부는 선택된 단 하나의 존재라는 뜻입니다.

'그의 어머니의 외딸'이라는 말도 어머니에게 외동딸이라는 뜻이 아니라 많은 자녀 중에서도 특별한 관심을 받는 선택된 딸이라는 의미입니다.[55] 그래서 '낳은 자가 귀중하게 여기는 자'이며, 여자들은 그를 보고 '복된 자'라 부르고, 왕비와 후궁들은 그를 '칭찬 받는 자'로 부릅니다.

'하나뿐인 자', '복된 자', '귀중하게 여기는 자', '칭찬 받는 자'. 주님은 신부를 '내 비둘기', '내 완전한 자'라는 표현도 부족해 이와 같은 최상의 표현으로 신부를 향한 사랑을 말씀하신 것입니다.

어떻게 신부가 이런 칭찬을 받을 수 있게 되었습니까? 먼저, 이 말씀이 6장에 등장한다는 점을 상기해야 합니다. 신부는 주님과 사랑을 방해하는 수많은 장애물들을 뛰어넘어 6장까지 이른 것입니다.

1장에서 만난 장애물은 신부 자신이었습니다. 자신에 대한 편견, 곧 자신이 부족하고 초라한 존재라는 편견이 장애물이었습니다. 그러나 신부는 주님을 열망하면서 이 장애물을 뛰어넘습니다.

2장에 나타난 신부의 장애물은 넓은 세상이었습니다. 세상에서 나의 소명을 확인하기까지 외로움과 고독에 갇혀 있던 삶이 장애물이었습니다. 게다가 2장 후반부에서는 주님과의 사귐을 방해하는 여러 장애물들이 등장합니다. 시적 언어로 표현된 크고 작은 산들, 벽, 창살 틈, 여우새끼들이었습니다. 그때 신부는 주님에게 장애물을 넘는 지혜를 배움니다.

3장에서의 장애물은 신앙생활 중에 찾아오는 어두운 시간이었습니다. 주님을 열심히 찾으나 주님이 멀리 계신 듯 보이는 때입니다. 신부는 주님의 뜻을 발견하면서 비로소 밤을 통과하게 됩니다.

4장에서는 주님의 안목을 배웠습니다. 주님이 나를 어떻게 생각하고 계시는지를 아는 것입니다. 그래서 주님이 보는 그것을 보게 하고, 내가 보는 방법을 버리는 것입니다.

5장에서 나타난 장애물은 영적 태만이었습니다. 게으름과 안일함, 둔감함 등으로 신앙은 어느덧 하나의 형식과 습관이 되어 있었습니다. 영적 태만은 믿음 안에 서 있다고 생각하는 사람들에게 찾아오는 마지막 장애물입니다. 신부는 여러 장애물을 벗어나는 법을 배웁니다.

5장 후반부에서는 인생의 중요한 두 가지 질문에 대해, 주님을 사랑하기에 병이 났으며, 예루살렘 여인들 앞에서 '주님은 나에게 전부'라고 고백하는 신부를 볼 수 있습니다. 신부가 사랑하는 자는 수많은 사람 가운데, 그들보다 뛰어난 분이시기 때문입니다. 이처럼 1장에서 5장에 이르기까지 수많은 장애물을 넘은 신부, 곧 주변의 모든 사람들에게까지 귀중히 여김을 입으며 칭찬과 복되다는 칭송을 받는 신부에게, 주님은 "당신은 나에게 오직 하나뿐인 사랑"이라고 고백합니다.

내가 당하는 수많은 연단의 시간과 고난의 훈련이 궁극적으로 주님의 합당한 신부로 서는 섭리의 과정임을 기억한다면, 오늘의 어려움은 더 이상 어려움이 아니라고 담대히 말할 수 있습니다. 천국에서 수많은 사람들 가운데 사랑을 나누어 받는 존재가 아니라 주님은 나를 세상에 나밖에 없는 것처럼 사랑하신다는 것입니다. 주님의 사랑은 그처럼 무한하고 완전하고 풍성합니다.

주님이 신부를 부르실 때

내 사랑아 너는 디르사 같이 어여쁘고, 예루살렘 같이 곱고, 깃발을 세운 군대 같이 당당하구나 아 6:4 (신랑)

'내 사랑아'는 아가서에서 주님이 신부를 부르시는 호칭입니다. 아가서 1장 9절에서부터 시작해 아홉 번 반복하고 6장 4절에서 마지막으로 신부를 이렇게 부르십니다. 주께서 가장 사랑받는 자를 부르실 때, 그 한 마디는 '내 사랑아'입니다. 주님은 신부가 얼마나 어여쁘고 곱고 사랑스러운지 4절에서 세 가지로 비유하며 강조합니다. 그것은 '디르사'와 '예루살렘'과 '깃발을 든 군대'입니다. '디르사'는 '기쁨'이라는 뜻을 가진 아름다운 도성으로 여로보암이 왕이 된 이후 북이스라엘의 수도가 되었습니다(수 12:7-24). '예루살렘'은 그 위치나 역할에서나 이스라엘의 아름다운 도성이었습니다. '깃발을 든 군대'란 깃발 아래 짜임새 있게 잘 조직되어 정돈된 군대로서 그 아름다움이 너무 커 두려움까지 갖게 하는데, 신부의 빼어난 아름다움과 위엄이 그러하다는 것입니다. 이는 신부의 비교할 수 없는 탁월함과 우아함을 의미합니다.

이후부터는 주님이 신부의 아름다움이 무엇인지, 신부를 어떻게 보고 계시는지에 대해 신체를 들어 비유합니다. 이것이 의미하는 바는 무엇인가요? 6-7장과 4장을 비교하면 다음과 같습니다.

4장, 6장, 7장의 비교

신부의 신체 일곱 부분 (머리부터 발끝까지)	4장
1. 눈	4:1
2. 머리털	4:1
3. 이	4:2
4. 입술	4:3
5. 뺨	4:3
6. 목	4:4
7. 유방	4:5

신부의 신체 네 부분 (머리만)	6장
1. 눈	6:5
2. 머리털	6:5
3. 이	6:6
4. 뺨	6:7

신부의 신체 일곱 부분 (머리부터 발끝까지)	7장
♥어찌 그리 아름다운고(수미상관법)	7:1
1. 발	7:1
2. 넓적다리	7:1
3. 배꼽	7:2
4. 허리	7:2
5. 유방	7:3
6. 목	7:4
7. 눈	7:4
8. 코	7:4
9. 머리	7:5
10. 머리털	7:5
♥어찌 그리 아름다운고(수미상관법)	7:5

4장에서는 신부의 모습을 신체의 일곱(7) 부분으로 말하고, 6-7장에서는 열네(4+10) 부분을 말합니다. 곧, 신부의 아름다움이 1장에서는 얼굴(10절)이, 4장에서는 상체가, 7장에서는 전신으로 확대되고 있습니다. 이처럼 신부의 신체를 묘사하며 노래하는 주님의 뜻은 무엇입니까? 이것은 신부가 주님 안에서 변화된 이후 주를 닮아 성숙해가는 과정을 뜻하는 것입니다.

또한 7장에서는 변화된 신부의 신체를 열 부분으로 묘사하되, 5장 10-16절의 주님의 모습과 대조되고 있습니다. 곧, 아가서 5장에서 주님의 모습은 머리부터 발까지 열 부분으로 묘사되지만, 신부는 반대로 발끝에서부터 머리로 열 부분이 묘사되고 있습니다. 이것은 주님의 영광스러움과 신부의 아름다움이 교차대칭구조를 만들어 주님과의 온전한 연합과 성숙을 보여주는 것입니다. 신부의 아름다움을 노래하는 6-7장과 4장의 차이를 어떻게 말할 수 있을까요?

4장의 내용이 영적 침체를 겪고 있는 신부가 그것을 이기도록 하는 신랑의 고백이었다면, 6-7장은 영적 태만에 빠진 신부에게 영적 게으름과 안일함을 깨뜨려 이기도록 하라는 신랑의 고백입니다.

4장에서는 잠을 포기하고 일어나 열심을 내며 주님을 찾는 신부에게 단지 몇 마디의 말씀으로 그 어려움을 이겨내게 할 수 있었지만, 6장에서는 잠에 빠져 주님의 음성을 들어도 움직이지 않고 주님을 찾지 않는 신부를 깨우기 위해 더욱 많은 말씀이 필요하다고 하겠습니다.

어떤 사람은 단지 두 가지 말씀을 듣고서도 자신의 삶을 송두리째 하나님께 드리며 헌신하기도 합니다(수 2:8-12). 반면에 어떤 사람들은 아무리 주님의 음성을 들어도 깨닫지 못하고 살아갑니다(눅 10:13; 마

21:32). 자기를 깨뜨리지 못하는 것입니다. 자기를 깨뜨려야 비로소 주님의 주도권이 그의 인생에 세워질 것인데, 자기를 깨뜨리지 않으니 신앙생활을 한다 해도 여전히 자신이 주인이 되어 살게 됩니다.

비교할 수 없는 오직 하나뿐인 사랑

9절에서 신부의 아름다움을 여인들과 비교했다면 10절에서는 신부의 아름다움과 그 장엄함을 자연으로 확대해 묘사합니다.

> 왕비가 육십 명이요 후궁이 팔십 명이요 시녀가 무수하되 내 비둘기, 내 완전한 자는 하나뿐이로구나 그는 그의 어머니의 외딸이요 그 낳은 자가 귀중하게 여기는 자로구나 여자들이 그를 보고 복된 자라 하고 왕비와 후궁들도 그를 칭찬하는구나 아침 빛 같이 뚜렷하고 달 같이 아름답고 해 같이 맑고 깃발을 세운 군대 같이 당당한 여자가 누구인가 아 6:8-10 (신랑)

주님은 신부가 새벽별처럼, 달처럼, 해처럼 만물 가운데 탁월하게 아름답다고 노래합니다. 1장에서 '비록 검으나 아름다운' 신부의 아름다움이 6장에 이르러는 '아침 햇살, 영롱한 달, 밝은 해, 질서정연한 군대의 아름다움'으로 확대되고 있습니다.

> 골짜기의 푸른 초목을 보려고 포도나무가 순이 났는가 석류나무가 꽃이 피었는가 알려고 내가 호도 동산으로 내려갔을 때에 부지중에 내 마음이 나를 내 귀한 백성의 수레 가운데에 이르게 하였구나 아 6:11,12 (신랑)

아가서에서 '동산'[56]은 신부의 마음이자 성도의 마음이고, 신부가 된 교회였습니다. 11절에서 '내가 호두 동산으로 내려갔을 때'라는 말의 의미는 3장의 밤의 시간처럼 주님이 때로 멀리 있는 것처럼 여겨지는 때를 의미합니다. 이어지는 말씀과 연결해서 이해하면 영적 태만에 빠져 주님과의 사귐이 멀어져 있는 상태입니다.

12절의 '부지중에 내 마음은'이란, 그럼에도 신부를 향한 주님의 열정과 사랑이 변함없음을 강렬하게 나타내는 단어들입니다. 신부에게서 잠시 멀리 떨어져 있는 것처럼 보일 때에도 주님의 마음은 늘 신부를 향하고 있음을 알려주심으로 주님의 사랑이 한결같음을 나타내십니다.

12절의 '나를 내 백성의 귀한 수레에 이르게 하였구나'라는 것은 아가서의 해석 중 가장 어려운 본문이고, 여러 가지 해석이 다양한 난해한 구절입니다.[57] 그러나 결국 신부에게로 빨리 돌아가고자 하는 주님의 마음을 표현하고 있다고 볼 수 있습니다.

돌아오고 돌아오라 술람미 여자야 돌아오고 돌아오라 우리가 너를 보게 하라 너희가 어찌하여 마하나임에서 춤추는 것을 보는 것처럼 술람미 여자를 보려느냐 아 6:13 (신랑)

13절에서는 신부를 향한 주님의 간절한 마음이 '돌아오라'라는 말로 거듭 강조되고 있습니다. 이는 5장 이후 영적 태만에 빠진 신부를 향한 주님의 외침입니다.

'술람미'라는 이름은 솔로몬의 여성 명사이면서, 동시에 완벽함을 의미하는 '술람'의 보통 명사라고 이해됩니다. 그래서 9절에서는 신부를

'완전한 자'라고 부릅니다. 이 말씀은 마음은 깨어 있으나 실상은 잠을 자고 있는 신부를 향한 주님의 목소리입니다(아 5:2). 범죄함으로 하나님을 떠난 인류를 향한 주님의 음성이며, 범죄한 이스라엘을 향한 성경의 메시지입니다.[58] 하나님께서는 타락한 이스라엘을 향해 수도 없이 외치셨습니다. 동시에 이 말씀은 오늘날 거룩함을 잃어버린 신부 된 교회를 향한 안타까운 주님의 음성이기도 합니다.

'마하나임'은 야곱이 고향으로 돌아가는 길에 천사들을 만난 장소입니다(창 32:1,2). 주님은 예루살렘 여자들에게 "너희는 어찌하여 춤추는 모습을 기대하듯이 술람미 여자를 보려느냐"라고 말씀하십니다. 신부가 돌아오기를 사모하는 마음은 신랑에게 마땅하지만, '예루살렘 여자들이 왜 그토록 신부가 돌아오기를 바라는가' 하는 것은 의문입니다.

영적 태만 이후 예루살렘 여인들은 신부에게 '왜 그렇게 그를 사랑하는지', '어디서 그를 만날 수 있는지'라는 두 가지 질문을 했습니다. 그리고 그들은 신부에게서 두 질문에 대한 대답을 들었습니다. 이 구절은 그 다음부터 여인들이 주님과 신부의 만남을 기뻐하고 함께 기다리고 있다는 의미가 됩니다. 4절부터 12절까지의 기쁨의 분위기처럼 13절의 마지막 말씀도 마치 죄인 하나가 회개하고 돌아오면 천국에서 모든 천사들이 함께 기뻐하는 것(눅 15:7)처럼 큰 기쁨의 분위기를 보여 줍니다.

"당신은 내게 유일한 사랑이라."

나를 향한 주님의 사랑을 알면 우리는 주님을 더욱 사랑하지 않고는 견딜 수 없게 됩니다. 그리고 그 사랑은 우리에게 모든 환난을 이겨낼 수 있는 힘이 됩니다. 그래서 신부는 8장에서 주님을 향해 고백합니다.

너는 나를 도장 같이 마음에 품고 도장 같이 팔에 두라 사랑은 죽음 같이 강하고 아 8:6A (신부)

주님의 사랑을 아는 사람이라면 주를 위해 아낄 것이 아무것도 없음을 알기에 당연히 주를 위해 살아가게 됩니다.

나는 신학교를 마칠 무렵까지 목사로 소명을 받았다는 동료들의 말을 이해할 수 없었습니다. '주께서 부르셨다'는 말 그대로 소명을 받았다는 말이 무엇인지, 그저 자기의 확신인지, 아니면 다른 무엇이 있는지, 여러 생각이 들었습니다.

그러던 어느 날 신복윤 교수님의 조직신학 수업이 시작되기 전, 늘 하던 대로 복도의 무인서점에서 책을 하나 고른 후 돈을 통에 넣고 자리에 앉아 책을 펼쳤습니다. 그 책은 리차드 백스터의 《참된 목자》였습니다. 서문을 읽었습니다. 나는 그 순간을 결코 잊을 수 없습니다. 서문은 사도행전 20장 28절의 말씀을 여러 소제목으로 나누어 소개하고 있었습니다.

성령은 우리에게 교회를 감독하도록 부르셨다. 그러므로 교회를 돌보는 것이 우리의 의무이다.

1. 우리는 양 떼들을 돌보아야 할 사람들이다.
2. 성령은 우리로 하여금 교회를 감독하게 한다. 그러므로 교회를 돌보는 것이 우리의 의무이다.
3. 우리에게 맡겨진 이 일이 존엄한 일이므로 우리는 그것을 해내야

한다.

4. 그리스도께서는 그의 교회를 위하여 비싼 피를 흘리셨으므로 우리는 양 떼들을 잘 돌보아야 한다.

나는 이 말씀이 나를 부르시는 말씀임을 바로 알았습니다. 수업시간 내내 눈물을 훔쳐야 했고, 부르심에 감격하며 몸을 떨어야 했습니다. 나의 목회 소명은 그렇게 찾아왔습니다.

신학 수업을 마칠 무렵, 찬양사역을 하는 아내가 '사모의 삶을 살 수 있을까' 하는 기도제목을 놓고 기도하고 있을 때였습니다. 동료 가운데 학기 중에 개척을 했으나 위암으로 투병생활을 할 수밖에 없었던 임선재 전도사님이 나에게 두 달만 교회를 맡아달라고 부탁해왔습니다. 기꺼이 그러겠노라고 하고 구리에 있는 그 분의 개척교회에서 주일과 수요일에 설교를 했습니다. 20여 명의 교우들 앞에서 나는 말씀을 전하고, 아내는 뒤에 앉아 중보하며 교우들을 살폈습니다. 말씀의 은혜를 누리고 한두 명씩 늘어가는 교우들을 보면서, 아내는 지역교회 성도를 섬기는 목회사역이 얼마나 소중한 일인지를 알게 되었습니다.

지금도 눈에 선한 것은 "부름 받아 나선 이 몸 어디든지 가오리다"라고 찬양할 때, 임 전도사님이 맨 뒤에 앉아 두 손을 들고 눈물로 찬양을 하던 모습과 두 딸이 고사리 같은 손으로 아빠의 회복을 위해 간절하게 찬양하며 박수치며 기도하던 모습입니다. 얼마 후 임 전도사님은 회복되었고, 지금까지 목회를 잘 감당하고 계십니다.

한편, 아내는 그때 목회자 사모로서의 결단을 주께 드릴 수 있었습니다. 사모의 삶을 살겠다고, 주께서 찬양사역자로 부르시는 날까지 찬양사역을 하겠다고 말입니다. 내가 졸업하면서 이민교회의 목회자로 청빙을 받고 캐나다로 떠날 무렵, 아내는 당시 한 달 가운데 27일을 찬양 사역을 할 만큼 분주히 사역하고 있었습니다. 그 모든 것을 내려놓고 남편인 나를 따라 이민 목회자 사모로 떠날 수 있었던 이유는 사모에 대한 자신의 소명을 확신했기 때문입니다.

우리가 다 내려놓았을 때, 주님은 그 모든 것을 다시 새롭게 사용하기 시작하셨습니다. 내려놓음은 주님과 함께하는 또 하나의 새로운 동행입니다. 이후 캐나다와 미국에서 21년의 이민 목회는 그렇게 시작되었습니다.

✝ ‹‹‹ 함께 나누며 생각하는 시간

1. 아가서는 신앙의 여러 가지 장애물을 보여줍니다. 아가서 1장, 2장, 3장, 5장에서 각각의 장애물이 무엇입니까? 그 각각의 장애물을 넘어서는 지혜는 무엇이었습니까?

2. 아가서는 신부의 모습을 4장과 6장에서 보여줍니다. 그 두 장이 각각 보여주는 신부의 차이점은 무엇이며, 그 차이가 중요한 이유는 무엇입니까?

3. 성경에서 어떤 사람은 단지 두 편의 말씀을 듣고 하나님께 헌신하며 살았습니다. 당신이 들은 말씀 중에 당신을 변화시킨 말씀이 있었다면 무엇인지 나누어봅시다.

4. 이 장에서 가장 기억에 남는 것은 무엇이며 당신에게 적용할 점은 무엇입니까?

사랑아,
자는 자를 깨우시는 사랑

영적 태만을 이겨낸 신부를 향한 애칭

아가서는 크게 세 부분으로 나눌 수 있습니다. 사랑의 시작(1:1-1:17), 사랑의 과정(2:1-7:9), 사랑의 열매(7:10-8:14)입니다. 강한 열망으로 시작된 사랑이 첫 부분이고, 여러 가지 장애물을 통과하는 시간이 둘째 부분이며, 사랑의 향기와 열매를 맺는 부분이 마지막입니다.

주님은 영적 태만을 이겨내고 깨어 사랑을 고백하는 신부를 향해 아가서에서 늘 부르셨던 애칭에 또 하나를 추가하십니다. 그것이 6절의 '사랑아'입니다. 지금껏 주님은 신부를 향해 한결같이 이 애칭으로 부르셨습니다. "내 사랑아." 여기서의 '사랑'은 '사랑 받는 자 다윗'이라는 말씀에서 나온 것과 같은 단어입니다. [59]

내 사랑아 내가 너를 바로의 병거의 준마에 비하였구나 1:9

내 사랑아 너는 어여쁘고 어여쁘다 네 눈이 비둘기 같구나 1:15

여자들 중에 내 사랑은 가시나무 가운데 백합화 같도다 2:2

나의 사랑, 내 어여쁜 자야 일어나서 함께 가자 2:10, 13

내 사랑 너는 어여쁘고도 어여쁘다 너울 속에 있는 네 눈이 비둘기 같고 4:1

나의 사랑 너는 어여쁘고 아무 흠이 없구나 4:7

네 사랑이 어찌 그리 아름다운지 네 사랑은 포도주보다 진하고 4:10

나의 누이, 나의 사랑, 나의 비둘기, 나의 완전한 자야 문을 열어 다오 5:2

내 사랑아 너는 디르사 같이 어여쁘고, 예루살렘 같이 곱고 6:4 (신랑)

6절에 등장하는 '사랑아'라는 호칭은 둘째 부분의 결론부에서 주님이 신부를 향해 부르신 새로운 애칭입니다. 이 애칭은 구약에서 아브라함을 부르실 때 사용된 단어이기도 합니다. 이사야 41장에서는 이 애칭을 동사형으로 사용하는데, 아브라함이 아들 이삭보다 하나님을 더 사랑함을 행동으로 나타냈듯이, 아브라함을 향한 하나님의사랑도 동사형으로 표현되고 있습니다.[60]

그러나 나의 종 너 이스라엘아 내가 택한 야곱아 나의 벗 아브라함의 자손아 내가 땅 끝에서부터 너를 붙들며 땅 모퉁이에서부터 너를 부르고 네게 이르기를 너는 나의 종이라 내가 너를 택하고 싫어하여 버리지 아니하였다 하였노라 두려워하지 말라 내가 너와 함께 함이라 놀라지 말라 나는 네 하나님이 됨이라 내가 너를 굳세게 하리라 참으로 너를 도와 주리라 참으로 나의 의로운 오른손으로 너를 붙들리라 사 41:8-10

그러므로 6절의 '사랑아'는 주님이 신부를 '나의 누이, 나의 신부, 나의 사랑, 나의 완전한 자'(5:2)라고 부르신 후에 영적 태만을 이겨낸 신부를 부르는 애칭이라고 할 수 있습니다.

주님은 이 애칭을 단 한 번 사용하시지만, 이 단어는 신부가 장애물들을 통과하면서 주님을 잊지 못하고 주님을 향해 '사랑하므로 병이 났다'(아 2:5, 5:8)라고 고백하던 그 단어이기도 합니다. 곧 주님이 신부를 이 애칭으로 부르신다는 것은 신부의 그 마음을 주님은 늘 알고 기억하신다는 의미가 됩니다.

네가 어찌 그리 아름다운지

주님은 신부를 향한 새로운 애칭과 함께 신부를 귀한 자의 딸이라고 하시며, 7장에서는 신부의 신체 여러 부분들—발, 넓적다리(엉덩이), 배꼽(허리), 배, 유방, 목, 눈, 코, 머리, 머리털, 키, 입 등—을 비유로 들어 신부의 아름다움을 알게 하십니다.

신체의 각 부분을 말씀하실 때의 본문을 잘 이해하려면 인류가 범죄하기 전의 상태를 먼저 생각해보아야 합니다. 창세기 2장은 "두 사람이 벌거벗었으나 부끄러워하지 아니하였다"(창 2:25)라고 말합니다. 하나님께서는 남자와 여자를 만드신 후 보시고 심히 좋게 여기셨습니다(창 1:31). 그와 같은 상태에서 아가서의 말씀을 대하면 죄로 물들지 않은 상태에서의 아름다움으로 볼 수 있습니다. 죄의 결과로 하나님에 대한 사랑은 파괴되었고, 대신 무가치한 것들이 그곳에 자리 잡았습니다.

타락한 후 죄에 빠진 인간은 하나님과 원수가 되었지만, 주님의 구속의 은혜로 말미암아 하나님과의 사랑의 관계로 다시 회복되었습니다. 이제 회복된 그 사랑의 탁월성을 이해할 수 있도록 성경은 여러 가지 비유로 설명하는데, 그중 하나가 신랑과 신부의 사랑입니다. 그것이 아가서의 내용입니다.

에베소서가 남편과 아내의 관계를 그리스도와 교회의 관계로 말한다면, 아가서는 솔로몬 왕과 술람미 여인의 사랑을 신랑 되신 주님과 신부 된 백성으로 보여줍니다. 그리고 7장은 신부의 아름다움을 신체의 열 부분을 들어 주님의 눈으로 보도록 인도하십니다.

> 귀한 자의 딸아 신을 신은 네 **발**이 어찌 그리 아름다운가 네 **넓적다리**는 둥글어서 숙련공의 손이 만든 구슬 꿰미 같구나 **배꼽**은 섞은 포도주를 가득히 부은 둥근 잔 같고 **허리**는 백합화로 두른 밀단 같구나 두 **유방**은 암사슴의 쌍태 새끼 같고 **목**은 상아 망대 같구나 **눈**은 헤스본 바드랍빔 문 곁에 있는 연못 같고 **코**는 다메섹을 향한 레바논 망대 같구나 **머리**는 갈멜 산 같고 드리운 **머리털**은 자주 빛이 있으니 왕이 그 머리카락에 매이었구나 사랑아 네가 어찌 그리 아름다운지, 어찌 그리 화창한지 즐겁게 하는구나 아 7:1-6 (신랑)

전체의 모습은 신부가 귀한 자, 곧 마음이 항상 주님을 향하는 자로서 존귀한 자의 모습임을 보여줍니다(출 35:5; 시 51:12). 신부를 향한 주님의 호칭은 아가서를 대하는 자가 단지 육적 상상에 빠지지 않도록 분명한 선을 긋게 합니다. 이런 이유로 7장 1절에서 사실은 창조주가 언급되고 있는 것입니다. 위 구절은 이렇게 풀어 쓸 수 있습니다.

1절: 우아한 신발로 장식하여 더욱 아름다운 발, 창조주[61]가 공교하

      게 깎아 만든 듯 아름답게 빠진 다리[62]

2절: 향기나는 포도주가 가득한 황금잔같은 배꼽,[63] 백합화로 두른

      듯 추수하여 세워놓은 밀단같이 잘룩한 허리

3절: 백합화 가운데서 풀을 뜯는 두 어린 사슴 같은 젖가슴

4절: 상아로 만든 망대같이 우뚝 서 있는 목, 암몬의 수도 랍바 옆 헤

      스본의 연못처럼 반짝거리는 눈, 다메섹이 내려다보이는 레바논

      절벽에 세워진 대리석탑 같은 코

5절: 꽃들로 가득한 갈멜산같은 머리, 길게 내려뜨린 자주빛 머리카

      락, 머리카락처럼 신부의 매력에 매이는 왕의 모습

6절: 사랑아 너는 나에게 얼마나 큰 즐거움이 되는지

아가서에서 신부의 신체를 묘사할 때 비둘기, 호수, 까마귀, 백합화, 갈멜산 등 여러 가지가 비유로 등장합니다. 이것은 신부의 순결함, 거룩함, 창조 때의 아름다움을 우리에게 말하기 위해서입니다.

우리가 유월절 어린양에서 그리스도의 죽음을 만난다면 아가서에서는 그리스도의 사랑을 만날 수 있습니다. 이스라엘 백성이 유월절에 아가서를 읽으면서 하나님과 그의 백성의 순결한 사랑을 느끼듯, 우리는 우리를 구원하신 주님의 크신 사랑을 아가서 구절구절에서 만날 수 있습니다. 주님과의 사랑을 이해하지 못하는 육적 차원의 사람들은 "주님, 나를 받으소서!", "주님, 나의 전부를 드립니다", "나는 주님의 소유입니다"라는 성도의 사랑 고백을 전혀 이해하지 못합니다. 그러나 성도는 이처럼 순수하고 고결한 주님과의 사랑을 아가서를 통해 배우며 그

사랑 안에서 회복되고 성숙해집니다.

> 7절: 종려나무같이 높이 뻗은 너의 키, 포도송이 같은 너의 젖가슴
> 8절: 사과 향기 가득한 너의 콧김
> 9절a: 포도주같이 달콤한 너의 음성 (신랑)

이 포도주는 내 사랑하는 자를 위하여 미끄럽게 흘러내려서 자는 자의 입을 움직이게 하느니라 아 7:9B[64] (신부)

6장 4절에서부터 7장 9절 상반절까지 이어지는 주님의 음성이 끝나고, 9절 하반절에서 신부의 한 마디 고백으로 아가서의 두 번째 부분은 끝을 맺습니다. 8절의 사과 향기와 9절의 좋은 포도주가 신부와 연관된 이유는 2장 3절의 '사과나무 되신 주님'과 1장 2절의 '포도주보다 나은 주님의 사랑'이 신부에게서 흐르고 있다는 것을 말하기 위함입니다.

이 땅에서 여러 장애물을 통과한 신부에게 어느 새 주님의 향기, 주님의 사랑이 덧입혀져 흐르고 있습니다. 마치 그리스도인들에게서 주님의 향기가 풍기고 주님의 사랑이 흘러나오듯, 신부는 신랑의 아름다움이 되고 있습니다.

자는 자들을 깨우시는 주님의 열심

이때 나오는 신부의 고백이 매우 의미 깊습니다(9절b). 신부는 갑자기 자는 자들의 입을 언급합니다. 여기서 '입'은 9절의 좋은 포도주 비유

에서처럼 향기와 사랑의 은유입니다. '자는 자들'은 복수형으로 기록되어 있습니다. 학자들은 '자는 자들'이 누구이며, 왜 갑자기 여기에 끼어들었는지 분명하지 않다고 말합니다. 필사자들의 오류로 이해하거나 잠자는 자들의 입을 주홍 입술로 이해하기도 합니다.[65] 또 자는 자들을 불신자나 믿음이 연약한 성도로 이해하기도 합니다.[66]

하지만 '잠'은 아가서의 큰 주제 중 하나입니다. 아가서에서 '잠'은 주님과의 사랑을 방해하는 가장 큰 장애물이자 마지막 장애물이기도 합니다. 중요한 점은 아가서에서 '잠'이라는 단어가 영적 태만이 시작되는 5장 2절과 7장 9절에 두 번 등장한다는 것입니다. 이 부분의 전체적인 구조는 잠자는 자로 시작해서 잠자는 자들로 마칩니다.

5:2 내가 잘지라도 마음은 깨었는데 ……………………………………
……………………………………………………………………………
……………………………………………………………………………
…………………………………7:9b 자는 자의 입을 움직이게 한다.

이 부분을 더 구체적으로 이해하자면 아래와 같습니다.

5:2 내가 잘지라도 마음은 깨었는데 …………………………………
………………… 파수꾼들이 나를 쳐서 상하게 하였다. …………
………………… 나는 찾지 못했다. 사랑하므로 병이 났다. …
…… 질문1: 그분이 누구인데 그토록 사랑하니? …………………
…… 질문2: 그분을 어디서 만날 수 있니? …………………………

(신랑) 귀한 자의 딸아 너는 어찌 그리 아름다운지 ·················

················ 너의 발, 너의 허리, 너의 머리, 너의 머리털 ············

(신부) 7:9b 이런 사랑의 음성은 자는 자(들)의 입을 움직이게 한다.

5장 2절에서 시작되어 7장 9절에서 끝나는 이같은 문장 구조는 곧 영적 태만에 빠진 신부를 깨우시는 주님의 사랑이 영적 태만에 빠진 신부들, 곧 교회를 깨우시는 열심으로 이해할 수 있습니다.

성경은 범죄한 인류를 구원하시려는 '하나님의 열심'으로 가득합니다. 하나님의 한결같은 사랑은 '하나님의 열심'으로 나타납니다. 주님이 구속하신 영혼들을 얼마나 가까이하고 싶어하시는지를 이사야서 40장 11절에서 말씀하십니다.[67] 바울은 주님의 사랑이 얼마나 큰지 성도들이 알기를 진심으로 기도합니다(엡 3:17-19). 하나님의 열심을 알기에 게으르지 않고 영적으로 깨어 열심을 다해 거룩한 삶을 살기를 간절히 바랐던 것입니다(고후 11:2,3).

이러한 주님의 사랑을 깨달은 신부는 영적 침체의 자리에서 깨어 일어나 자신의 삶에서 성숙한 사랑의 열매들이 맺혀지기를 열망합니다.

한국 교회를 향한 하나님의 열심

우리는 한국 교회의 쇠퇴를 도처에서 볼 수 있습니다. 한국 내에서도 보고 해외 한인교회에서도 봅니다. 홍수처럼 쏟아지는 말씀들을 들으면서도 한국 교회는 변화되지 않는 듯 보입니다. 어떤 이들은 이제 한국 교회가 침체기에 들어섰다고 말합니다. 주일학교와 청년들이 교회를 떠난 지 오래 되었고, 그 수가 감소되었다고 말합니다. 도처에서 교회를 떠난 가나안 성도들을 만날 수 있습니다. 과연 한국 교회의 부흥이 가능하기는 할지 때로는 절망스럽기도 합니다. 교회가 마치 잠에 빠진 신부와 같이, 영적 태만에 빠진 모습입니다. 요한계시록에 나오는 일곱 교회 중에 라오디게아 교회의 영적 상태와 같습니다. 부요한 것 같으나 실상은 가련한 상태에 빠진 것을 모르고, 스스로 부요함에 취해 눈이 먼 상태로 잠에 빠진 신부와 같은 모습입니다(계 3:15-17).

그러나 주님은 약속하십니다. 문을 두드리며 기다리십니다. 밤이슬을 맞으며 기다리십니다. 하나님의 열심이 여기에 있습니다. 우리 주님의 한결같은 사랑을 그 모습에서 볼 수 있습니다.

볼지어다 내가 문 밖에 서서 두드리노니 누구든지 내 음성을 듣고 문을 열면 내가 그에게로 들어가 그와 더불어 먹고 그는 나와 더불어 먹으리라 계 3:20

내가 잘지라도 마음은 깨었는데 나의 사랑하는 자의 소리가 들리는구나 문을 두드려 이르기를 나의 누이, 나의 사랑, 나의 비둘기, 나의 완전한 자야 문을 열어 다오 내 머리에는 이슬이, 내 머리털에는 밤이슬이 가득하였다 하는구나 아 5:2 (신부)

아가서를 읽으면 어두운 마음에 소망이 생깁니다. 답답한 심령에 눈물이 솟습니다. 주님의 변함없는 사랑과 하나님의 열심을 아가서에서 보기 때문입니다. 기독교 100주년 역사가 자랑이었고, 해외선교사를 세계에서 가장 많이 파송하려던 꿈이 식어가는 듯 보이는 이 시대에도 하나님의 열심은 변하지 않는다는 믿음을 가지게 됩니다.

실명 상태에 빠질 뻔한 내 아내를 만나주셔서 눈을 회복시켜주신 주께서, 라오디게아 교회와 같은 한국 교회를 회복시켜주시기를 기도합니다. 우리의 열심보다 주님의 열심이 크시기 때문입니다.

회복을 주시는 하나님

아내의 눈은 무척 크고 맑고 깊어 예뻤습니다. 대상포진이 아내의 눈 주위에 발병한 때는 뉴저지에서 목회를 하던 어느 날이었습니다. 안과에서 주기적으로 치료를 받았으나 진전이 없었고, 각막으로 바이러스가 옮겨가 점점 나빠지는 것을 지켜보아야만 했습니다. 한국에서 5개월 동안 치료를 받고 어느 만큼 회복이 되어 돌아왔으나, 미국의 제한된 의료보험제도 안에서는 각막 전문의를 찾을 수 없었고, 또 안과 전문의를 만나려면 빡빡한 스케줄 때문에 며칠씩 기다려야 했습니다.

뉴저지 초대교회 사역을 마치고 세 번째 개척을 할 즈음에 맨하튼의 유대인 각막 전문의를 만나게 되었는데, 그의 검사와 진행 과정은 매우 믿음직했습니다. 그러나 두 달의 진단과 치료를 거친 후 의사가 내린 결론은 현재 의술로는 고칠 수 없다는 것이었습니다. 그 사이 아내의 각막에는 핏줄이 눈에 띄게 보이고, 하얗게 오염된 부분은 점점 넓어졌습니다. 대상포진으로 인해 오염된 한쪽 눈은 사람의 형체만 겨우 식별할 정도가 되더니, 급기야 실명의 위기까지 이르게 되었습니다.

한국에서 각막 이식과 치료 과정을 상의하기 위해 나와 아내는 한국으로 들어왔습니다. 인천공항에 내리면서 이런 생각을 했습니다. 이민 목회로 부르심을 받은 내가 한국에서 살 시간은 없을 것이라고 말입니다. 한 달을 머물면서 강남성모병원에서 각막 주치의를 만나고 치료 과정을 겪으면서, 각막 이식과 회복까지는 오랜 시간이 걸린다는 것을 들었습니다. 의사는 각막 이식을 강력히 권했고, 그렇게까지 나빠지는 동안 어떻게 보고만 있었느냐는 책망도 들어야 했습니다.

각막 이식을 위해 오래 기다려야 하는 아내를 한국에 남겨두고 미국으로 가는 비행기 안에서 나는 이런 생각을 했습니다. '하나님이 이민 목회를 전부로 알고 살던 나의 귀를 잡아당기시며 한국으로 부르시는구나.' 그동안 종종 한국을 떠올렸고 몇 번 돌아올 기회도 있었습니다. 그러나 돌아오려 할 때마다 주님은 이민 교회와 그 성도들을 맡기셨습니다. 그러나 이제 한국으로 돌아가야 하는 시간임을 알았습니다. 아니, 부르시는 시간임을 알았습니다.

아내는 한국에서 10개월을 기다린 후에야 병원으로부터 연락을 받았습니다. 각막이 준비되었으니 급히 병원으로 들어오라는 것이었습니다. 이름도 모르는 어느 젊은 청년이 죽으며 남긴 각막이었습니다. 아내는 2014년 8월 30일, 그 각막을 이식받았습니다. 수술 후 약 4년 반의 시간이 지나갔습니다. 이제는 6개월에 한 번씩 병원에 갑니다. 의사는 언제든지 거부반응과 부작용이 올 수 있다고 주의를 주었습니다. 제가 아는 동료 목사의 처제는 세 번이나 각막 이식을 받았는데, 결국은 더 이상 실을 꿰맬 자리가 없어서 눈을 닫아야 했다고 들었습니다.

아내는 찬양하며 간증할 때마다 이런 말을 합니다. 예전에는 미처 잘 알지 못했는데 이제는 모든 것이 은혜이고 감사라고 말입니다. 밥 먹는 것이 은혜이며, 숨 쉬는 것이 은혜이고, 볼 수 있는 것, 말할 수 있는 것,

사랑하는 사람이 곁에 있는 것, 그 모든 것이 은혜라고 말입니다.

아내의 질병은 내가 두 번째 헌신을 시작하는 계기가 되었습니다. 첫 번째가 제일 못할 것 같았던 개척교회를 세우는 일이었다면, 두 번째는 세계 곳곳을 다니며 주의 말씀을 전하는 순회사역자의 삶이었습니다.

말씀과 목양을 나누는 다산학교를 곳곳에 세웠습니다. 복음을 전하기 어려운 나라와 지역에 정기적으로 들어가 말씀과 목양의 경험을 가르치는 학교입니다. 내 몸은 한국이나 미국에 있지만 마음은 늘 그곳에 있습니다.

나와 아내의 소명은 '머무는 자리를 천국으로 만드는 삶'입니다. 그래서 우리는 힘들어 우는 한 사람 옆에서 친구가 되는 삶을 오늘도 살아가고 있습니다. 그러고 보면 나에게 이민 목회의 소명이나 순회사역의 소명은 동일한 것입니다. 나에게 주를 위해 사는 삶은 늘 감사이고 감격일 뿐이었습니다.

✝ ⟪⟪⟪ 함께 나누며 생각하는 시간

1. 아가서는 신부의 모습을 구체적으로 계시합니다. 몇 장에서 계시합니까? 각각의 특징을 말해보십시오.

2. 이 장에서 주님은 신부의 모습을 구체적으로 우리에게 보여주시며 하나의 애칭을 추가합니다. 무엇입니까? 또 신부를 구체적으로 보여주시는 이유는 무엇입니까?

3. 아가서는 주님의 변함없는 사랑과 하나님의 열심을 보여줍니다. 내 삶에, 그리고 이 시대의 교회에 어떻게 적용할 수 있을까요?

4. 이 장에서 가장 기억에 남는 것은 무엇이며 당신에게 적용할 점은 무엇입니까?

너는 내 사랑

4부

사랑, 그 온전함으로
나아가라

성숙한
사랑의 열매(1)

성장이 아닌 성숙부터

아가서를 읽으면 우리의 마음이 정화되고 씻겨지는 것을 느낍니다. 주님이 얼마나 나를 사랑하시는지 알게 되고, 주님의 사랑이 어찌 그리 한결 같으신지 발견하면서, 주님을 향한 사랑이 점차 성숙해갑니다.

성숙이란 내 속의 변화이며, 동시에 내 곁의 변화입니다. 이 시대에는 성숙한 그리스도인이 필요하고, 성숙한 교회가 필요합니다. 성숙이 진정한 성장을 만듭니다. 외적 성장을 지향하는 교회보다 내적 성장으로 성숙한 교회를 이룰 때, 비로소 참된 성장을 보게 될 것입니다. 오늘 우리에게 필요한 것은 성장이 아닌 성숙입니다. 사랑이 성숙해가면 나와 나, 나와 너, 나와 주님과의 관계에서 열매를 맺습니다.

7장 10절부터 시작되는 아가서의 세 번째 부분에서는 성숙한 사랑이 무엇인지를 볼 수 있습니다. 신랑 되신 주님과 신부는 화답하면서 그 열매들을 노래합니다.

고린도전서 13장에서 바울은 사랑의 속성과 본질을 15개의 동사로 이야기합니다.[68] 이 15개의 동사는 모두 예수님의 성품을 그리고 있습니다. 그것은 오래 참음, 온유함, 시기하지 않음, 자랑하지 않음, 교만하지 않음, 무례히 행치 않음, 자기 유익을 구하지 않음, 성내지 않고 악한 것을 생각하지 않음, 불의 대신 진리와 함께 기뻐함, 참고 믿고 바라고 견딤입니다. 고린도전서가 사랑의 본질과 속성을 말한다면, 갈라디아서 5장 22절은 사랑이 성령의 열매라고 말합니다. 아가서는 성숙한 사랑이 맺는 사랑의 열매가 무엇인지 말하고 있습니다.

성숙한 사랑의 열매들

아가서의 결론 부분에서 성숙한 사랑을 열 가지로 보여줍니다. 7장에서는 소속에서, 친밀함에서, 성결함에서 더 좋은 것을 드리려는 헌신의 삶을 보여줍니다. 주께 속한 사랑, 더욱 친밀한 사랑, 더욱 성결한 사랑, 더욱 주께 헌신하는 삶이 그것입니다. 주께 속하여 더 가까이 하려 하고, 더 깨끗이 살며, 더 헌신하려는 모습은 성숙한 신부의 삶의 열매입니다.

1. 소속감

나는 내 사랑하는 자에게 속하였도다 그가 나를 사모하는구나 아 7:10 (신부)

여기서 '속했다'는 말은 2장 16절에 이미 나왔던 고백입니다. 2장에서의 고백은 세상 속의 내가 누구인지를 발견하고, 세상의 여러 장애물들을 넘은 후에 드린 신부의 고백이었습니다. 비 온 뒤에 땅이 더 단단해지듯, 주님을 향한 사랑은 여러 고난을 통해 더 단단해졌습니다.

그렇지만 세상에서의 삶은 그렇게 끝나지 않습니다. 이후에도 신부는 여전히 신앙의 밤(3장)과 잠(5장)을 지나야 했습니다. 그런 어두운 터널들을 다 통과한 후에 드리는 고백이 7장 10-13절입니다.

이 고백은 2장 16절의 고백에서 한 걸음 더 나아갑니다. 단지 소속감에 머물지 않고, 소속감을 확인하는 동시에 주님이 나를 통치해주시기를 바라고 있습니다. 이는 '뿌리 깊은 소속감'이라고 할 수 있을 것입니다(고전 6:19,20). 내가 주님에게 속했다는 소속감이 확고한 믿음은 성숙한 사랑의 첫 번째 특징입니다. 그 소속감은 주님이 나를 얼마나 사랑하셨는지, 그 사랑을 위해 어떠한 대가를 지불하셨는지를 알수록 더욱 견고해집니다.

때로 주님과 사랑의 교제가 희미해질 수도 있습니다. 그럴 때는 주를 향해 어떤 감정도 일어나지 않습니다. 그러나 그럴 때도 사랑의 관계는 흔들리지 않는다는 것을 알아야 합니다. 신앙생활을 하면서 기쁨을 잃어버린 채로 살 때도 있습니다. 그러나 기쁨이 없는 삶이 곧 믿음의 부재를 말하는 것은 아닙니다. 믿음만으로도 살아야 할 때가 있는 것입니다. 감정이 따라오지 않아도, 환경이 따라오지 않아도 믿음만으로 살아야 할 때 믿음을 붙잡는 것, 그것이 성숙한 사랑의 표지입니다.

주님은 한 번도 나를 잊으신 적이 없다는 믿음, 주님이 얼마나 나를 사랑하고 계시는지 믿는 믿음이 나와 세상을 이기는 믿음입니다. 감정이 따라오지 않는 채로, 감정은 텅빈 채로 믿음만으로 살아야만 할 때, 그것이 나의 믿음을 더욱 견고하게 하시려는 주님의 계획임을 믿고 신뢰해야 합니다. 태풍 유라굴로를 만나 구원의 소망이 없어진 때의 바울이 그러했습니다. 그때 바울은 '나는 주님에게 속했다'는 소속감을 확신했기에 사람들 앞에서 담대히 고백했고, 사람들도 그와 함께 믿음으로 설 수 있기를 기대하며 그 절망의 상황을 믿음으로 이겨냈습니다(행 27:23-25).

성숙한 사랑은 온실 속에서 만들어지지 않습니다. 비 온 뒤에 땅이 더 굳어지듯, 온실 속의 식물보다 강한 비바람을 몸으로 받아낸 들판의 나무들이 뿌리를 더 깊이 내립니다. 주님과의 사랑도 고난 속에서 더 깊이 뿌리내립니다.

뉴저지는 가든 스테이트(정원의 도시)라 부르는 아름다운 지역입니다. 집 앞이 정원이고, 거리가 숲속입니다. 아름다운 경치를 보기 위해 멀리 갈 필요가 없는 곳입니다. 나무들은 하늘을 향해 높이 뻗어 있습니다. 계절마다 적절한 비가 내려 모든 수목들이 화창합니다. 그런데 그렇게 아름다운 풍경이 있는 곳에 잠깐이라도 바람이 불면 이상한 광경을 목격할 수 있습니다. 아름드리 나무들이 곳곳에 쓰러져 밑둥을 드러내고 누워 있습니다. 결코 쓰러지지 않을 것 같은 큰 나무들의 뿌리를 보면 옆으로 조금 뻗어 있을 뿐 땅으로 뿌리를 내리지 못했음을 볼 수 있습니다. 시마다 때마다 적절하게 비가 내리니 나무들이 깊은 땅으로 뿌리를 내려 물을 찾을 필요가 없었기 때문이었습니다. 쉽고 편하게 물을 얻으니 높은 곳으로만 가지를 세운 울창한 아름드리 나무들의 결국을 보는 것은 잠시 잠깐의 바람이 불어 올 때입니다.

반면에 한국의 야산에 서 있는 볼품없는 나무들이 쓰러져 누워 있는 모습을 보기는 어렵습니다. 웬만한 바람에는 끄덕도 하지 않습니다. 수많은 풍상을 지나며 물을 얻기 위해 땅으로 깊이 뿌리를 내렸기 때문입니다.

오늘의 편한 삶이 곧 유익한 삶이 아니며, 동경해야 할 삶도 아닙니다. 오늘의 고난은 우리에게 해가 되는 것이 아닙니다. 도리어 내 인생의 양약이 되어 우리로 하여금 삶의 뿌리를 깊이 내리는 영양소가 됩니다. 성숙한 사랑은 한여름의 따가운 햇볕도 견뎌내고, 추운 겨울의 모진 눈보라도 지나면서 세상을 이기는 내적 힘을 갖습니다. 그런 후에는 어떤 시련이 와도 흔들리지 않습니다. 성숙한 사랑을 하는 사람의 특징은 고난을 통해서도 흔들리는 것이 아니라, 오히려 확신으로 나아가는 사랑입니다.

소속감이 분명한 사람은 주님의 통치가 내 삶에 이루어지기를 바랍니다. '사모한다'(원한다)라는 단어는 성경에 두 번 더 나옵니다. 창세기 3장과 4장에서 하나님께서 범죄한 하와에게, 그리고 가인이 동생 아벨을 죽이기 전에 그에게 하신 말씀입니다.

> 너는 남편을 원하고 남편은 너를 다스릴 것이니라 창 3:16
> 죄가 너를 원하나 너는 죄를 다스릴지니라 창 4:7

두 말씀에서 소원과 다스림이 대조됩니다. 하와가 남편 아담을 다스리는 것이 아니라, 아담이 하와를 다스려야 한다는 통치권에 대한 말씀입니다. 하와에게서 이 마음이 무너질 때 에덴 동산이 무너졌습니다. 아벨을 죽이려는 죄의 소원과 죄의 다스림 사이에서 가인은 죄를 다스려야 했지만, 죄가 가인을 다스리게 함으로 동생을 죽이게 됩니다.

10절은 주님의 통치와 다스림이 내 삶에 온전히 있기를 바라는 고백입니다. 주님의 주도권이 내 삶에 온전히 이루어질 때, 우리는 인생의 주인이 되지 않을 수 있습니다. 거대한 세상 속의 작은 나로 인해 절망하는 나(2장), 내 열심을 바라보는 나(3장), 영적 잠에 빠져 일어날 줄 모르는 나(5장) 등, 내 삶의 장애물들은 내가 내 삶을 주도하려 할 때 나타납니다. 그러나 주의 말씀이 내 삶을 다스릴 때에는 장애물이 징검다리가 되기도 하며 모든 어려움을 이길 수 있게 됩니다.

'내 이름 아시죠?'(He knows my name)라는 곡을 지은 토미 워커가 같은 제목의 책을 냈습니다. 그 책에는 그가 필리핀 고아원을 방문했을 때 만난 한 아이의 이야기가 나옵니다. 그는 고아원에 있는 60명의 아이 중 한 아이와 인사를 나누었습니다. 그곳에 머무는 동안 이 아이는 그에게 끊임없이 이렇게 질문했습니다.

"우리는 서로 친구죠? 그렇죠? 내 이름 아시죠?"

"물론이지. 너의 이름은 제리이지."

그곳에 머무는 동안 이 아이는 하루에 두세 번씩 물었습니다. 자기 존재를 확인하고 싶었기 때문에, 잊혀진 존재가 되고 싶지 않았기 때문에, 자기 이름을 자꾸 확인했습니다. 그 아이의 가슴에 자신이 부모를 잃어버린 존재, 부모에게 잊혀진 존재라는 뼈저린 아픔이 있었기 때문입니다. 제리처럼 현대인도 많은 사람들 속에서 부대끼면서 자기의 존재가 잊혀진 것은 아닐까 생각하며 살아갑니다.

하나님의 사랑에 대한 소속감이 깊어지는 곳은 온실이 아닙니다. 평

탄한 길, 쉬운 길을 걸을 때가 아닙니다. 그 길은 광야의 길, 벼랑 끝으로 이어지는 절벽 길이며, 모진 바람을 가슴으로 받아내야 하는 사막의 길입니다. 한 그루의 나무가 모진 풍랑을 이기며 뿌리를 내리듯, 주님과의 사랑은 고난 가운데 깊어져 갑니다. 우리가 고난 앞에 담대히 서기 위해서는 흔들리지 않는 소속감이 기초가 되어야 합니다. 소속감은 세상을 이기는 성숙한 사랑의 첫 번째 기초입니다.

2. 늘 동행함

내 사랑하는 자야 우리가 함께 들로 가서 동네에서 유숙하자 아 7:11 (신부)

신부는 주님과 함께 있고 싶어서 '들, 곧 한적한 곳'으로 갑니다. 그리고 거기에서 유숙합니다. '유숙하다'라는 말은 성경에서 '머물다', '밤을 새다', '밤에도 함께하다'라는 뜻으로 사용됩니다.[69] 낮과 밤의 모든 시간에 늘 동행하므로 함께한다는 뜻입니다. 들과 동네(마을)라는 말이 어울리지 않아서 어떤 성경은 동네라는 단어를 고벨화로 번역해 서로를 연결하기도 합니다.[70] 같은 단어이기 때문입니다. 이 뜻은 한적한 곳에서 낮과 밤의 모든 시간을 함께함으로 향기 가득한 삶을 살겠다는 고백입니다.

신부는 주님과 동행하기 원하고, 더 오랫동안 주님과 있기를 원합니다. 주님과 함께라면 어디든지 갑니다. 무엇이든 합니다. 더 가까이 함께 있기 원하는 마음, 이것이 성숙한 사랑의 특징입니다. 성숙한 사람은 주님에게 소속되어 있을 뿐 아니라 주님에게 더욱 가까이 있기 원하고,

둘만 있기를 바랍니다. 마음을 온통 주님에게 빼앗겼기 때문입니다.

사랑의 성숙의 척도는 우리가 주님의 사랑을 얼마나 목말라 하는가에 있습니다. 둘만 있고 싶어서 만들어놓은 것들의 이름이 이것입니다. 개인기도, 듣는 기도, 하나님의 임재, 큐티 등입니다. 내 환경이 어떠하든지, 내 몸이 어디 있든지, 내 마음을 온통 주님에게 빼앗기며 사는 것, 주님과 함께하는 시간을 매일 우선순위로 삼는 것, 이것이 성숙한 사랑의 특징입니다.

주님과 나만의 시간을 가지는 것을 '동행'이라고 한다면, 에녹은 바로 그런 삶을 살았던 사람입니다.

> 에녹이 하나님과 동행하더니 하나님이 그를 데려가시므로 세상에 있지 아니하였더라 창 5:24

주님을 향한 에녹의 열정이 어떤 사람들보다 크기에 떼어놓을 수 없어서, 주님과 함께 걷다가 천국으로 함께 들어갔습니다.

나는 주님의 사랑을 가슴으로 알기 전에는 친구들과 같이 놀다가 헤어지는 것이 몹시도 싫었습니다. 그래서 계속 이리저리 몰려 다녔습니다. 그러나 주님의 사랑을 알게 되면서 주님과 함께하는 시간에 더 오래 머물기를 원하게 되었습니다. 주님에 관한 이야기라면 무엇이든지 사서 보게 되었습니다. 그분을 더 알기 원했기 때문입니다. 주님을 더욱 깊이 알고 싶어지는 것, 이것이 성숙한 사랑의 특징입니다.

그분에 관한 책을 읽다가 책을 덮고 주께 직접 나아갈 때도 있습니다. "내 마음을 드립니다"라고 기도하기도 했습니다. 주님과 둘만 있기를 더욱 갈망하십시오. 둘만 있는 시간을 계획하십시오. 이것이 없으면 우리의 신앙은 형식이 되고, 포장이 되며, 겉만 남게 됩니다.

중국 선교의 아버지 허드슨 테일러는 평생 중국을 위해 선교한 사람입니다. 그는 삶의 말년에도 아들과 며느리를 데리고 중국 전역을 돌아다녔습니다. 때로는 덜컹거리는 마차를 타고, 때로는 오랫동안 걷기도 했습니다. 그러다가 늦은 밤에 여인숙에 도착하면, 아들은 여인숙에 구석진 방이 있는지를 꼭 물어보았습니다. 아버지 허드슨 테일러가 매일 아침마다 해 뜨기 전에 일어나 성냥을 그어 촛불을 켜고 예배를 드렸기 때문입니다.

그에 대한 자서전이 두 권 있습니다. 하나는 그의 며느리가 시아버지에 대해 쓴 책이고, 다른 책은 허드슨 테일러가 유일하게 남긴 아주 작은 책인 아가서에 대한 묵상집 《연합과 친교》입니다. 이것은 교회 개척의 방법론, 선교의 방법에 관한 책이 아닙니다. 아가서에 대한 묵상입니다. 허드슨 테일러가 평생 중국을 품고 선교할 수 있었던 비결은 무엇이었을까요? 아가서를 묵상하면서 주님을 바라보고, 주님을 더욱 사랑하는 삶이었습니다.

주님과의 사랑이 깊어지는 비결은 한 가지입니다. 사랑하는 대상과 함께 머무르는 것입니다. 사랑하는 대상과 단 둘이 충분한 시간을 나눌 때, 사랑은 자라갑니다.

3. 더욱 성결함

우리가 일찍이 일어나서 포도원으로 가서 포도 움이 돋았는지, 꽃술이 퍼졌
는지, 석류 꽃이 피었는지 보자 거기에서 내가 내 사랑을 네게 주리라

아 7:12 (신부)

일찍 일어나는 것은 5장의 잠에 취해 움직이지 못한 행동과 대조됩니
다. 이제는 주를 위해 깨어 있는 모습입니다. 그들은 일찍 일어나 포도
원으로 향합니다. '나의 포도원'(1:6)이 주님과의 사랑의 교제로 인해 '우
리의 포도원'(2:15)으로 바뀝니다. 혼자 살았던 인생이 이제는 주님과 함
께 사는 인생으로 바뀐 것입니다. 신부의 삶에서 우선순위는 마음을 경
작하는 것이며, 그 마음을 주님에게 드리는 것입니다(잠 4:23).

나는 내가 사랑하는 자를 위하여 노래하되 내가 사랑하는 자의 포도원을
노래하리라 내가 사랑하는 자에게 포도원이 있음이여 심히 기름진 산에로다
땅을 파서 돌을 제하고 극상품 포도나무를 심었도다 그 중에 망대를 세웠고
또 그 안에 술틀을 팠도다 좋은 포도 맺기를 바랐더니 들포도를 맺었도다

사 5:1,2

성경은 택한 이스라엘을 포도원으로 비유합니다. 좋은 열매를 맺지
못하고 좋지 않는 포도를 맺은 이스라엘은 선지자 이사야를 통해서 실
패한 삶으로 대표되었습니다. 그리하여 신부는 주님을 위해, 주님 안에
서 삶이 향기롭고 가득한 열매가 있는 삶이 될 수 있도록 모든 수고를

다합니다.

우리는 마음에 솟아나는 온갖 상념들, 곧 잡초들을 아침마다 뽑고 제거해야 합니다. 마음의 게으름과 나태함도 버려야 합니다. 주님이 싫어하시는 나의 삶의 잘못된 습관들도 자발적으로 버려야 합니다. 바울이 고백하듯 경건한 삶을 위해 성결의 수고를 다하는 것입니다(빌 3:7-9). 사랑은 상대가 싫어하는 것을 하지 않습니다. 나태, 방종, 안일, 타협 등은 기독교인의 성품이 아닙니다. 더구나 두려움, 원망, 불평, 판단, 근심 등은 그리스도인의 성품의 열매가 아닙니다(딤전4:7,8).

초등학교 6학년 때 깡통놀이—당시에는 놀이 도구가 별로 없어서 빈 깡통에 돌을 넣고 찌그러 뜨려서 공처럼 차거나 던지며 놀았다—를 하다가 오른쪽 눈썹 옆 이마가 찢어졌습니다. 병원에 가서 다섯 바늘인가를 꿰맸는데, 당시에는 마취도 없이 수술해서 얼마나 아프고 무서웠는지 그 통증을 지금까지도 기억합니다.

며칠 후 실밥을 풀러 오라고 하는 날, 도무지 갈 용기가 나지 않았습니다. 그래서 병원 앞 건너편 집 처마 아래서 병원으로 들어가지 못하고 머뭇거릴 때였습니다. 그때 한 가지 생각이 떠올랐습니다. '예수님은 나를 위해서 십자가에 못박히셨는데 이까짓 다섯 바늘 실밥 푸는데 내가 왜 이렇게 주저하고 있는가'라는 생각에 쏜살같이 병원으로 달려 들어갔습니다. 주님의 사랑을 잘 알지 못했을 때였는데도 주를 생각하며 두려움을 이겨낸 그 행동이 기억에서 지워지지 않습니다.

그렇습니다. 주님이 나를 위해 베푸신 사랑을 기억하면 못할 일이 없으며, 그 사랑으로 우리는 어떤 두려움도 이겨낼 수 있습니다. 주님의 사랑을 가까이 하면 할수록 우리는 주님이 싫어하시는 것들을 버릴 수 있습니다. 진정한 사랑이란 그 사모하는 대상을 섬기는 일에서 지칠 줄 모르는 것입니다. 금식은 먹는 것을 금하는 것인데, 때로 주님을 더 깊이 만나기 위해 내가 좋아하는 것을 일정기간 동안 금하는 것이 참된 금식의 의미입니다. TV 드라마 등 내가 좋아하는 것들을 주님을 위해, 주님과 함께하는 시간을 갖기 위해 금하는 것도 이와 같습니다.

11절의 '거기서 사랑을 네게 주리라'에서 준다는 것은 아가서에서 '향기를 뿜어낸다'고 할 때 '뿜어내다'라는 뜻으로 사용됩니다(아 1:12; 2:13; 7:13). 성숙한 신부의 소원은 주님을 기쁘시게 하는 삶을 사는 것입니다.

> 주를 기쁘시게 할 것이 무엇인가 시험하여 보라 엡 5:10
>
> 그런즉 우리는 … 주를 기쁘시게 하는 자가 되기를 힘쓰노라 고후 5:9
>
> 이로써 그리스도를 섬기는 자는 하나님을 기쁘시게 하며 롬 14:18

주님은 1장에서 나의 포도원도 지키지 못한 신부를 만나시고, 2장에서 우리의 포도원으로 변화시키시며, 7장에 이르러 향기를 뿜어내는 삶을 허락하십니다. 주님은 어떤 분이십니까? 완전한 자를 부르시는 분이 아니라, 부족한 자를 부르셔서 완전케 하시는 분입니다. 하나님은 이스라엘의 실패로 그 사랑을 끝내지 않으시고(호 2:13,14), 십자가의 사랑으로 이스라엘을 새롭게 하셔서(호 2:18-20) 하나님 나라를 세워 가십니다. 주님은 열매맺는 자에게 더 많은 것을 맡겨주신다고 약속하십니다(요 15:1-5).

4. 좋은 것을 드려 헌신함

나의 삶에서 향기를 토해내며, 각양 과실을 준비하여 주께 드리는 헌신의 삶은 성숙한 신부의 네 번째 열매입니다. 신부가 성결하기를 힘쓰며 수고를 다한 결과가 12절에서 향기 가득한 삶으로 나타났다면, 13절에서는 사랑의 풍성한 열매를 맺는 신부의 모습으로 나옵니다.

> 합환채가 향기를 뿜어내고 우리의 문 앞에는 여러 가지 귀한 열매가 새 것,
> 묵은 것으로 마련되었구나 내가 내 사랑하는 자 너를 위하여 쌓아 둔 것이
> 로다 아 7:13 (신부)

합환채(Love-Apple)는 사랑의 열매로 알려져 있는 귀한 과실입니다. '합환채가 향기를 토한다'는 것은 주님과 깊은 친밀감을 갖는 신부의 향기를 의미합니다. 거기서 더 나아가 신부는 각양 좋은 실과를 얻습니다. '새 것과 묵은 것이 저장되었다'는 말은 모든 과실을 강조하는 시적 형식[71]입니다. 옛것과 새것을 준비해 놓는 신부의 모습은 예수님이 비유로 들어 말씀하신—예수께서 이르시되 그러므로 천국의 제자된 서기관마다 마치 새것과 옛것을 그 곳간에서 내오는 집주인과 같으니라(마 13:52)— 말씀처럼 참된 종이 헌신하는 모습입니다.

신부는 자신에게 있는 모든 좋은 것들을 주를 위해 드립니다. 나의 생각, 나의 시간, 나의 소유, 나의 건강 등 나의 모든 것을 주께 드립니다. 나를 위해 사는 것이 아니라 오로지 주님을 위해 사는 신부의 모습입니다. 이처럼 성숙한 사람은 주님이 없는 삶은 생각할 수 없다고 진심으로 믿고 고백하는 것입니다.

빙하로 가득한 남극과 북극, 그리고 사시사철 뜨거운 햇빛으로 온갖 열대과실을 철마다 내는 적도의 차이는 무엇입니까? 태양과 얼마나 가까이 있느냐 하는 것입니다. 박노해 시인은 나쁜 사람을 이렇게 정의합니다. "나쁜 사람은 나뿐 사람이다." 나만 아는 사람, 하나님 없이도 살 수 있다고 생각하는 사람이 나쁜 사람이라는 말입니다.

최선이 아니라 전부를

목사 안수를 받을 때까지 나는 나의 최선을 드리면 하나님이 기뻐하실 것이라고 생각하며 살았습니다. 그러나 목회를 하면서 주님이 나의 최선이 아니라, 나의 전부를 드리길 원하신다는 것을 깨달았습니다. 최선은 때로 차선과 바꾸어질 수 있기 때문입니다. 매릴랜드에서 딸이 당한 교통사고는 이런 생각을 하게 된 계기가 되었습니다.

어느 주일 오후 교회에 앉아 있던 나에게 다급한 목소리로 전화가 걸려왔습니다. 집사님의 전화였습니다. 내 딸이 교통사고를 당했는데 피를 너무 많이 흘려 헬리콥터가 사고 현장으로 오고 있다는 것이었습니다. 그 집사님의 아내가 운전하고 가던 중 정지 신호에 멈추지 않고 뛰어나온 차량과 부딪쳐서 여 집사님과 그의 딸은 구급차로 가까운 응급실로 갔는데, 내 딸아이의 상태는 너무 위급해서 헬기로 어린이 전문병원으로 이동해야 한다는 내용이었습니다.

당시 내 딸아이는 다섯 살이었고, 아내는 서부 샌프란시스코 지역으로 찬양집회차 가 있어서 주일에 교회 여 집사님 가정에 맡겨놓았는데, 그 여 집사님이 외출하면서 사고가 난 것입니다.

사고 현장으로 가기에는 너무 늦을 것 같아 남편 집사님에게는 가족이 실려간 응급실로 가시라고 말씀드린 뒤, 나는 볼티모어 부둣가에서 가까운 어린이 전문병원으로 운전해 가면서 여러 집사님들에게 전화를 걸어 중보기도를 부탁했습니다.

당시 나는 섬기는 교회를 사임하고 미국 서부 지역으로 가 개척을 하려고 기도하고 있었습니다. 딸이 피를 너무 많이 흘려서 헬기에 실려갔다는 이야기만 들었을 뿐 얼마나 심하게 다쳤는지도 모르는 상황에서 기도하며 병원으로 가고 있을 때, 주께서 한 가지를 물으시는 것 같았습니다.

'철웅아, 네가 그렇게도 사랑하는 너의 딸, 마흔이 넘어 딸을 낳아보아야 얼마나 사랑스러운지 안다고 자랑하던 그 딸을 내가 데리고 간다 해도 너는 너의 최선으로 나를 위해 살 수 있겠니?'

풀어서 말하자면 이런 내용이었습니다. 그 질문에 수많은 생각이 스쳐 지나갔습니다. 가장 먼저 떠오른 생각은 이것이었습니다.

'딸이 없는 개척은 나에게 무엇을 의미하는가?'

나는 교회 개척이 주께 내 인생을 드릴 수 있는 최선의 길이라는 결심으로 선택했었습니다. 그래서 내 설교의 주제도 '최선의 삶'에 대한 것이 대부분을 차지하고 있었습니다. 짧은 동안의 생각임에도 불구하고 최선은 차선을 만나면 흔들린다는 것을 그때 알았습니다. 그리고 이렇게 고백했습니다.

"20대에 저를 뇌염에서도 건져주신 주님. 그때 이후 내 모든 삶은 주님의 것입니다. 만일 주께서 사랑하는 나의 딸을 데려가신다 할지라도, 나는 주께 나의 최선을 드리겠습니다. 아니, 주께 나의 전부를 드리겠습니다. 주님은 나의 모든 것 위의 모든 것이 되시기 때문입니다."

나의 최선은 차선에 언제든지 흔들릴 수 있다는 것을 딸이 위급한 상황에 맞닥드렸을 때에 알았습니다. 그 이후 나는 "최선을 다하겠다"라고 말하지 않고 "나의 전부를 드려 주를 위해 살겠다"라고 고백합니다.

딸은 이후 5시간 동안 더 피를 흘렸습니다. 병원에 도착해서 모든 검사를 마친 딸을 만났을 때, 아이는 온통 피범벅이 되어 누워 있었습니다. 그런데 응급실로 들어오는 아빠를 본 딸의 눈에서 눈물이 흐르더니 놀랍게도 이렇게 말했습니다. "아빠, 이건 피가 아니고 눈물이야."

다섯 살 어린 나이에도 자신의 아픔보다 도리어 아빠가 더 아파할까 봐 그런 말로 위로해 주었습니다. 딸은 아빠와 엄마를 위로하는 천사로 우리 가정에 왔고, 지금도 우리에게 기쁨의 존재로 미국에서 살고 있습니다.

그러고 보면, 인생의 중요한 순간은 대체적으로 인생의 고비를 맞는 순간이기도 했습니다. 토론토에서 사역을 마치고 미국 보스톤 지역에서 담임 목회를 하기 위해 이삿짐을 꾸릴 때였습니다. 청년부 회장이 작별인사차 저의 집을 방문했는데 당시 일곱 살 된 아들 해리를 어깨에 얹고 돌리다가 바닥에 떨어뜨리고 말았습니다. 그때 머리가 바닥에 부딪혔는데, 머리가 깨진 줄 꿈에도 모르고 있다가 새벽에 아들이 울면서 파란 물을 토해 내는 것을 보고 응급실로 달려갔습니다.

우리는 이삿짐 싸던 것을 멈추어야 했고, 아들은 일주일 동안 병원에 입원해야 했습니다. 그때에도 나는 주님이 아들을 데리고 가시는 줄 알았습니다. CT 촬영실에서 아들의 머리 사진을 300여 장 찍으면서 세 명의 의사가 오랜 동안 회의를 할 때에도, 나는 무력하게 지켜보아야만 했습니다. 그때 나는 납으로 만든 옷을 입고 아들 옆에 앉아 있었는데, 그 상황이 너무 오래 걸리고 또 심각해서 '이제 아들을 데리고 가시나 보다' 생각했습니다. 아들의 뒷머리가 안으로 깨졌는데 다행히 출혈이 없어 큰 일은 일어나지 않았지만, 한동안 피멍으로 물렁물렁해진 머리를 만지며 울던 아내가 지금도 눈에 또렷합니다.

주께서는 주를 따르는 삶이 전부라고 고백하는 나와 아내가 스스로의 마음을 늘 살피도록 이끌어 주셨습니다. 우리에게 높아지는 삶과 화려한 삶은 원하지도 않으셨고, 그런 길로 결코 이끌지도 않으셨으며, 늘 비우고 낮추며 나누는 삶을 살게 하셨습니다. 이렇게 날마다 우리를 이끄셔서 주님을 닮게 하시는 주님에게 감사를 드릴 뿐입니다.

야고보는 경건이란 주님을 위해 자신을 지키는 것이라고 말합니다(약 1:27). 어떤 환경에서도 내 마음에 좋은 열매를 담아 드리는 생활, 이것이 경건이고 성숙의 열매입니다.

함께 나누며 생각하는 시간

1. 아가서 7장의 성숙한 사랑의 열매 4가지를 말해보십시오. 각각의 특징은 무엇입니까?

2. 건강한 사랑은 어느 한쪽에 치우치거나 빠지지 않고 골고루 열매를 맺습니다. 4가지 열매 중에서 나에게 가장 약한 것은 무엇이며, 잘하고 있는 것은 무엇입니까?

3. 나에게 부족한 열매를 건강하게 맺기 위하여 고치거나 새롭게 해야 할 부분이 있다면 무엇입니까?

4. 이 장에서 가장 기억에 남는 것은 무엇이며 당신에게 적용할 점은 무엇입니까?

성숙한
사랑의 열매(2)

순결하며 아름다운

아름다운 사랑의 이야기는 모든 시대의 사람들에게 회자됩니다. '세기의 사랑'이라고 불렸던 역사적인 사건이 1936년 10월에 일어났습니다. 한 사람이 온 세상을 깜짝 놀라게 한 것입니다. 바로 영국 왕 에드워드 8세였습니다.

그는 왕위에 오른지 11개월 만에 그 자리를 포기했는데, 왕위와 한 여인의 사랑과의 두 갈래 길에서 사랑을 위해 왕위를 포기한 것입니다. 그가 왕위를 버릴 수 있었던 것은 사랑의 숭고함을 알았기 때문이었습니다. 더욱이 그 대상은 영국 왕실에 속한 사람이 아니라 미국의 평범한 시민이었고, 이미 한 번 이혼한 사람이었습니다. 그러나 그에게는 영국 왕실의 반대도, 영국 정부의 반대도, 영국 국민의 반대도, 사랑하는 여인의 과거도 그의 사랑에 장애물이 될 수 없었습니다. 사랑을 위해 영국 역사상 왕위를 포기한 유일한 사람이기에 오늘날도 우리는 이것을 '세기의 사랑'이라고 부릅니다. 인간의 사랑도 이처럼 아름다울진대 하물며 우리를 향한 주님의 사랑이 오죽하겠습니까? 고귀하고 순결하며 아름다운 사랑일수록 사람들의 마음에 오래도록 남습니다.

아가서는 주님과 신부 된 그리스도인의 사랑을 아름답게 노래합니다. 또한 아가서는 사랑의 시작부터 장애물들을 지나는 과정을 거친 후 성숙하게 결실하는 사랑의 전 과정을 잘 보여 줍니다. 그래서 우리는 아가서를 통해 성숙한 사랑을 배울 수 있습니다.

7장에서는 성숙한 사랑이 더욱 주님의 다스림 아래 주와 동행함으로 더욱 거룩한 삶을 살고, 더욱 헌신하는 성숙한 삶의 열매임을 말하고 있습니다. 8장에서는 7장의 네 가지 열매에 이어 나머지 여섯 가지 열매를 보여 줍니다.

성숙의 열매는 단지 열 개만이 아닙니다. '10'이라는 숫자가 온전함을 의미하듯이, 이 열 개의 열매가 큰 가지를 이루어 수많은 열매들을 맺게 한다는 뜻입니다. 성숙한 사랑의 다섯 번째 열매는 8장 1절에 나옵니다.

5. 주를 전하며 세상을 이김

주님에게서 교훈을 받아 아름다운 향기를 세상에 널리 드러내며, 세상에서 주님을 증거하며 높이는 삶을 살고 싶다는 신부의 열망이 성숙한 사랑의 다섯 번째 열매입니다.

네가 내 어머니의 젖을 먹은 오라비 같았더라면 내가 밖에서 너를 만날 때에
입을 맞추어도 나를 업신여길 자가 없었을 것이라 아 8:1 (신부)

'입맞춤'이란 단어는 아가서에 두 번 나옵니다. 1장 2절에서는 사랑
을 시작하면서 주님에게 가까이하고 싶다는 강한 열망의 표현으로 사
용되었습니다. 이제 8장 1절에서는 신부가 자신이 사랑하는 분이 주님
이심을 모든 사람들이 알기 원하는 열망의 표현으로 입맞춤이 쓰여지고
있습니다.

1장의 입맞춤은 주님에게 가까이하려는 열망의 표현이고, 8장의 입맞
춤은 주님에 대한 신부의 사랑이 널리 알려지기를 바라는 열망의 표현
입니다. 즉 언제 어디서나 주님에 대한 사랑을 고백하고 싶다는 표현인
것입니다.

세상은 주를 사랑하며 사는 사람을 결코 반가워하지 않습니다. 도리
어 그를 핍박합니다. 그러나 신부는 핍박을 받을지라도 자신의 사랑이
공개적으로 알려지기를 원합니다. 주님은 주님을 사랑할 때 오는 핍박
이 당연한 것이라고 말씀하십니다(마 5:11).

내가 너를 이끌어 내 어머니 집에 들이고 네게서 교훈을 받았으리라 나는 향
기로운 술 곧 석류즙으로 네게 마시게 하겠고 아 8:2 (신부)

'어미의 집'은 3장 4절에서 이미 쓰였던 단어로, 외부인이 들어올 수
없고 오직 사랑하는 이에게만 허용된 장소를 의미합니다. 이는 주님을
바깥에서도 사랑하며 안에서도 사랑하되, 주님의 가르침을 더 열심히

배우며 살겠다는 고백입니다.

'교훈을 받는다'는 것은 익숙하게 될 때까지 배우겠다는 것을 의미합니다. 아가서에서 두 번 쓰인 이 단어는 3장 8절에서 쓰인 '싸움에 익숙한 사람들'의 '익숙함'과 같은 단어입니다. 칼을 들고 싸우는 일에 익숙한 용사들처럼, 세상의 가치에 맞서 이기기까지 아무도 방해받지 않는 곳에서 주님에게 교훈을 받고 싶다는 신부의 고백입니다.

'향기로운 술'은 포도주이며, '석류즙'은 단 포도주(요엘 1:5, 3:18; 암 9:13)입니다. 석류는 향기로운 열매로 유명하며 석류즙은 신부에게서 흐르는 향기라고 주님은 말씀하셨습니다(아 4:12).

주님과의 사랑을 방해하는 핍박과 멸시 같은 장애물을 넘기 위해서는 주께로부터 받는 교훈이 반드시 필요합니다. 또한 주님의 가르침을 알게 될수록 세상의 가치를 분별할 수 있습니다. 곧 주의 말씀을 배움으로 세상을 이기는 삶을 살 수 있는 것입니다.

이러한 삶을 살아갈 때 무엇이 가난이고 무엇이 부요인지, 무엇이 행복이고 무엇이 불행인지, 우리에게 필요한 진정한 가치는 무엇인지를 분별할 수 있습니다. 성경이 말하는 아름다운 가치와 세상이 말하는 아름다움의 가치를 분별할 수 있습니다. 그럴 때 우리는 세상의 가치들을 벗어버릴 수 있습니다.

자신의 가난함 때문에 주님의 사랑을 의심하는 사람들이 있습니다. 그 사람에게는 가난이 장애물입니다. 사실 가난은 죄가 아닙니다. 잠시 불편할 뿐입니다. 자신의 부함 때문에 주님의 사랑을 잃어버리는 사람이 있습니다. 그 사람에게는 부요가 장애물입니다.

우리는 청지기입니다. 재물은 주께서 나에게 잠시 맡겨주신 것일 뿐이지 내 것이 아닙니다. 주님이 필요하다고 말씀하시면, 내 재물뿐 아니라 내 생명까지도 언제든지 드리겠다고 고백할 수 있어야 하는 것입니다.

어떤 사람은 얼굴이 잘 생기거나 예쁘지 않다 해서 자신의 인생도 아름답지 못하다고 생각합니다. 그 사람에게는 아름다움이 장애물입니다. 성경에서의 아름다움이란 결코 외모와 환경을 말하지 않습니다. 성경은 "고운 것도 거짓되고 아름다운 것도 헛되나"(잠 31:30)라고 말씀합니다.

진정한 아름다움이란 여호와를 경외하는 것입니다. 주의 복음을 전하며 사는 삶입니다. 어떤 사람은 불행하다는 생각에 주의 사랑을 뿌리쳐 버립니다. 그 사람에게는 행복이 장애물입니다. 성경은 구원을 받고 하나님과 동행하면서 미래를 꿈꾸는 삶이 행복한 삶이라고 했습니다(신 33:29).

어떤 사람은 고난은 무조건 나쁘다고 생각합니다. 그 사람에게는 고난이 장애물입니다. C. S. 루이스는 평생 독신으로 살다가 59세에 결혼했습니다. 그런데 그 아내 조이가 4년 만에 암으로 죽었습니다. 그는 아내가 자기 곁을 떠났다는 사실을 받아들일 수 없었습니다. 그런 고통을 겪은 후 그는 자기 이야기를 책으로 펴내며 이렇게 말했습니다.

"고통은 하나님이 나를 부르시는 확성기입니다."

우리는 믿음으로 고난을 이겨낼 수 있습니다.

그리스도인이란 무엇입니까? 어떤 사람은 그리스도인이 보잘것없는, 별로 부러워할만한 것이 없는 사람이라고 생각합니다. 하지만 그렇지 않습니다. 나는 그리스도인을 이렇게 정의하고 싶습니다. '예수 믿은 이후 자신의 삶을 가장 복되다고 여기고, 다른 사람들도 나처럼 살아봤으면 좋겠다고 열망하는 사람'이라고 말입니다.

6. 주의 보호와 인도를 소망함

> 너는 왼팔로는 내 머리를 고이고 오른손으로는 나를 안았으리라 예루살렘 딸들아 내가 너희에게 부탁한다 내 사랑하는 자가 원하기 전에는 흔들지 말며 깨우지 말지니라 아 8:3,4 (신부)

신부는 주께서 그의 손으로 자신을 안아 주시기를 기대합니다. 주님의 손은 앞에서 황옥을 물린 황금노리개 같다고 표현되었습니다(5:14). 이는 구원하시는 능력에 있어 완전하시다는 의미입니다. 손으로 고이고 안아 주시기를 바라는 것은 주께서 나를 가까이 하시고 보호하시며 인도해 달라는 소망을 의미합니다. 시편 기자는 주님의 완전하신 능력을 이렇게 말합니다.

> 여호와께서 사람의 걸음을 정하시고 그의 길을 기뻐하시나니 그는 넘어지나 아주 엎드러지지 아니함은 여호와께서 그의 손으로 붙드심이로다 내가 어려서부터 늙기까지 의인이 버림을 당하거나 그의 자손이 걸식함을 보지 못하였도다 시 37:23-25

또한 아가서 8장 3,4절은 2장 6,7절의 반복구이기도 합니다. 2장에서는 노루와 들사슴으로 부탁한다는 말이 추가되어 있습니다. 이어서

벽 뒤, 창과 창살 틈, 산과 작은 산이 노루와 어린 사슴과 병행해서 나옵니다. 이것은 이 땅에서의 방해물들로, 주님과의 교제가 깨어지기 쉽다는 것을 의미했습니다. 그러나 8장에 이르러서는 노루와 들사슴, 제한된 교제를 연상케 하는 벽 뒤, 창과 창살 틈 등의 시적 표현들은 언급되지 않습니다. 그때는 신부가 아직 미성숙했고 여러 신앙적 단련을 받기 전의 모습이었기 때문입니다.

8장에서 말하는 성숙한 사랑이란, 언제 어디서나 지치지 않고 더욱 주님을 가까이하며 주님의 보호하심과 인도하심을 소망하는 것을 의미합니다. "왼팔로는 내 머리를 고이고 오른 손으로는 나를 안았으리라"라는 말씀과 "흔들지 말며 깨우지 말지니라"의 뜻이 그것입니다. 더욱 가까이하기를 열망하며 주님의 보호와 인도를 바라는 마음은 성숙한 사랑의 특징입니다.

성숙한 사랑은 혼자 사는 삶이 아니라 주님과 함께하는 삶이며, 내가 주인되는 삶이 아니라 주님이 내 삶의 주인이 되시도록 주도권을 드리는 삶입니다. 그리고 이 땅에서 이러한 사귐이 예루살렘에 거하나 주님을 열망하지 않는 예루살렘의 딸들로부터 영향을 받아 깨지지 않기를 소망합니다.

어떤 이는 렘브란트가 그린 〈탕자의 귀향〉을 보고도 그냥 지나갑니다. 그저 감탄만 할 뿐입니다. 그런 사람에게서는 어떠한 삶의 변화도 일어나지 않습니다. 반면에 어떤 이는 그 그림 앞에서 떠나지 못합니다.

러시아 레닌그라드의 헤르미타지 박물관에 있는 수십 만의 작품들과 보물들에 눈을 빼앗기지 않고, 다만 그 그림 앞에서 박물관이 문을 여는 아침부터 문을 닫는 저녁까지 몇날 며칠이고 그 그림을 보며 하나님

아버지의 사랑을 묵상한 사람이 있었습니다. 그는 그 후에 수백 페이지의 책을 펴냈습니다. 《탕자의 귀향》을 펴낸 헨리 나우웬이 바로 그 사람입니다. 그가 왜 하버드 대학교의 교수직을 버리고, 장애인 공동체로 들어가 죽기까지 그곳에서 살았는지를 알 듯합니다.

우리 모두는 다 연약하고 부족합니다. 온전하지 않습니다. 그러기에 더욱 주님을 전적으로 의지하고 오늘을 살아가야 하며, 깊이 없는 우리의 영적 수준에서 벗어나 자라가야 합니다. 아가서를 매일 읽고 또 읽어 성령이 주시는 은혜로 주님을 더욱 의지하며 살아가는 우리 모두가 다 되기를 소망합니다.

맥체인 목사님은 우리에게 '성경읽기표'로도 잘 알려진 분입니다. 그는 단지 29년의 짧은 인생을 살았지만, 아가서를 한 절 한 절 묵상하면서 모든 절을 빠짐없이 설교하기도 했습니다. 사람들은 그런 그를 스코틀랜드의 성자, 작은 예수라고 말합니다.

피터 크리프트는 "세상에서 가장 위대한 질문—해 아래 우리의 삶은 어떤 목적이 있는가—을 던지는 책이 전도서라고 한다면, 세상에서 가장 위대한 대답을 주는 책이 아가서"라고 말합니다. 인생의 목적은 궁극적으로 사랑이기 때문입니다.

목자 되신 주님과 양들이 부르는 사랑의 노래가 아가서입니다. 인생은 가슴으로 부르는 사랑의 노래입니다. 하나님은 사랑이시며, 우리를 향한 하나님의 이 사랑은 죽음보다 강합니다. 아가서는 그 사랑을 우리에게 가르쳐 줍니다.

7. 거친 들에서 주만 의지함

그의 사랑하는 자를 의지하고 거친 들에서 올라오는 여자가 누구인가 (예루 살렘의 여자들) 너로 말미암아 네 어머니가 고생한 곳 너를 낳은 자가 애쓴 그 곳 사과나무 아래에서 내가 너를 깨웠노라 아 8:5 (신랑)

이 구절은 이전에 나온 두 가지 이야기—거친 들과 사과나무—와 연결되어 성숙한 사랑의 열매 중 하나가 무엇인지 말해 줍니다.

첫째, 거친 들의 이야기는 3장 6절에서 나옵니다. 거친 들은 곧 광야[72]입니다. 이스라엘에게 광야란 매우 큰 의미를 가집니다. 3장과 8장의 본문은 각각 그 강조점에 차이가 있습니다.

3장은 온갖 장식으로 화려한 가마를 강조하면서, 혼인예식을 준비한 신부의 가마를 기다리는 천국환영회를 종말론적 사건으로 보여 주고 있습니다. 그러나 8장 5A절에서는 모든 수식어가 빠지고 '사랑하는 자를 의지하고'만 강조되고 있습니다. 즉 여기서는 두 사람의 대화를 통해 두 가지 메시지를 우리에게 주고 있습니다.

먼저, 신부가 광야 같은 세상을 이기는 길은 '사랑하는 자를 의지하는 것'임을 보여 줍니다. '의지하다'라는 말은 성경에서 이곳에 단 한 번 쓰이며 '함께 꼭 붙어 있다'라는 뜻을 가진 단어입니다. 마치 부활하신 주님을 빈 무덤에서 만난 후 주님을 다시는 놓치지 않을 듯 붙잡았던 마리아의 행동[73]과 같습니다. 이 말은 단지 상대의 어깨에 기대거나 손을 내민다는 정도가 아닙니다. 전적으로 자신을 내어 맡긴다는 뜻입니다.

광야 같은 거친 길을 나그네로 사는 인생이기에 주님을 전적으로 의지하는 삶이 지혜롭고 성숙한 그리스도인의 삶일 것입니다. 그러나 현대 그리스도인들의 삶은 그렇지 않습니다. 그들의 삶을 들여다보면 주님의 말씀에 물들어 있기보다는 물질주의와 세속주의에 물들어 있습니다. 주님을 바라보는 듯하지만 실상은 뒤를 돌아보는 자들과 같습니다(눅 9:62).

이들은 두 마음을 품은 자들이며(F. F. 부르스), 주님을 바라보는 듯하나 실상은 그리스도의 어깨 너머로 세상을 바라보는 자들(칼빈)입니다. 주를 의지하는 것 같은데 사실은 의지하지 않고 있는 삶, 신앙의 연륜은 깊은데 성숙의 열매는 보이지 않는 삶을 사는 이유는 주를 전적으로 의지하지 않기 때문입니다. 전적으로 의지한다는 것은 주께 내 삶의 주도권을 전적으로 내어 맡기는 것입니다.

'사랑하는 자를 의지하고 거친 인생 길에서 올라오는 자'는 내 인생의 왕이 주님이심을 선언하는 것이며, 내 뜻과 정과 욕심을 버리고 오직 주님의 길을 따라가는 것이 우리 삶의 목적이라는 것을 날마다 확인하는 것입니다.

다윗이 골리앗 앞에 담대히 설 수 있었던 것은 그가 곰과 사자를 이미 만나보았기 때문이었습니다. 그러나 더 큰 이유는 그 어려운 상황에서 자신이 누구를 의뢰해야 하는지를 분명히 알고 있었기 때문입니다 (삼상 17:33-37). 다윗은 고난 속에서 만났던 하나님이 이제도 자신을 알고 계시며, 이후에도 아실 것이며 지키실 것이라는 확신을 갖고 있었기에 하나님을 의뢰하고 골리앗 앞에 담대하게 설 수 있었습니다. 인생의 수많은 도전과 생명의 위협 앞에서도 굽히지 않는 삶을 살았던 다윗의 인생을 한 마디로 표현한다면 시편 18편의 말씀과 같을 것입니다.

> 내가 주를 의뢰하고 적군을 향해 달리며 내 하나님을 의지하고 담을 뛰어넘나이다 시 18:29

주님을 의지하고 의뢰하는 삶, 성숙한 사람들의 또 하나의 열매입니다.

둘째, 사과나무 이야기는 2장 3절에 나옵니다. '수풀 속의 사과나무'란 생명을 잃어 향기 없는 세상 속의 그리스도의 삶에 대한 비유였습니다. 신부는 사과나무 그늘 아래에서 자신의 소명을 확인합니다(2:3). 그리고 주님이 사과나무 아래에서 깨웠다(8:5)는 것은 사과나무 아래에서 주님으로 인해 신부가 깨달았다는 의미입니다.

또한 '사과나무 아래'란 내 어머니 집(3:4)이고, 나를 잉태한 이의 방(3:4)이며, 어머니가 너를 낳은 곳이며 애쓴 곳(8:5), 내가 너를 깨운 곳(8:5), 주님의 교훈을 받은 곳(8:2)입니다. 이런 면에서 8장 5절의 어머니가 낳은 곳, 애쓴 곳 그리고 사과나무 아래는 모두 주님의 생명의 구원사역이 일어난 주님의 몸 된 교회를 의미합니다. 어미의 아들들(1:6), 어미의 외딸(6:9), 어미의 젖을 먹은 오라비(8:1), 우리에게 있는 작은 누이(8:8)라는 단어들을 교회와 연결하면 잘 이해할 수 있습니다.

칼빈은 《기독교강요》에서 '교회는 모든 성도의 어머니'[74]라고 했습니다. 교회란 하나님의 말씀으로 양육을 받는 곳이기 때문입니다. 바울은 교회를 '그리스도의 몸'(고전 12장, 롬 12장)이라고 했습니다.

아가서에서 '사과나무 아래'라는 비유로 주님의 구원 사역을 말한다면 이사야에서는 주님의 구원의 사역을 자연에 비유해 설명합니다.

사과나무 아래에서 내가 너를 깨웠노라 아 8:5B

그 사람은 광풍을 피하는 곳, 폭우를 가리는 곳 같을 것이며 마른 땅에 냇물
같을 것이며 곤비한 땅에 큰 바위 그늘 같으리니 사 32:2

교회는 주님의 구원 사역의 결과로 태어났습니다. 교회란 세상으로부
터 불러냄을 입은 사람들, 구별해서 선택받은 사람들이라는 뜻입니다.
그러기에 교회는 주님을 전적으로 의지하는 사람들의 모임이며, 전적으
로 주님을 의지하며 거친 광야 길에서 천국을 향해 가는 사람들의 모임
입니다. 주님을 전적으로 의지하지 않는 그리스도인을 그리스도인이라
할 수 없고, 교회라 부를 수 없습니다.

그럼에도 열매 없고 향기 없는 그리스도인들이나 향기 없는 교회를
보는 것이 드문 일이 아닌 시대를 우리는 살아가고 있습니다. 주님이 숲
속의 사과나무로 향기 가득한 삶을 사셨듯 교회마다 그리스도의 향기
로 넘치길 힘써야 할 것입니다.

그리스도의 향기 나는 교회

21년의 이민 목회로 여러 교회를 섬기는 동안 마음에 늘 향기로운 기
억으로 남아 있는 사건이 있습니다. 오랜 동안 병상에 누워 계시던 어
머님이 소천하셨을 때는 많은 시간을 멀리 떨어져 살았던 탓에 늘 불효
했다는 생각으로 마음이 무척 힘들었습니다. 버지니아에서 두 번 교회

를 개척한 후 뉴저지 초대교회에서 설교 목사로 목회하고 있을 때의 일이었습니다. 그동안 담임 목회를 하시던 이재훈 목사님이 온누리교회로 떠나시고 그 자리가 아직 공석일 때 설교 목사로 섬기고 있었는데, 병상에 계시던 어머님이 천국으로 곧 떠나실 상황에서 이민 목회를 하고 있는 자신이 좋게 보이지만은 않았습니다.

예배 후 점심식사를 마치고 착잡한 심정으로 교회 주차장을 혼자 도는 모습을 당회 장로님들이 보셨나 봅니다. 장로님들은 곧장 회의를 하신 후 이렇게 말씀하셨습니다.

"목사님, 어머님 때문에 힘드시지요? 돌아가시기 전에 한 번이라도 뵙고 오세요."

그러고는 비행기표를 끊어 주시며 한국에 다녀오도록 배려해 주셨습니다. 1년 전에 아버님이 돌아가셨을 때에도 여러모로 기꺼이 배려해 주셨는데 말입니다. 어머니 병실을 찾아가 "어머니, 저 왔어요"라고 외치자 어머니는 눈을 크게 뜨시더니 나를 바라보셨습니다. 얼마나 아들을 보고 싶어하셨는지 알 수 있는 그 눈빛으로 말입니다.

장남인 나는 어머님에게 큰 기대의 대상이었습니다. 어머님은 5년 전에 뇌동맥류 파열로 한쪽 뇌를 제거하셔서 언어신경계와 지각신경계를 모두 잃어버려 대화도, 인지도 할 수 없는 상태로 누워 계셨습니다. 그런데도 내 목소리를 기억하고 눈을 뜨신 겁니다.

그러나 어머니는 곧 이전으로 되돌아가셨습니다. 불러도 더 이상 반응하지 못하셨습니다. 며칠 후, 미국으로 돌아가는 날 어머니에게 말했습니다. "어머니 이제 다시 미국으로 들어가야 합니다" 하는 순간 어머님은 눈을 뜨시더니 나를 또렷이 바라보셨습니다. 마치 이제는 마지막인 걸 아시는 듯한 눈빛으로 어머니는 아들의 모습을 담으려 애쓰시는 듯했습니다. 그게 내가 본 어머님의 마지막 모습이었습니다.

열흘 후 어머님은 돌아가셨고, 미국에 들어온 나는 다시 한국으로 나가 천국 환송식을 가졌습니다. 나는 당시 뉴저지 초대교회 장로님들의 그 사랑을 잊을 수가 없습니다. 그 분들은 어둡고 무거운 시간에 사랑의 향기가 무엇인지 나에게 알려주신 분들이었습니다.

† ←←← 함께 나누며 생각하는 시간

1. 이 장에서 말하는 성숙한 사랑의 열매 3가지를 말해보십시오. 그리고 각각의 특징을 나누어보십시오.

2. 당신의 주변에 주님처럼 사과나무가 되어 향기 나는 삶을 사는 분이 있다면 소개해주십시오.

3. 나에게 부족한 열매를 건강하게 맺기 위하여 고치거나 새롭게 해야 할 부분이 있다면 무엇입니까?

4. 이 장에서 가장 기억에 남는 것은 무엇이며 당신에게 적용할 점은 무엇입니까?

성숙한
사랑의 열매(3)

향기 없는 세상에서

세상에서 '사랑'이라는 말처럼 소중한 단어가 있을까요? 성경은 그 사랑이란 한 단어에 크신 하나님을 다 담아냅니다. "하나님은 사랑이시라"(요일 4:8). 사랑이신 하나님이 세상을 사랑하셨기에 독생자 예수 그리스도를 이 땅에 보내셨습니다(요 3:16). 하나님의 사랑의 크기와 넓이와 높이와 깊이를 우리가 어찌 다 헤아릴 수 있을까요?

그런데 가장 귀하지만 가장 흔하게 쓰이는 것도 사랑이라는 말입니다. 아주 흔하게 이야기되지만, 좀처럼 볼 수 없는 것도 사랑입니다. 누구나 사랑하며 살고 싶어 하지만, 가장 못하는 것도 사랑입니다. 대부분 사랑의 소중함을 잘 알지 못하기 때문이고, 육적 차원에만 머무는 얕은 사랑을 하려 하기 때문입니다. 그래서 쉽게 깨어지기도 합니다.

누구나 다 이야기하지만 모두가 다 그리워하는 것도 사랑입니다. 사랑이 없는 가정, 사랑이 없는 교회, 사랑이 없는 사회는 지옥과 다를 바 없습니다. 주님은 이 땅에 하나님의 사랑을 회복시키시려고 십자가를 지셨습니다.

> 사랑은 여기 있으니 우리가 하나님을 사랑한 것이 아니요 하나님이 우리를 사랑하사 우리 죄를 속하기 위하여 화목 제물로 그 아들을 보내셨음이라 사랑하는 자들아 하나님이 이같이 우리를 사랑하셨은즉 우리도 서로 사랑하는 것이 마땅하도다 요일 4:10,11

이 땅의 구원 역사는 오래 전에 이미 구원을 약속하신 사랑이신 하나님이 죄인들을 사랑하심으로 가장 낮고 천하게 이 땅에 오셔서 죄인을 대신해 죽으심으로 시작되었습니다. 그리고 그 사랑을 배우며 그 사랑을 따라 살아가는 사람들을 통해 그 구원의 사랑은 계속 이어지고 있습니다.

조나단 에드워드는 '천국은 사랑의 세계'라고 정의합니다.[75] 그는 사랑에 대한 시리즈 설교를 하면서 '모든 성도는 하나님의 정원에 있는 꽃이며, 거룩한 사랑은 성도가 뿜어내는 향기와 달콤한 냄새'[76]라고 말합니다. 그렇습니다. 향기 없는 세상에 향기 나게 하는 사람이 필요합니다. 바로 그 향기를 뿜어내는 이들이 주님의 거룩한 신부들이고 성도들입니다. 성숙한 사랑의 여덟 번째 열매는 8장 6절에 나옵니다.

8. 죽음보다 강한 주의 사랑을 닮아감

너는 나를 도장같이 마음에 품고 도장같이 팔에 두라 사랑은 죽음 같이 강하고 질투는 스올같이 잔인하며 불길 같이 일어나니 그 기세가 여호와의 불과 같으니라 많은 물도 이 사랑을 끄지 못하겠고 홍수라도 삼키지 못하나니 사람이 그의 온 가산을 다 주고 사랑과 바꾸려 할지라도 오히려 멸시를 받으리라 아 8:6,7 (신부)

1장에서 신부의 첫마디가 '주님을 가까이 하고 싶다'(Kiss Me)라는 열망으로 시작되었다면, 8장에 이르러서는 주님의 마음에, 주님의 팔에 자신이 새겨지기(Place Me)를 바랍니다.

고대에는 '도장'으로 자신의 소유물에 대한 소유권을 확증했습니다. 황제나 영웅은 반지를 팔목에 찼습니다. 우리가 약지에 반지를 끼는 것은 약지가 심장으로 연결된다고 믿기에 '내 심장으로 당신을 사랑한다'라는 의미를 가지고 있습니다. 도장을 팔목에 찬다는 것도 '내 심장과 그대가 가장 가까이 있다'는 것을 의미했습니다.

'마음에 둔다'는 것은 늘 마음에 품어달라는 뜻이며, 주님 팔의 능력으로 보호하며 지켜달라는 의미입니다. 신부는 주님의 마음에, 주님의 행동에 내가 늘 있기를 간절히 열망했던 것입니다.

1장에서 사랑은 주님을 향한 강한 열망으로 시작되었습니다. 입맞추어 달라는 열망이 2장의 신앙의 굴곡, 3-4장의 영적 침체, 5-7장의 영적 태만의 과정을 거쳐 더욱 성숙해지며, 8장에 이르러서는 죽음보다 강한 사랑으로 영원히 함께하기를 바라고, 결코 꺼지지 않는 여호와의 불꽃 같은 사랑 안에 머물기를 바라게 되었습니다. 이제는 하나님의 사랑이 어떠한지를 알기 때문입니다. 그리하여 신부의 마음은 성숙한 열매들로 점점 하나님과 닮아가고 있습니다. 성경은 우리를 향한 하나님의 사랑이 그러하다고 이미 말씀하셨습니다.

출애굽기 28장은 대제사장이 입는 옷, 에봇에 대해 말씀합니다. 에봇의 어깨에는 호마노라는 보석을 놓아서 각각 여섯 지파의 이름을 새겨 넣습니다. 그리고 가슴에 대는 흉패에는 열두 개의 다른 종류의 보석을 달아 이스라엘 열두 지파의 이름을 새겨 넣었습니다. 이것은 대제사장이 지성소 안에 들어갈 때 열두 지파가 함께 여호와 앞에 선다는 의미이고, 여호와께서 이스라엘의 지파들을 각각 기억하고 계신다는 것을 의미했습니다.

'어깨에 메었다'는 것은 잃어버린 양을 찾으러 나가셨다가 그 양을 찾아 어깨에 메고 오시는 예수님을 보여 주는 것이고, '가슴에 새겼다'는 것은 잃어버린 양들을 위해 십자가에서 목숨을 대신 버리심으로 그 생명을 구하신 예수님(요 10:14,15)을 보여줍니다. 보석에 새겨 심장 가까이에 놓아둔 이름은 이스라엘의 이름이었습니다. 하나님 백성의 이름, 우리의 이름, 나의 이름이었던 것입니다.

주님은 십자가 위에서 나 하나를 위해 죽음을 택하셨습니다. 아론의 흉패 위에 이스라엘의 이름들을 기록한 돌들처럼, 대제사장 어깨 위의 돌들처럼, 그분의 팔에 있는 인장처럼, 주님은 십자가 위에서 피를 흘리시며 내 이름을 주님의 심장에 새겨 넣으셨습니다. 그러므로 그 사랑의 힘과 능력은 이 세상의 어느 것과도 비교할 수 없습니다.

> 사랑은 죽음같이 강하고 질투는 스올 같이 잔인하며 불길같이 일어나니 그 기세가 여호와의 불[77]과 같으니라 아 8:6 (신부)

사랑이 죽음과 비교되고 있습니다. 그 어떤 것도 죽음을 이길 수 없습니다. 죽음은 그토록 강합니다. 그러나 사랑도 죽음처럼 강하다고 말합니다. 그러나 사실, 주님의 사랑은 죽음보다 더 강하셨습니다. 십자가를 지셨기 때문입니다.

십자가는 당시 가장 치욕스런 형벌이었습니다. 그럼에도 주님은 나를 위해 가장 치욕스런 형벌을 받으셨습니다. 아무런 죄가 없으셨음에도, 친히 나무에 달려 우리를 대신해 죽으셨습니다.

하나님이 친히 육신을 입고 오셔서 나무에 달려 죽으신 사건은 이전에도 없었고, 이후에도 없었습니다. 그렇게 주님은 죽음을 이기셨습니다. 그처럼 강력한 주님의 사랑으로 주님을 사랑하기를 바라는 것, 이것이 성숙한 신부의 열매입니다.

사랑의 또 다른 이름은 질투(키나, 뜨거운 사랑이라는 뜻)입니다. 주님의 헌신적인 사랑은 죽음같이 강할 뿐더러 그 사랑의 불길은 맹렬히 불타올라 뜨겁고도 강력합니다. 그래서 하나님은 사랑의 하나님이시며(요일 4:16), 또한 질투의 하나님이십니다(출 20:5; 34:14). 하나님의 사랑과 그 열정은 너무나 뜨거워서 어떤 물로도 끌 수 없을 뿐만 아니라, 결코 소멸되지 않으며 약해지지도 않습니다. 이것이 질투의 참된 뜻입니다. 사랑하는 이를 향해 결코 포기하지 않는 사랑, 결코 식지 않는 일편단심의 사랑을 이제 신부는 깨달았습니다.

사랑의 불길이 여호와의 불과 같다고 합니다. 이 말은 그 사랑의 불길이 아주 강렬해서 어느 것도 막을 수 없다는 뜻과 인간적인 사랑보다 훨씬 크고 아름다우며 신실하다는 뜻, 또 불의와 거짓이 없고 정결하며 순수하다는 뜻을 포함합니다. 그 하나님의 뜨거운 사랑의 불이 이제 신부의 마음에도 옮겨 붙어 불같이 일어나는 신부의 소원이 되었고, 성숙한 사랑의 열매가 되어 있습니다.

> 많은 물도 이 사랑을 끄지 못하겠고 홍수라도 삼키지 못하나니 사람이 그의 온 가산을 다 주고 사랑과 바꾸려 할지라도 오히려 멸시를 받으리라
>
> 아 8:7 (신부)

사랑은 물과 홍수 같은 환난과 고난이 와도 끌 수 없고 허물어지지 않는다는 고백입니다. 또한 아무리 많은 재물과도 바꿀 수 없는 것이 주님을 향한 사랑이라고 신부는 고백합니다. 주님을 사랑하는 사람들은 어떤 고난을 당해도 그 사랑을 버릴 수 없습니다. 그 사랑의 크기와 위대함을 십자가에 달린 주님에게서 보았기 때문입니다.

사도 바울은 로마서에서 아가서의 신부처럼 위대한 고백을 합니다.

> 누가 우리를 그리스도의 사랑에서 끊으리요 환난이나 곤고나 박해나 기근이나 적신이나 위험이나 칼이랴 기록된 바 우리가 종일 주를 위하여 죽임을 당하게 되며 도살 당할 양 같이 여김을 받았나이다 함과 같으니라 그러나 이 모든 일에 우리를 사랑하시는 이로 말미암아 우리가 넉넉히 이기느니라 내가 확신하노니 사망이나 생명이나 천사들이나 권세자들이나 현재 일이나 장래 일이나 능력이나 높음이나 깊음이나 다른 어떤 피조물이라도 우리를 우리

주 그리스도 예수 안에 있는 하나님의 사랑에서 끊을 수 없으리라 롬 8:35-39

9. 연약한 이들을 돌아봄

우리에게 있는 작은 누이는 아직도 유방이 없구나 그가 청혼을 받는 날에는 우리가 그를 위하여 무엇을 할까 아 8:8 (신부)

그가 성벽이라면 우리는 은 망대를 그 위에 세울 것이요 그가 문이라면 우리는 백향목 판자로 두르리라 아 8:9 (신랑)

나는 성벽이요 내 유방은 망대 같으니 그러므로 나는 그가 보기에 화평을 얻은 자 같구나 아 8:10(신부)

아가서의 끝부분에 이르면 신랑과 신부의 사랑의 대화에 '작은 누이'라는 한 사람이 등장합니다. 이 사람이 누구인지는 8절을 어떻게 해석하느냐에 따라 달라집니다. 8절도 난해 구절 중의 하나여서 "술람미 여인의 어린 시절을 두고 오빠들이 한 말이다", "술람미 여인이 자신의 어린 여동생을 가리켜 하는 말이다", "예루살렘 여인들의 말이다"라며 학자들의 주장이 다양합니다.[78]

아가서를 남녀간의 사랑으로 이해하는 학자들의 글을 끝까지 읽어내려가는 것은 정말이지 쉽지 않습니다. 어느 연애소설과 다를 바 없이 마음에 헛된 상상을 품고 써내려가 주님의 순결하고 순수한 사랑을 희미하게 만듭니다. 정말 많은 해석가들이 그 선상에 있습니다. 우리는 이런 시대를 살고 있습니다. 반면에 지나치게 영적인 해석도 경계해야 할 부분입니다. 영적이라고 해서 모두 영적인 것은 아니기 때문입니다.

'작은 누이'를 아가서의 신부가 아직 결혼하기에 어리다고 생각하는 오빠들이 하는 말이라고 해석하는 학자들이 있습니다.[79] 그렇게 해석할 어떤 암시나 근거가 없다고 반대하는 학자들도 있습니다.[80] 아가서는 드라마나 역사서가 아니라고 보기 때문입니다. 반면에 '작은 누이'를 이스라엘이나 교회가 아닌, 아직 복음을 모르는 이방 민족이라고 보기도 합니다.[81] 이들은 아가서를 그리스도와 교회의 영적 연합의 모형으로 봅니다.

"우리에게 있는 작은 누이가 아직 젖가슴이 없다"는 것은 미성숙하다는 의미입니다. 신체적으로는 작은 아이와 청년기의 어느 지점에 있는 모습입니다. 이 고백이 신부의 말이라면, 작은 누이는 나의 문제에 매여 있어 다른 이들을 돌아볼 성숙함이 없는 사람을 의미합니다. 본문 전체로 보면 여전히 1-7장의 어느 쯤에 머물러 있거나 헤매고 있는 사람이라 하겠습니다.

반면에 신부는 8장에 이르러 미성숙한 이들을 돌아보고 다른 사람의 영혼에 관심을 갖기 시작합니다. 그리고 그들을 위해 중보하기 시작합니다. 그들이 주님의 청혼을 받을 수 있도록, 그들이 영광스러운 혼인예식 자리에 참여할 수 있도록 관심을 갖고 중보하기 시작합니다. 이것이 성숙한 사람의 특징입니다.

그런 마음으로 사는 신부에게 신랑 되신 주님이 약속하십니다.

그가 성벽이라면 우리는 은 망대를 그 위에 세울 것이요 그가 문이라면 우리는 백향목 판자로 두르리라 아 8:9 (신랑)

요한계시록에서 성도들을 하나님의 성전의 기둥들이라고 말씀하시듯 (계 3:12), 주님은 '은 망대'—하얀 대리석으로 만든 아름다움— 곧 미성숙한 그에게도 영광스럽고 새로운 변화를 약속하십니다. 언젠가는 그도 백향목 들보로 지어진 견고한 사랑(1:17)을 시작하며 그 사랑을 고백하게 될 것이라는 약속입니다.

나는 성벽이요 내 유방은 망대 같으니 그러므로 나는 그가 보기에 화평을 얻은 자 같구나 아 8:10 (신부)

주님의 신부에게는 주님으로 말미암은 변화의 열매들이 이미 이루어졌음을 고백합니다. '성벽'이란 외부 세력을 막아 성 안을 보호하는 역할을 합니다. '유방으로서의 망대'란 보호할 뿐 아니라 양육해서 생명을 자라게 하는 역할을 말합니다. 바울은 교회를 향해 자신이 젖을 먹이는 유모가 되었다고 말합니다(살전 2:7). 신부는 보호와 양육을 하는 자신의 삶이 화평을 얻은 자, 화평을 만드는 자라고 고백합니다.

성숙하지 못했을 때는 개인의 문제로 허덕이며 살고 내 세계 안에 머물러 살게 되지만, 성숙한 사람들은 세상을 품고 살아 갑니다. 전적으로 주를 따르며 세상을 복음화하는 데 자신의 인생을 바칩니다. 그들처럼 우리도 주님이 주시는 새로운 도전으로 나의 세계를 넓히며 살아야 할 것입니다.

예수전도단의 창시자인 로렌 커닝햄은 노년에 무릎이 좋지 않아 여러 번 무릎 수술을 받아야 했음에도, 전 세계 교회를 다니며 여호와의 영광을 아는 지식이 물이 바다를 덮음같이 온 땅에 가득한(합 2:14) 비전을 갖고 평생을 열정적으로 헌신하며 사셨습니다. 그가 그런 삶을 살게 된 동기가 있었습니다. 언젠가 아내와 함께 아리조나의 인적이 드문 길을 지나가다 교통사고를 당했습니다. 자동차가 몇 바퀴 구른 후 아내와 자신이 자동차에서 튕겨져 나왔는데, 아내를 보니 두개골이 깨어져 피가 흘러내렸고, 자신의 머리에서도 피가 흘러내렸음에도 기적같이 살아났다고 했습니다. 그때 그는 그가 가진 것 중에 힘써 지켜야 할 가치 있는 것들이 아무것도 없음을 절실히 깨닫게 되었다고 했습니다.

1971년 한국을 방문했을 때, 그는 한국이 수천 명의 선교사를 파송하는 나라가 될 것이라고, 이 기회를 놓치지 말라고 외쳤습니다. 그러나 당시 한국인들은 한국이 너무 가난하다고 생각했습니다. 한국의 선교 단체나 교회 중에 대부분이 실제로 가난했습니다. 그래서 한국인들은 많은 핑계를 대면서 그의 말을 믿지 않았습니다. 그러나 한국은 이제 파송 선교사가 약 1만 4천 명으로, 전 세계 2위가 되었다고 말하면서, 그는 지금도 꿈을 꾸며, 그 꿈을 위해 살아가라는 도전을 하고 있습니다.

CCC의 창시자 빌 브라이트는 임종 전까지 이런 도전의 말을 남겼다고 합니다.

"여러분, 다음 10년 동안 전 세계에 600만 개의 교회를 개척하십시오. 그리고 10억의 인구에게 그리스도를 전하십시오."

지금 지구상에 남아 있는 종족 중 인구 10만 명 이상이 넘는 미전도 종족은 629개입니다. 빌 브라이트 목사님이 소천하신 후 이들을 위해 220개의 선교단체와 교단이 모여 이 일을 준비 중이라고 했습니다. 70세의 한 노인은 이 일을 위해서 건강이 허락하는 한 자신의 온 힘을 다

하겠노라며 헌신하기도 했습니다.

이들은 마지막 심장이 뛰는 순간까지 오직 주의 사랑을 위해 뛰고 있는 사람들입니다. 성숙한 사람들은 다른 이의 영혼 구원에 대한 관심을 그치지 않습니다. 불신자들의 영혼 구원을 위해 일하며 삽니다. 아직 회개에 이르지 못한 이들을 기억하고 기도하며 헌신하는 삶의 모습이 성숙한 사람들의 열매입니다.

10. 나의 소명과 사명에 충성함

솔로몬이 바알하몬[82]에 포도원이 있어 지키는 자들에게 맡겨 두고 그들로 각기 그 열매로 말미암아 은 천을 바치게 하였구나 솔로몬 너는 천을 얻겠고 열매를 지키는 자도 이백을 얻으려니와 내게 속한 내 포도원은 내 앞에 있구나 아 8:11,12 (신부)

아가서 마지막 부분에 포도원의 비유가 나옵니다. 솔로몬 왕이 포도원을 지키는 자들에게 맡겼다는 이야기와 신부에게도 지켜야 할 포도원이 하나 있다는 이야기입니다. 그런데 1장에서 신부는 자신의 포도원을 지키지 못했다고 말했습니다. 그러나 이제는 자신이 지켜야 할 포도원에 대해 이야기합니다.

'은 천'이란 포도원을 지키는 자에게서 그 열매의 대가로 솔로몬이 받은 금액의 합입니다. '은'은 구속의 상징으로, 구원 받은 백성이 하나님께 드려 성전 기둥의 받침대를 만들 때 사용되었습니다. 성소와 지성소의 기둥은 은으로 만든 은받침대 100개 위에 세워졌습니다(출 26:15-33).

곧 '천'이란 10x100으로서 10은 하나님 편에서는 완전한 요구를, 인간 편에서는 책임과 온전한 순종을 의미하는 숫자[83]입니다. 또한 '천'이란 숫자는 성경에서 무수히 많은 수를 뜻하는 한편 완전한 수를 의미하기도 합니다(출 20:6). 즉, 포도원을 지키는 자들에게 은 천을 바치게 하셨다는 것은 맡은 자들에게 그 소산의 열매를 온전히 요구하셨다는 의미가 됩니다.

그리고 솔로몬의 이름이 1장 1절과 3장에서 세 번 나온 이후 8장의 마지막에 다시 등장합니다. 3장에서 신부를 맞이하러 가마를 보낸 솔로몬은 다시 오실 주님을 의미하고, 8장에서 포도원을 맡기는 솔로몬은 포도원에 망대를 두른 후 지키는 자에게 그것을 맡기고 먼 나라로 떠난 포도원 주인의 비유(마 21:33-43)와 동일합니다. 곧 다시 오실 주님이 오시기까지 각자에게 맡겨 놓으신 청지기적 삶과 그 열매를 의미하는 것입니다. 각 사람은 부르심에 합당한 열매를 맺어 주님이 오시는 날에 그 열매를 드려야 합니다(눅 12:31-48).

주님은 한 사람 한 사람에게 온전한 열매를 기대하십니다. 맡은 바 그 이상을 품지 말고, 맡겨 주신 그 열매를 드리는 것입니다. 그러나 이스라엘은 그런 삶을 살지 못했습니다(사 7:23).

예수님의 공생애 마지막 한 주간의 사역에서 열매 없는 무화과나무를 저주하심으로 뿌리째 말라버린 사건이 있었습니다. 무화과나무로 상징되는 이스라엘이 열매 없는 나무임을 보여 주는 사건입니다. 이 사건은 다시 오실 주님을 깨어 기다리며 선한 열매를 맺어야 할 교회가 주님 앞에 장차 어떠한 모습으로 서야 하는지에 대한 교훈을 가르친 것이기도 합니다(롬 11:12, 20). 교회가 지닌 의무처럼 포도원을 맡은 자들도 각기 그 열매를 주님에게 드려야 합니다.

> 솔로몬 너는 천을 얻겠고 열매를 지키는 자도 이백을 얻으려니와 내게 속한
> 내 포도원은 내 앞에 있구나 아 8:12 (신부)

주께서 이 땅에 다시 오실 때 온 이스라엘의 구원은 충만하게 온전히 이루어질 것입니다(롬 11:28-29). 그때의 온전함을 요한계시록에서는 '천'이란 숫자를 사용해 표현합니다(계 7:4; 14:1, 3).

그러므로 이 말씀에서 솔로몬이 천을 얻는다는 것은 아무도 능히 셀 수 없는 수(계 7:9), 곧 완전을 의미하며, 신랑 되신 주님의 온전한 구원하심을 말합니다. 그리고 그때 청지기들에게는 '칭찬과 영광과 존귀'(벧전 1:7)가 있을 것이며, 그에 대한 합당한 상급을 얻게 될 것입니다.

'내게 속한 내 포도원'이란 각각을 향한 소명이 있듯이 내게 주신 사명과 부르심이 있다는 뜻입니다.

또한 1장에서 나의 포도원을 온전히 지키지 못했다고 고백한 신부가 이제는 주님의 사랑을 알아 그 책임을 깨닫고, 주님의 온전하신 구원을 바라보며 청지기의 소명 앞에 섰습니다. 나의 부족함을 보고 낙심하던 신부가, 주의 사랑에 감격만 했던 신부가 이제는 주님이 오실 때까지 나의 부르심을 기억하며 청지기적 삶을 다짐하고 있는 것입니다. 그것이 성숙한 신부의 열매이고 향기입니다.

성숙한 사랑의 열매들은 여러 장애물을 넘고 이겨내며 맺어졌습니다. 신앙의 굴곡, 영적 침체, 영적 태만을 지나면서 그 결과로 풍성한 사귐의 결실을 맺었습니다.

내게 속한 내 포도원은 내 앞에 있구나 아 8:12

본론의 마지막인 이 구절은 아가서의 결론부인 8장 13,14절로 이어지는데, 아가서 이전의 모든 대화를 함축하면서 성숙한 신부로서의 삶을 새기고 있습니다. 또한 미래의 삶에 대한 청지기적 자세를 보여주는 것으로, 삶의 열매와 향기로 사랑을 베풀며 살겠다는 사랑의 헌신을 담고 있습니다. "이제 주님 앞에서 잘 살아보겠습니다"라고 다짐하는 것입니다.

함께 나누며 생각하는 시간

1. 아가서 8장의 성숙한 사랑의 열매 4가지를 말해보십시오. 각각의 특징은 무엇입니까?

2. 내 삶에 약한 부분이 있어, 열매 맺기 위해 변화되어야 할 부분이 있다면 무엇인지 나누어봅시다.

3. 아가서를 공부하면서 가장 기억에 남는 것과 나누고 싶은 것은 무엇입니까?

4. 아가서를 공부하면서 내 안에 일어난 변화는 무엇이며, 우리들에게 변화된 부분은 무엇이었는지 나누어봅시다.

마라나타, 그 사랑의 완성

나를 기대하시는 주님

사랑하는 신랑과 신부의 마지막 화답이며 마지막 대화가 시작됩니다. 아가서는 신랑의 한 마디 소원과 신부의 한 마디 소원으로 끝을 맺습니다.

너 동산에 거주하는 자야 아 8:13A (신랑)

이는 신부를 향해 부르는 새로운 애칭인 동시에 마지막 애칭입니다. 아가서에 등장한 신부의 애칭은 다양했습니다. '나의 사랑', '나의 신부', '나의 어여쁜 자', '나의 완전한 자', '귀한 자의 딸', 그리고 '사랑아' 등입니다. 이제 그 뒤를 이어 '너 동산에 거하는 자'에까지 이르렀습니다.

성경의 이야기는 에덴동산으로부터 새 예루살렘에 이르기까지 동산에서 시작되어 동산으로 끝이 납니다. 동산으로 성경을 이해하는 구조입니다. 구약에서 동산이 가장 많이 반복되는 성경은 창세기와 아가서입니다. 동산은 창세기 2장과 3장에서 에덴동산을 언급할 때 12회 사용되었고, 아가서에서는 6회 사용되었습니다.[84]

창세기 2-3장에서 동산은 범죄하기 이전의 아담과 하와가 살던 곳이었습니다. 범죄하기 이전에 그들은 벌거벗었으나 부끄러움이 없었습니다. 그 동산에서 최초의 범죄가 범해진 후에 원시복음이라 부르는 최초의 복음이 선언되었습니다(창 3:15).

그런 의미에서 '동산에 거주하는 자'라고 부르신 것은 에덴동산에서 거주하던 첫 사람 아담과 하와를 향한 주님의 기대를 함축한 호칭이라고 볼 수 있습니다. 창세기와 아가서를 연결해서 묵상하면, '생육하고 번성하고 땅에 충만하라 땅을 다스리라'라는 창조 때의 하나님의 명령을 아담과 하와가 순종함으로 이루어가기를 기대하셨던 주님이 이제 그 기대를 신부에게 하시는 말씀으로 들을 수 있습니다.

동시에 아가서에서 '동산'은 신부의 마음이었습니다. 신부의 마음이 주님이 매일 거니시는 동산이 되므로 신부가 맺는 열매와 향기를 바라시는 주님의 기대가 내포된 사랑의 칭호입니다. 또한 12절에 나오는 신부의 새로운 다짐을 인정하시는 주님의 격려이기도 합니다.

나의 기도를 기다리시는 주님

친구들이 네 소리에 귀를 기울이니 내가 듣게 하려무나 아 8:13B (신랑)

친구들[85]은 1장 7절에서 쓰인 후 이곳에서 다시 등장합니다. 이들은 왕이 궁을 벗어나 목자가 되어 양을 치고 있을 때, 그 옆에 함께하는 목자들입니다. 이들은 주님과 함께한 이들, 곧 천사들[86]이며 또한 목자장 되신 주님의 동역자, 주님이 사랑하셨던 목자들, 그리고 믿음의 선진들을 의미합니다.

8장에서 친구들은 1장에서의 의미와 동일합니다. '나의 친구들이 네 소리에 귀를 기울이지만 곧 내가 듣고 싶은 것이 너의 목소리'[87]라는 뜻입니다. 이는 신부가 주님을 가까이 하기를 열망하는 이상으로 신랑이 신부를 가까이 하기를 원하신다는 의미입니다.

주님은 2장 14절에서 '네 소리를 듣게 하라. 네 소리는 부드럽고 네 얼굴은 아름답구나'라는 말씀으로 신부의 음성 듣기를 간절히 바라셨습니다. 주님을 향한 신부의 음성은 곧 기도가 됩니다. 기도는 향기가 되고, 열매를 맺게 합니다. 그래서 주님은 2장에서 거친 세상에서 살며 신앙이 흔들릴 때, 하늘 처소를 기억하고 기도로 소명을 이루어 나가기를 원하셨습니다. 그리고 8장에서는 성숙한 신부로서 그녀의 소리에 귀를 기울이는 친구들에게 삶의 본이 되어 살아가기를 당부하십니다.

'네 소리를 내가 듣게 하라'라는 말씀은 기도를 의미하면서 더 나아가 주님과의 동행, 주님 안에 거하는 삶을 의미합니다. 기도로써 다시 오실 주님을 뵐 때까지 신부는 하나님 나라를 이루어갈 것입니다.

주님이 동행하시고 주님이 내 안에 거하시는 삶은 곧 주님이 이 땅에 세우시는 하나님 나라를 세우는 삶으로 나아가게 합니다. 죄로 가득한 이 땅에서 하나님의 이름을 높이며 하나님이 통치하시는 나라를 우리 삶이 열매로 보이도록 살아가는 것입니다.

신부는 주께서 속히 오시길 기다린다

> 내 사랑하는 자야 너는 빨리 달리라 향기로운 산 위에 있는 노루와도 같고 어린 사슴과도 같아라 아 8:14 (신부)

아가서의 마지막 음성은 신부의 소원입니다. 신부의 소원은 노루처럼, 어린 사슴처럼 빨리 달려와 달라는 것입니다. 아가서는 신부의 세 마디 열망과 함께 시작되었습니다. '입맞추어 주세요', '더욱 가까이 가고 싶어요', '말씀해주세요'.

그리고 신부는 여러 장애물을 뛰어넘어 점점 주님을 닮아가면서 주님의 향기와 열매를 그 삶에서 맺기에 이르렀습니다. 이제 마지막 열망으로 '빨리(이리) 오세요'(Come Away)라는 말로 마무리됩니다. 이는 신부가 신랑이 속히 돌아오기를 소원하는 고백입니다. 2장 17절은 8장 14절의 마지막 말씀의 배경을 잘 드러내줍니다.

> 내 사랑하는 자야 날이 저물고 그림자가 사라지기 전에 돌아와서 베데르 산의 노루와 어린 사슴 같을지라 아 2:17 (신부)

'날이 저물고 그림자가 사라진다'는 것은 하루의 저녁을 뜻하는 것이 아니라 종말의 때를 가리키는 숙어[88]로서 종말을 의미합니다. 예레미야가 말한 '날이 기울어 저녁 그늘이 길었구나'(렘 6:4)에서도 저녁 그늘은 단지 하루가 저문다는 뜻이 아니라 심판과 연결된 종말을 의미합니다. 2장 17절에서 종말론적 사건을 배경으로 '돌아오라'가 쓰였듯이, 8장 14절의 '빨리 달리라' 역시 '빨리 돌아오세요'[89]라는 종말론적 오심에 대한 강한 열망의 표현입니다.

성경은 오실 주님에 대한 약속과 대망으로 가득 차 있습니다. 구약에서는 창세기 3장 15절부터 궁극적으로 오실 메시아에 대한 약속을 시작하고 있습니다. 전도서는 결론부에서는 '하나님이 내세에 하실 심판을 기억하라'(전 12:13)라고 말합니다. 욥기는 고난 중에 내세를 바라보며 고백합니다.

> 내가 알기에는 나의 대속자가 살아 계시니 마침내 그가 땅 위에 서실 것이라
> 내 가죽이 벗김을 당한 뒤에도 내가 육체 밖에서 하나님을 보리라
> 욥 19:25,26

이사야는 오실 메시아를 왕으로 오실 메시아(1-39장)와 종으로 오실 메시아(40-66장)로 구분해서 오실 주님을 예언합니다.

> 이는 한 아기가 우리에게 났고 한 아들을 우리에게 주신 바 되었는데 그의 어깨에는 정사를 메었고 그의 이름은 기묘자라, 모사라, 전능하신 하나님이라, 영존하시는 아버지라, 평강의 왕이라 할 것임이라 그 정사와 평강의 더함

이 무궁하며 또 다윗의 왕좌와 그의 나라에 군림하여 그 나라를 굳게 세우고 지금 이후로 영원히 정의와 공의로 그것을 보존하실 것이라 만군의 여호와의 열심이 이를 이루시리라 사 9:6,7

바울이 세 안식일에 말씀을 전하여 세운 데살로니가 교회는 당시 주변 도시에 복음의 도전을 주었는데, 그들의 믿음의 특징은 주님의 강림 (살전 1:10; 2:19; 3:13; 4:16; 5:23)에 대한 자세였습니다. 바울은 데살로니가 교회가 주님의 강림을 소망하며 살기를 기대했습니다.

우리의 소망이나 기쁨이나 자랑의 면류관이 무엇이냐 그가 강림하실 때 우리 주 예수 앞에 너희가 아니냐 너희는 우리의 영광이요 기쁨이니라 살전 2:19,20

고린도 교회에 쓴 편지에도 바울과 초대교회 성도들의 열망은 '속히 오실 주님'을 대망하는 것이었고, '우리 주여, 오시옵소서'(마라나타)라는 고백은 초대교회 성도들의 인사말이 되었습니다. 그들은 서로를 향해 '마라나타'라고 말하면서 오실 주님을 소망하고 자신들이 당한 모든 고난을 믿음으로 이겨냈습니다.

아가서의 결론은 요한계시록과 같은 결론으로 끝나며, 오실 주님에 대한 사랑의 열망이 지속되기를 바라고 있습니다. 그래서 이 고백은 고린도전서 16장 22절의 '마라나타'이며, 성경을 끝맺는 요한계시록 22장 20절의 말씀과 연결됩니다.

"내가 진실로 속히 오리라 하시거늘 아멘 주 예수여 오시옵소서."

주님의 마지막 말씀이 이 땅에 사는 신부인 성도들의 기도를 듣기 원하시는 것이었다면(13절), 이제 성숙한 사랑을 하게 된 신부의 마지막 소원은 신랑 되신 주님이 속히 오시기를 기다리며 하루하루를 사는 것입니다(14절). 주님은 우리가 서로 다시 만나는 시간이 올 때까지 우리의 목소리를 듣기 원하십니다. 얼마나 나의 목소리를 듣기를 원하시고 기다리실까요? 나는 주님이 다시 오시기를 얼마나 사모하면서 하루하루를 살아야 할까요?

장애물을 넘어 성숙의 열매로

사고로 사랑하는 자녀를 잃은 부모는 자녀를 천국에 먼저 보내고 난 후 대개 자녀들이 쓰던 휴대전화기를 그대로 간직한다고 합니다. 자녀가 몹시도 보고 싶을 때, 자녀가 남긴 전화기에 전화를 걸면 녹음되어 있는 사랑하는 딸의 목소리를 들을 수 있기 때문입니다.

"전화주셔서 감사합니다. 지금은 전화를 받을 수가 없습니다. 돌아오면 곧 연락 드리겠습니다."

그 목소리를 들으면서 다시 만날 날을 기약하고, 하루 하루 눈물로 그리움을 삼키며 살아갑니다. 자녀를 잃은 고통 가운데, 자기 생명보다 귀한 사랑하는 딸의 이름을 자기 심장에 새겨 넣은 채로 살아가는 사람이 그런 부모들입니다. 이런 사람들이 다시 오실 주님을 그리워하며 사는 성도들의 한 면을 보여주는 것이라고 생각합니다.

주님과의 기도의 줄이 깊어지기 바랍니다. 기도의 강가에 서기 바랍니다. 기도의 폭포 한가운데 살기 바랍니다. 여러분의 심장에 주님의 깊은 사랑이 깊이 새겨지기 바랍니다.

주님을 향한 열망에서 시작된 사랑은 여러 장애물을 넘은 후 성숙한 사랑으로 열매를 맺습니다. 그리고 성숙한 사랑의 마지막 페이지에서는 '다시 오실 주님'에 대한 강한 열망이 기다림으로 표현됩니다.

"마라나타, 아멘 주 예수여 오시옵소서!"

함께 나누며 생각하는 시간

1. 아가서의 마지막 두 말씀은 신부의 열망과 주님의 열망을 보여줍니다. 그것이 무엇입니까? 나의 삶에 어떻게 적용할 수 있습니까?

2. 아가서를 통해 가장 은혜를 받고 도전 받은 부분은 무엇이었습니까?

3. 아가서를 모두 읽고 나서 내 삶에 달라지는 점이 있다면 무엇이며, 또 무엇이 될 것이라고 생각합니까?

4. 아가서를 들려주고 나누고 싶은 사람이 있다면 누구인지 생각해봅시다. 그를 위해 기도하는 시간을 갖겠습니다.

두 개의 기적

우리를 사랑하신다는 주님의 사랑만큼 우리에게 신비로운 기적이 있을까요? 그러기에 그 사랑으로 날마다 살아가는 우리는 그 사랑으로 날마다 기적을 맛보며 살아가는 것이겠지요. 호흡할 수 있는 것, 먹을 수 있는 것, 걸을 수 있는 것, 이 모든 것이 우리에게는 기적과 같은 일들입니다. 그럼에도 주님 안에서만 누릴 수 있는 특별한 순간들을 맞이하기도 합니다. 그래서 많은 망설임 끝에 나에게 일어난 두 가지 기적을 나눔으로 우리 주님의 높으심과 위대하심을 찬양하며 책을 마무리하려합니다.

어느 날 불쑥 다가온 일

누구에게나 결코 잊을 수 없는 기적들이 있을 것입니다. 나에게도 그런 기적이 어느 날 불쑥 찾아왔습니다. 하나는 나에게, 다른 하나는 아들에게 말입니다.

내가 26세 때, 뇌염에 걸렸다 의식을 회복했지만 그 후유증으로 왼쪽 얼굴에 편마비가 왔고, 그로 인한 경련을 치료하고자 얼굴에 침을 꽂아 전기자극을 주는 물리치료를 받고 있을 때였습니다. 주위를 둘러보니 뇌염에 걸렸다가 회복된 사람들 중에 후유증으로 고생하고 있는 사람들이 보였습니다.

서울역 앞에 있던 유명한 중국집의 며느리는 임신 중에 뇌염에 걸렸는데, 다행히 깨어나긴 했지만 정신이 온전히 돌아오지 못해 어머님이 떠먹여주는 죽을 먹고 있었습니다. 옆 병실의 대학생은 병영 훈련 도중 뇌염에 걸렸는데, 그 후유증으로 날씨만 궂으면 몸에 극심한 통증이 와서 병실을 뛰쳐나가는 통에 그를 붙잡느라 소동이 일어나곤 했습니다. 나에게 온 후유증도 가볍지 않았습니다.

첫 번째 후유증에서 회복하게 된 나는 퇴원하게 되었고, 당시 10미터를 걷기도 힘들었지만 어쩔 수 없이 택시를 타고 다시 학교 수업에 참석했습니다. 그러자 둘쨋날부터 몸에 이상이 오기 시작했습니다. 강의실에 들어가 겨우 자리에 앉아 있는데, 머리에서부터 아래로 몸의 감각이 사라지기 시작했습니다. 대소변의 감각도 느낄 수 없을 정도였습니다. 그렇게 온몸의 감각을 잃어버린 채 다시 입원하게 되었습니다.

척수액 검사를 위해 큰 주사바늘로 척추를 찌를 때에도 전혀 통증을 느낄 수 없었습니다. 전에 척수액 검사를 할 때에는 의식이 없어도 고통스러워했는데, 이번에는 의식이 있어도 통증을 느낄 수 없었습니다. 학교는 출석 일수를 채우지 못해 휴학 처리가 되고 말았고, 병원에서는 뇌염 후유증으로 재입원한 나에게 치료약도 없고 자연 회복을 의지할 수밖에 없다고 했습니다.

그렇게 한 달여간 입원해 있던 어느 주일 오후에 부모님이 병원에 오셨습니다. 마침 그 주일은 교회에서 성찬식이 있던 날이라 부모님이 성찬식의 떡을 들고 오셨습니다. 성찬 떡을 나에게 먹이고 싶으셨던 것입니다. 나를 향한 간절한 심정으로 가지고 오신 그 떡을 도저히 외면할 수 없었습니다. 그래서 병실에서 함께 기도한 후 성찬 떡을 먹었습니다. "이것은 교회에서 거룩한 예식 중에 참여하는 것인데 왜 이렇게 하세요"라는 말씀을 드릴 수도 없었습니다. 의사들이 나를 포기했을 때에도 어머니가 한양대 병원 12층 난간에서 울부짖으며 기도하신 것을 알고 있었기 때문입니다. 또한 엄청난 치료비로 아버님의 사업에 큰 타격을 드린 것과, 하나밖에 없는 누님도 나 때문에 큰 희생을 했다는 것을 알고 있었기 때문입니다. 아니, 무엇보다 내 마음에 전신마비의 치유를 위해 주님을 붙잡아야 한다는 절박감이 가득했기 때문이기도 했습니다.

성찬식의 떡을 먹은 후 나는 병실 침대에 다시 누웠고, 부모님은 버스를 타고 집으로 돌아가셨습니다. 얼마나 지났을까…. 병실에 누워 TV를 보고 있던 나에게 갑자기 한 가지 이상한 현상이 시작되는 것이 느껴지기 시작했습니다. 머리부터 감각이 살아나 온몸으로 감각이 회복되어가는 것을 느낄 수 있었습니다. 너무 놀랍고 기이해서 단숨에 일어나 공중전화기로 갔습니다. 부모님이 아직 집에 도착하지 않으신 것을 보니 병실에서 나서신 지 1시간 30분이 채 지나지 않은 터였습니다. 그 짧은 시간 동안 나에게서 전신마비 증상이 완전히 사라졌습니다. 어떻게 치유가 일어난 것인지, 지금도 설명할 수가 없습니다. 일반적인 치유 현상이 아니었기 때문입니다. 나에게 이런 일을 행하신 주님을 찬양할 뿐입니다.

놀라운 일을 행하시는 하나님

나는 장로교회에서 자라 세례를 받았고, 장로교단 신학교에서 신학을 하고, 장로교회 목사가 되었습니다. 그러나 내 사역은 교단과 교파를 초월해 이루어지기도 했습니다.

결혼 초기에 세 가정이 교회 가까이에서 공동생활을 하며 연희침례교회에서 청년부 간사로 사역하던 때였습니다. 아들 해림이가 첫돌이 되기 전이었습니다. 그때 일어난 일은 아들을 통해 나에게 일어난 두 번째 기적이기도 했습니다.

이 기적을 이야기하기 전에 내가 매릴랜드에서 사역할 때 일어났던 일을 먼저 말하지 않을 수 없습니다. 그 사건으로 인해 아들에게 일어난 일을 더 잘 이해할 수 있었기 때문입니다.

우리가 살고 있던 타운 홈은 집들이 여러 채 붙어 있어 이웃과 쉽게 마주칠 수 있었습니다. 옆집에는 젊은 백인 부부가 갓난아이를 데리고 살고 있었는데, 그들에게 전도하기 위해 그 부부의 아버지와 가까이 지내고 있었습니다. 그는 경찰에서 은퇴한 후 한인마켓 옆에서 구두수선가게를 차린 이탈리아계 백인이었습니다. 문제는 아이의 엄마와 할아버지는 제가 목사인 것을 좋아해서 신앙 이야기도 나누곤 했지만, 아이의 아빠는 인종차별에 가까운 표정을 지으며 저를 무시하고 못마땅해 했습니다.

그러던 어느 겨울 저녁 무렵이었습니다. 갑자기 누군가가 우리 집 문을 꽝꽝 두들겼습니다. 잠자리에 들려고 잠옷을 입고 소파에 앉아 있다가 깜짝 놀라 문을 여니 옆집 아이 엄마가 울먹이며 안고 있던 아이를 나에게 넘겨주었습니다. 아이를 보니 눈은 뜨고 있었으나 숨은 쉬지 않아 얼굴은 창백했고, 아이의 몸에서는 어떤 미동도 볼 수 없었습니다. 그런 아이 엄마 뒤에는 아이에게 손대지 말라고 나에게 손가락질하고 소리를 지르며 911과 통화하고 있는 아이 아빠가 서 있었습니다.

아이 엄마는 그런 남편도 아랑곳하지 않고 목사인 나를 찾아온 것이었습니다. 그녀가 우리 집 문 앞에서 쓰러질 듯 주저앉으며 아이를 건네주었는데, 아이를 받으면서 짧은 생각이 스쳐 지나갔습니다.

'어떻게 해야 하나? 영어로 기도해야 하나, 한국말로 기도해야 하나?'

어쨌든 눈을 부릅뜬 채 고래고래 소리를 지르고 있는 아이 아빠 앞에서, 나는 아이를 품에 안고 아이 등에 손을 얹고 기도를 시작했습니다. 바로 그때, 갑자기 아이가 눈을 부르르 떨더니 숨이 돌아오면서 기침을 몇 번 한 다음 울기 시작했습니다. 아이의 기침소리와 함께 내 손에 아이가 내뱉은 누런 가래 같은 덩어리가 떨어졌습니다. 아이가 울면서 호흡과 안색이 정상으로 돌아와 아이 엄마에게 아이를 돌려주는 순간, 소방차와 구급차가 집 앞에 도착하는 것이 보였습니다. 아이와 부모는 병원으로 갔고, 하룻밤을 병원에서 보낸 후 다음날 건강한 모습으로 돌아왔습니다.

며칠 후 문에 조그만 카드가 꽂혀 있는 것이 눈에 띄었습니다. 아이의 아빠가 보낸 감사의 편지였습니다. '당신과 같은 분이 이웃이라는 것이 너무 고맙고 감사한 일'이라는 내용이었습니다. 이후 이 가족은 몇 주일 후에 내가 섬기는 교회를 방문했습니다. 그리고 이사를 간 후에도 몇 번 우리 집에 찾아와 아이와 함께 건강하게 살고 있다는 소식을 전해주었습니다.

나는 그때, 아이와 부모가 병원으로 떠난 후에 조금 전 일어났던 일을 곰곰히 생각해보았습니다.

'왜 숨이 멈춰 창백한 어린아이를 안고 기도를 하자마자 가래와 같은 것이 떨어지며 숨이 돌아왔을까? 목에 가래가 걸려 경기가 일어났던 것 같은데, 마침 내가 등을 두드리며 기도하니 우연처럼 가래가 빠져나온 것일까?'

나는 단지 믿음의 기도밖에 한 것이 없음을 알고 있기 때문이었습니다. 그때 불현듯, 아들 해림이가 어렸을 때 똑같은 일을 겪었다는 사실이 생각났습니다. 그때도 이해할 수 없었지만, 주님의 놀라운 역사하심이었다는 사실도 깨닫게 되었습니다.

아들 해림이가 돌이 되기 전 어느 날이었습니다. 우리는 해림이에게 갑자기 생긴 고열로 몹시 당황하고 있었습니다. 병원은 이미 문을 닫은 때라 누님의 친구 남편 중에 소아과 전문의가 있다는 것을 알고서, 늦은 시간이었음에도 그 분이 살고 있는 여의도로 달려갔습니다. 그 분은 해림이를 진찰하더니 진단서를 써주시며 곧장 세브란스병원 응급실로 가라고 했습니다. 아이가 급성폐렴에 걸렸다는 것입니다. 머리를 깎고 머리에 수혈을 해야 될 것이라고도 했습니다.

여의도에서 신촌 세브란스병원 응급실로 가는 길에 의료보험증을 챙기러 집에 들러야 했습니다. 그때 아내가 집 앞 교회에 데려달라고 부탁했습니다. 자기는 거기서 기도하고 있을 테니 집에 가서 의료보험증을 가지고 오라는 것입니다. 그 교회는 개척한 지 얼마 되지 않은, 연세대 후문의 한 빌딩 지하실에서 매일 철야기도를 하는 교회였습니다.

아내는 출산 후에 약간의 우울증을 경험하면서 매일 기도하고 싶어 했는데, 마침 집에서 걸어갈 수 있던 그 교회에서 한동안 기도하곤 했습니다. 나는 매일 철야를 하겠다는 아내의 신앙생활에 동의하지 않았지만, 막지도 않았습니다. 결혼 전에 나와 성경공부를 하며 교제했던 아내가 결혼 후에는 기도에 열심을 내고 있었기 때문입니다.

아내를 데려다주고 집에서 의료보험증을 가지고 오니, 그 교회의 윤 목사님과 사모님이 내 아내에게 기도를 해주시겠다며 아내 옆에 서 있는 나에게 아들 해림이를 안고 있으라고 했습니다. 아픈 아들을 위해 아이 엄마에게 기도한다는 것이 이해되지 않았지만, 기도가 시작되는 그 순간, 내가 안고 있던 아들의 몸이 갑자기 불같이 뜨거워지면서 아이가 큰 소리로 울기 시작했습니다. 아이는 기침을 해대다가 누런 가래 같은 덩어리를 내 손에 뱉어냈습니다. 그러자 순식간에 아이의 몸에서 열이 내렸습니다. 그 시간에 아들 해림이의 급성폐렴이 사라진 것입니다. 세브란스병원 응급실에 갈 필요가 없어졌습니다. 나는 그 현상을 이해할 수 없었습니다. 하지만 분명한 것은 그날 주께서 아들을 고쳐주셨다는 사실입니다.

매릴랜드의 그 아이가 지금은 어떻게 살고 있는지 가끔 궁금해지기도 합니다. 그 겨울밤, 그 아이에게 일어난 일은 아들 해림이에게 일어난 일과 너무나 흡사했습니다.

우리에게 일어난 두 가지 기적을 생각할 때마다 하나님은 오늘도 치유하시는 분이시라는 믿음이 더욱 굳건해집니다. 왕 되신 우리 주님의 통치는 오늘도 이 땅의 어두운 구석구석마다, 지극히 작은 한 사람에게도 임하고 있습니다. 그러기에 우리 주님을 섬기는 일보다 더 중요한 일은 이 세상에 없습니다.

내 사랑, 주님을 찬양합니다.

A. 아가서를 두 부분으로 이해하는 법

1-2장 (작은 아가서)

3-8장 (확대된 아가서)

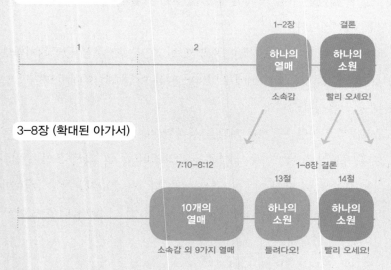

1-2장을 작은 아가서라고 말하는 이유는 2장의 결론이 8장의 결론에서 반복되기 때문입니다. 2장은 신부가 하나의 열매(소속감)를 맺고, 하나의 소원(빨리 와주세요)을 고백함으로 끝이 납니다. 아가서의 결론 부분에서 신부는 10개의 열매(소속감 외 9개)를 맺으며, 신랑의 소원(들려다오)과 신부의 소원(빨리 오세요)으로 확대하여 반복하기 때문입니다.

1-2장의 핵심 내용이 3-8장에서 어떻게 구체적으로 나타나는지 다음 그림을 보면 더 잘 이해할 수 있습니다. 그것과 함께 1-8장의 핵심 내용도 다음 페이지의 그림으로 설명하려 합니다.

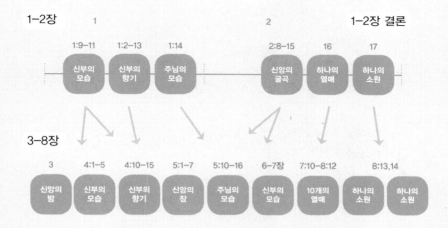

1-2장

1

1:9-11	1:2-13	1:14
신부의 모습	신부의 향기	주님의 모습

2

1-2장 결론

2:8-15	16	17
신앙의 굴곡	하나의 열매	하나의 소원

3-8장

3	4:1-5	4:10-15	5:1-7	5:10-16	6-7장	7:10-8:12	8:13,14
신앙의 밤	신부의 모습	신부의 향기	신앙의 잠	주님의 모습	신부의 모습	10개의 열매	하나의 소원	하나의 소원

1장에서 신부는 주님을 열망하면서 자신의 정체성에서 변화가 시작됩니다(1:5, 나는 비록 검으나 아름다우니). 이러한 내적 변화의 결과로 신부는 열매를 맺습니다. 그것이 주님이 인정하시는 신부의 아름다움입니다(1:10,11, 2개의 신체 비유).

그리고 4장에서 신부의 아름다움은 7개의 신체 부분으로(4:1-5), 6장에서는 얼굴의 네 부분으로(6:4-7), 7장에서는 10가지 신부의 전신 모습으로 확대됩니다. 각각의 신앙의 굴곡인 여러 시험들(3장의 신앙의 밤, 5장의 신앙의 잠)을 통과하면서, 신부가 더욱 성숙한 모습으로 변화되고 있음을 신체로 비유하여 보여주는 것입니다.

또한 신부는 주님을 가까이 할수록 "나는 누구인가?"라고 질문하면서 자신에 대한 안목도 변화되었지만, "나에게 주님이 누구신가?"라는 질문에 대해서도 성장합니다. 그것을 1장에서 주님은 "엔게디 포도원의 고벨화 송이"(1:14)라는 한 마디에 담고 있지만, 이후 신앙의 시련을 겪으면서 주님의 아름다우심을 열 마디로 노래합니다(5:10-16). 주님의 이 모습은 성경 여러 곳에 나타난 주님의 모습(계1:13-16, 사6:1-5)과 비교됩니다.

B. 아가서를 세 부분으로 이해하는 법

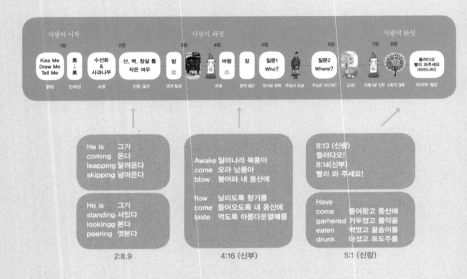

1장은 신부의 세 열망으로 시작됩니다(입 맞추어 주세요. 가까이 해주세요. 말씀해주세요). 이 세 열망은 주님 안에서 내가 누구인지 자신의 정체성을 확인하며 변화를 시작하는 계기가 됩니다. 그것이 '나는 비록 검으나 아름다우나'(1:5)입니다.

2장은 신부가 자신의 소명(세상 속의 나는 누구인가?)을 발견하는 과정으로 시작됩니다. 거친 세상 속에 살고 있는 신부를 만나기를 열망하는 주님의 여섯 행동이 나타납니다. 그것이 위의 왼쪽 도표입니다. 이는 신부가 2장부터 5장까지 만나게 되는 세 가지 장애물들보다 주님의 사랑이 얼마나 큰지 보여줍니다. 신부는 이 장애물들을 하나씩 넘으며 주님과의 사랑은 성숙해집니다.

7장 이후 사랑의 완성 단계에서는 성숙한 사랑의 특징으로서 10가지 열매를 보여주며, 신랑의 마지막 음성과 신부의 마지막 열망으로 아가서는 끝이 납니다. 아가서는 1장 처음부터 신부의 열망으로 시작돼, 8장 마지막 부분에서 더 큰 열망으로 끝을 맺는 것입니다. 그것은 다시 오실 주님을 기다리는 강렬한 열망입니다.

아가서는 모두 8장 117절이지만 400소절로 나눌 수 있으며, 4장 16절은 200소절째로 아가서 전체의 가운데 소절이기도 합니다. 도표에 그려놓은 것처럼 4장 16절의 신부의 한 마디 고백(그리고 그 속에 담긴 여섯 가지 행동)과 5장 1절의 신랑의 한 마디 고백(그리고 그 속에 담긴 세 가지 행동)이 아가서의 중심에 해당된다면, 8장 13절의 신랑의 한 마디 고백과 8장 14절의 신부의 한 마디 고백은 아가서의 결론을 보여줍니다.

●● 부록 2
아가서 각장의 요약 ··

1장의 요약

열망   정체성

1장의 키워드:

입맞춰주세요(2절). 이끌어주세요(4절). 말씀해주세요(7절)
나는 비록 검으나 아름다우니(5절)

1. 사랑의 시작은 '갈망'에 있다

"무엇을 갈망하는가?"는 그 사람의 삶의 내용을 결정한다. "주를 향한 갈망이 어떠한가?"는 그 사람의 신앙의 색깔을 결정한다.

아가서는 신부의 노래로 시작하는데, 신랑 되신 주님을 향한 갈망의 노래이다. 신부의 갈망은 세 가지로 깊어진다. 1) 입맞춰주세요(Kiss Me, 2절), 2) 이끌어주세요(Draw Me, 4절), 3) 말씀해주세요(Tell Me, 7절)

2. 신부가 주님을 갈망하는 이유

첫째, 주님의 사랑이 포도주보다 낫기 때문이다(2절). 둘째, 주님의 기름이 향기롭기 때문이다(3절). 셋째, 주님의 이름이 '쏟은 향기름' 같기 때문이다(3절).

3. 주님을 갈망하는 자가 누리는 유익

첫째, 세상에 없는 기쁨과 즐거움을 얻는다(4절). 둘째, 진정한 나를 발견한다 (나는 비록 검으나 아름다우니, 5절). 셋째, 주님의 음성을 듣고 가야 할 길을 알게 된다(8절).

4. 향기 나는 삶의 시작

첫째, 주를 갈망하는 자에게 향기가 난다. 둘째, 소속감이 깊어질수록 향기가 난다. 셋째, 이 향기는 온 몸에서 흐르고 밤에도 흐른다. 넷째, 이 향기는 내게서 나는 것이 아니라 내 안에 계신 주님에게서 풍겨난다.

2장의 요약

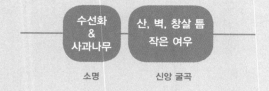

2장의 키워드:

나는 샤론의 수선화(1절) 내 사랑은 가시덤불속의 백합화(2절)
나의 사랑하는 자는 수풀 가운데 사과나무(3절)
벽 뒤에 서서 창으로 들여다보며 창살 틈으로 엿보는구나(9절)

1장에서 신부는 "주님 안에서 내가 누구인가?"의 답을 발견한다면, 2장에서 신부는 "왜 내가 여기에 있는가?"라는 질문으로 소명을 발견한다.

1. "나는 샤론의 수선화, 골짜기들의 백합화"(2:1)

"왜 내가 여기 있는가?"에 대한 시적 고백이다. '샤론의 수선화'는 매우 넓고 거대한 샤론 평야에 피어 있는 한 송이 꽃이라는 의미이다. 샤론 평야는 갈릴리 호수에 비해 약 2배 가량 넓다. 그토록 넓은 평야에 피어 있는 한 송이 꽃을 생각해보라. 나는 주님 안에서 아름다운 존재임을 1장에서 확인했지만, 이 고백은 거대한 세상 속에서 작고 작은 내가 어떤 의미인가 하는 소명에 관한 의문이고 고백이기도 하다.

"나는 골짜기들(Valley of Valleys)의 백합화"(2:1)의 의미도 샤론의 수선화와 같다. 그 뜻을 반복해 강조한 것이다. 깊은 산 속에 피어 있는 한 송이 꽃이란 눈에 띄지도 않는 미미한 존재임을 고백하는 표현이다. 때로 그리스도인은 '주님께 사랑받는 존재'임을 알지만 '거대한 세상 속의 작고 작은 나'라는 존재에 대한 의미를 부여하기가 쉽지 않다. 그래서 때로는 흔들리게 된다.

2. "여자들 중에 내 사랑은 가시덤불속의 백합화"(2:2)

주님의 말씀이다. 신부의 고백을 반복하는 것 같지만, 사실은 보고 말하는 관점이 전혀 다르다.

㈎ '샤론 평야, 골짜기'와 대조되는 것은 '가시덤불'이다.

㈏ 신부는 넓은 세상과 작은 나를 비교하지만, 주님은 '향기 없고 생명 없는 곳'에 있는 신부를 보신다.

㈐ 나의 부르심, 나의 소명은 "내가 얼마나 힘들고 외로운가?"를 보기보다 생명 없는 곳에 보냄 받은 나를 확인하게 한다.

3. "남자들 중에 나의 사랑하는 자는 수풀 가운데 사과나무 같구나"(2:3)

자신의 소명을 확인한 신부가 신랑 되신 주님을 바라보니, 주님께서 먼저 이 땅에서 그렇게 사셨음을 비로소 깨닫는다.

(가) 주님은 이미 열매 없는 곳, 향기 없는 곳에서 사셨다. 이 땅에 생명을 주시기 위해 말구유에서 나시고 나사렛에서 무명인으로 사셨으며, 십자가에서 죽으시기까지 생명 없는 이 땅에서 향기 나는 삶을 사셨다.

(나) 신랑 되신 주님이야말로 샤론의 수선화요 골짜기의 백합화로 사신 분이셨다. 드넓은 세상 속의 작은 존재인 신부는 주님의 삶이 어떤 의미인지 깨닫고, 다시 힘을 얻고 기뻐한다.

(다) 소명을 확인하는 신부는 세 가지 기도를 더한다. 첫째, 새 힘을 얻게 하소서 (Strengthen Me, 2:5). 둘째, 시원케 하소서(Refresh Me, 2:5), 셋째, 안아주소서(Embrace Me, 2:6).

4. "나의 사랑하는 자는 노루와도 같고 어린 사슴과도 같아서 우리 벽 뒤에 서서 창으로 들여다보며 창살 틈으로 엿보는구나"(2:9)

신앙생활을 하면서 주님은 매우 가깝게 계시지만 때로는 매우 멀리 떨어진 것처럼 느껴질 때가 있다. 2장에서 신부와 구별되는 노루와 들사슴이 등장하는 이유이다(2:7). 노루와 들사슴은 아름답고 귀엽지만, 작고 사소한 소리에도 놀라 도망가는 동물들이다. 주님과의 교제가 이 땅에서는 쉽게 깨어지기 쉽다는 것을 의미하는 비유다.

(가) 신앙의 굴곡이 있는 이유는 이 땅에서 주님과의 교제가 제한받기 때문이다(8,9절). 그리스도인은 여러 장애물로 인해 신앙생활에 어려움을 겪는다. 산, 작은 산들, 벽 뒤, 창과 창살틈 같은 시적 비유는 지상에서 주님과의 교제에 시간적, 공간적 장애물이 많다는 것을 의미한다.

(나) 우리에게 신앙의 굴곡이 있을 때 풍성한 삶을 사는 길을 가르쳐주신다(10-17절). 첫째, 이 땅은 우리가 영원히 머물 처소가 아님을 기억한다(10-14절). "일어나서 함께 가자"라는 말씀에서 주님이 예비하신 처소(요 14:2,3)를 기억해야 한다. '바위틈 은밀한 곳'은 그리스도인의 이 땅에서의 삶을 의미한다. 둘째, 기도로 주님께 나아간다(14절b). "너의 소리를 들려다오"는 기도를 기다리시는 주님의 모습이다(조나단 에드워드). 셋째, 거짓 선지자들과 사소한 죄들을 멀리한다(15절). '포도원을 허는 작은 여우 새끼들(복수형)'은 주님과의 교제를 깨뜨리는

죄악들이다.

㈐ 신앙의 굴곡이 있는 이유는 그리스도인이 더욱 주만 바라보고, 주를 가까이 하는 열망으로 살게 하려는 뜻이다(조지 뷰로우). 첫째, 나의 사랑하는 자는 내게 속하였고, 나는 그에게 속하였구나(16절). 신앙의 여러 굴곡을 통과하면서 신부는 첫 번째 열매를 맺는다. 소속감을 뜻한다. 둘째, "나의 사랑하는 자야, 날이 기울고 그림자가 갈 때에 돌아와서 베데르 산에서의 노루와 어린사슴 같아라"(17절). 주님이 내 삶에 찾아오셔서 더욱 풍성한 사귐을 갖기 원하신다는 말씀으로 2장이 끝난다. 8장의 마지막 절과 같은 소원이다.

3-4장의 요약

밤
夜

가마

바람
風

영적 침체   극복

3장의 키워드:

내가 밤에 침상에서 사랑하는 자를 찾았노라(1절)

내가 일어나서 성 안을 돌아다니며

— 찾으리라하고 찾으나 만나지 못하였노라(2절)

솔로몬의 가마(7절)

내 사랑 너는 어여쁘고 어여쁘다(4장1절)

북풍, 남풍(16절)

신앙생활에 밤이 찾아올 때가 있다. 주님을 믿고 따르는데 때로는 앞이 보이지 않을 때도 있다. 나는 주님을 찾는데 주님은 나를 만나주지 않으시는 듯한 '인생

의 밤' 같은 시기다. 그것을 영적 침체라고 정의하자. 3장과 4장에서 영적 침체를
배우고, 그 영적 침체를 벗어나는 방법을 알게 한다.

1. 영적 침체의 특징

나의 열망은 있으나, 주님의 임재 의식은 없다. 신앙생활을 하며 깊은 웅덩이에
빠진 시간들이다. 나는 주님을 매우 열망하고 사모하는데, 주님은 나를 멀리 하
시는 것처럼 여겨진다. 그 결과 '밤, 찾으리라, 찾았다'가 반복된다(3:1,2,3).
평강 대신 두려움이 마음을 지배한다. "내가 찾아도 발견하지 못하였고, 찾으나
만나지 못하였구나"가 반복되는 삶을 산다(3:1,3).
영적 침체가 오면 믿음을 잃어버리고 의심하며, 의욕을 잃어버리고 낙심하고, 몸
과 마음이 약해진다. 누구나 영적 침체를 겪는다. 자주 겪느냐, 가끔 겪느냐 차
이다. 영적 침체는 성숙해지는 과정에서 만나는 삶의 일부다. 이때 우리는 주님
의 뜻을 발견한다. 신부의 모든 관심이 주님께만 맞추어지기를 바라시는 것이 영
적 침체를 허용하시는 주님의 뜻이다.

2. 영적 침체를 벗어나는 방법

1) 자기를 부인한다(3:1-2). 자신의 생각과 감정을 따라가지 말고 주님께 집중
한다. 우리의 육신은 다스려야 할 대상이지 따라야 할 대상이 아니다. 신부는
주를 찾기 위해 '잠'을 희생한다. 전에는 세상을 좇기 위해 주님을 희생했지만 이
제는 주님을 좇기 위해 자기를 포기하는 법을 배운다.
2) 영적 멘토를 가까이 한다(3:3,4). 내가 인생의 잠을 잘 때에도 새벽을 지키는
사람들이 있다. 밤을 지키며 '성중에 순행하는 자들'이다. 나보다 신앙이 성숙한
이들을 가까이 해야 한다. 만남을 통해, 책을 통해, 삶을 나눌 사람을 찾으라.
3) 이제 곧 다시 오실 주님을 기억한다(3:6-11). 주님을 만나는 날에 천국 환영
회를 열어주실 그날을 기억하며 '오늘의 밤'을 이긴다.
4) 주님이 나를 어떻게 생각하고 계시는지 기억한다(4:1-5:1). 4장은 영적 침체
에 빠진 신부를 회복시키시는 주의 음성이 가득하다. 4장은 모두 16절인데 그
중 15절이 주님의 말씀이다. 그 말씀을 듣고 영적 침체에서 회복되는 신부의 모

습이 16절 한 절에 기록된다. 장애물을 넘은 신부는 세 가지 기도를 더한다.

(가) 주님은 나의 전부를 아시고, 나의 전체를 보고 계신다. "나의 사랑 너는 어여뻐서 아무 흠이 없구나"(4:1,7). 주님은 나의 부족한 점과 나의 연약한 과거를 보시지 않으며, 나의 전체를 보고 계심을 기억한다. 성숙하여 영광스러운 신부로 변화되는 모습까지 보고 계심을 기억한다. 주님이 나를 보시는 이 관점은 "내가 나를 어떻게 보아야 하는지" 알게 한다. 약점보다는 강점을, 과거보다는 미래를, 부분보다는 전체를 보는 안목을 갖는 것이다.

(나) 주님은 항상 나와 교제하고 싶어하시며, 내가 주를 기다림보다 나를 더 기다리시는 분이다(4:8-15). 한 장소를 정하시고 나를 기다리신다(시온산, 4:8). 나의 경건을 보고 싶어하시고(4;10), 나의 기도와 찬양을 듣고 싶어 하신다(4:11). 나를 항상 안전하게 보호하시며(4:12), '내 마음을 주님이 거니시는 동산'으로 삼으신다(4:12). 내 삶에 성령의 열매가 풍성하게 맺도록 도우신다(4:13-15).

3. 영적 침체를 겪은 신부의 고백(4:16)과 주님의 소원 (5:1)

4장의 마지막 절(북풍아 일어나라 남풍아 오라 나의 동산에 불어서 향기를 날리라 나의 사랑하는 자가 그 동산에 들어가서 그 아름다운 열매 먹기를 원하노라)은 신부의 청원이고 소원이며 기도다. 북풍은 찬바람이다. 모든 의심과 두려움을 내어쫓는 바람이다. 남풍은 따뜻하여 동산의 과실을 익게 하며 향기를 퍼뜨린다. 신부는 주님이 내 마음을 거니시는 동산으로 삼으신 줄 안다. 아름다운 덕성(德性)을 맺기 소원하며 성숙한 사랑으로 나아간다.

잠　　질문1　　신랑　　질문2　　동산

Who?　　　Where?

영적 태만　첫사랑 회복　주님의 모습　주님은 어디에?　교회　아름다운 신부

5장의 키워드:

내가 잘지라도 마음은 깨었는데(1절)

아가서에서 만나는 마지막 장애물은 '영적 태만, 영적 게으름'이다. 5장은 이것을
'잠'이라는 시적 표현으로 노래한다. 영적 태만이 마지막 장애물로 등장하는 것
은 의미가 있다. 5장 1절의 주님의 칭찬에 이어 시작된다.

1. 영적 태만의 특징

깨어 있는 듯하나 실상은 잠을 잔다(5:2)

3장의 밤과 5장의 잠은 여러 면에서 대조가 된다. '밤'은 깨어 있어 주님을 열심
히 찾으나 주님의 응답이 없는 시간이다. '잠'이란 주님이 열심히 찾으시나 내가
움직이지 않는 시간이다. 주님이 간절히 부르시는 음성을 들으면서도 움직이지
않는다. 자원하는 마음이 없다. 지체하기만 한다. 주님은 "나의 누이, 나의 사
랑, 나의 비둘기, 나의 어여쁜 자"라고 강조하여 부르시나, 신부는 "옷을 벗었
고, 발을 씻었고"(5:3. 엡 6:11,15과 비교)라고 말하며 "기회를 놓치고 때를 놓친
다"(5:5,6).

주님의 뜻과 상관없이 산다. 결단하거나 헌신하지 못하고 지체한다(5:5). 밤이
슬을 맞으며 문밖에서 문을 두드리시며, 문틈으로 손을 들이미시는 주님의 행동
과 대조된다. "그가 벌써 물러갔네. 그가 한 말 때문에 내 혼이 나갔구나"(5:6).
주님이 나를 찾으시나, 나는 주님을 멀리하고 세상과 세상이 주는 즐거움을 가

278

까이 하는 상태가 영적 태만이다. 요한계시록 2장의 뜨뜻미지근한 라오디게아 교회처럼 오늘날도 많은 교회, 많은 성도가 이런 '잠'을 잔다.

2. 영적 태만을 벗어나려면

무디어진 자신을 깨뜨려야 한다(5:7,8). 3장의 밤을 지키는 파수꾼들이 영적 멘토가 되어 신부를 신랑에게 인도하던 것처럼, 5장에서는 새벽을 지키는 자들이 잠을 자는 신부를 훈계하고 책망한다. 그들은 신부를 상하게 하고 옷을 벗긴다. 바울이 자신을 쳐서 복종시키듯(고전 9:27) 자신을 깨뜨려야 하는데, 멘토의 훈계를 통해 자신을 깨뜨리게 되는 것이다.

지체하거나 미루지 않는 헌신을 배운다. 한결같은 순종의 삶으로 새로워져야 한다(5:7,8). 영적 게으름을 버리고, 타협하는 행동이 변해야 한다.

3. 인생에서 중요한 두 가지 질문(5:9–6:13)

사랑하기 때문에 병이 난 적이 있는가? 아가서의 신부는 영적 태만을 겪으면서 "나는 신랑을 사랑하기에 병이 들었다"라고 고백한다(5:8.) 이 사랑의 고백이 진실한 이유는 잘되고 형통하였을 때 하는 고백이 아니라, 신앙생활의 실패와 실수를 통해 하는 고백이기 때문이다. 병이 들 만큼 주님을 사랑하는 신부를 보고 예루살렘 여인들이 신부에게 두 개의 질문을 한다(5-6장).

첫째, 그토록 주님을 사랑하는 이유가 무엇인가(5:9).

신부는 '내가 사랑하는 주님은 어떤 분인가'를 설명한다(5:10-16). 성경은 영광스러운 주님의 모습을 여러 곳에서 계시한다. 이사야 6장, 에스겔 1장, 다니엘 7장, 요한계시록 1장은 만물을 주관하시며 역사의 심판주이신 주님의 모습을 묘사한다. 아가서 5장에서 주님은 혼인잔치의 신랑이 되시고 친구 같은 분(5:16)이며 동시에 신적 영광이 가득한 분이시다. 이런 주님과 사랑이 깊어지는 비결은 한 가지다. 사랑하는 주님과 함께 오래 머무르는 것이다. 하나님께 쓰임 받은 사람들의 특징은, 하나님과 단 둘이, 은밀한 시간을 충분히 갖는 것이었다.

둘째, 그렇다면 그토록 아름다운 주님을 어디서 만날 수 있는가(6:1).

(개 주님이 거니시는 동산은 '내 마음'이다(6:2,3). 사람들이 이 땅에서 아름다운 주

님을 만날 수 있는 곳은 신부의 마음, 신부의 삶에 흐르는 향기에서다. 주님은 어디에 계시는가? 거룩한 성도들 곁에, 향기 나는 삶을 사는 신부들과 함께하신다.
(나) 주님이 거니시는 동산은 '세상에 흩어진 교회'다(6:2,3). 주님은 동산에서 백합화를 꺾으시는데, 이때의 백합화는 향기 없는 세상, 생명 없는 세상에 보냄 받은 신부들이다(아 2:1-2). 주님은 골짜기의 백합화와 함께하신다. 이런 주님을 어디서 만날 수 있는가? 세상 사람들은 세상 속에 보냄을 받은 나, 우리, 교회에서 주님을 만날 수 있고, 볼 수 있고, 만질 수 있다.

4. 사랑아(7장 1-9절)
주님은 결론부에 이르러 애칭 하나를 추가한다. "사랑아"(7:6)가 그것이다.
영적 태만을 이겨낸 신부를 향한 새로운 애칭이다.
첫째, 네가 어찌 그리 아름다운지(7:1, 7:6).
1-9절(상)까지 주님은 신부의 전신을 말하며 신부의 아름다움을 노래하신다.
1장에서는 얼굴이, 4장에 이르러는 상체가, 7장에서는 전신으로 아름다움의 묘사가 확대되고 있음을 주목해야 한다. 주님이 변화되어 성숙한 신부를 칭찬하시는 것이다.
둘째, 자는 자를 깨우시는 주님의 열심(5:2-7:9b를 비교하라).
영적 태만은 5장 2절 "내가 잘지라도 마음은 깨었는데"로 시작해 7장 9절 "자는 자들의 입을 움직이게 한다"로 마친다. 5장 2절부터 움직이지 않는 신부와 대조되는 주님의 열심을 본다. 6장 4절부터 7장 9절까지 주님은 신부의 아름다움을 칭찬하고 격려한다. 이 칭찬들은 영적 태만을 통해 때로 교제가 단절되었을지라도 그것을 넘어 주님을 바라보도록 한다. 주님의 가장 큰 즐거움은 성도의 영혼과 그 삶에 맺혀지는 아름다움들이다. 그것이 성숙의 표지이다.

7장 10절 이후 요약

사랑의 열매   마지막 열망

아가서는 사랑의 이야기이다. 세 부분으로 나눌 수 있다. 첫째는 사랑의 시작 (1:1-1:17), 둘째는 사랑의 과정 (2:1-7:9), 셋째는 사랑의 완성(7:10-8:14)이다. 이제 아가서의 세 번째 부분이 시작된다. 주님과 신부의 화답 안에서 성숙한 사랑의 10가지 열매를 발견할 수 있다.

아가서에 나타난 사랑의 열 가지 열매들은 고린도전서 13장에 나오는 사랑의 열다섯 가지 열매와 갈라디아서 5장의 성령의 아홉 가지 열매와 비교된다. 고린도전서 13장이 사랑의 본질이고 갈라디아서 5장이 성령의 열매라면, 아가서 결론부의 사랑은 성숙한 사랑의 열매들이다.

1. 소속감(7:10)
2. 늘 동행함(7:11)
3. 더욱 성결함(7:12)
4. 좋은 것을 드려 헌신함(7:13)
5. 주를 전하며 세상을 이김(8:1-2)
6. 주의 보호와 인도를 소망함(8:3,4)
7. 거친 들에서 주만 의지함(8:5)
8. 죽음보다 강한 주의 사랑을 닮아감(8:6)
9. 연약한 이들을 돌아봄(8:8,9)
10. 나의 소명과 사명에 충성함(8:11)

●● 주

나의 고백

1) 두안 가렛 · 폴 하우스, 《아가 · 예레미야애가》 WBC 성경주석 23B, 채천석 역, 솔로몬, 2010. p. 185.

책을 열며

2) 스튜워트 올리오트, 《전도서 · 아가》, 이중수 역, 목회자료사, 1999. p. 73.

3) 죠지 뷰로우, 《솔로몬의 아가》, 최종태 역, 소망사, 1989. p. 21.

4) Ibid., p. 21.

5) Ibid., p. 4.

6) 이스라엘은 유월절에는 아가서, 오순절에는 룻기, 그리고 예루살렘이 파괴된 압 (Ab)월 제 9일에는 예레미야 애가, 장막절에는 전도서, 부림절에는 에스더를 각각 읽으면서 하나님의 사랑과 은혜를 기억했다.

7) 민영진, 《성서주석 전도서/아가》(서울: 대한기독교서회, 2000). p. 283.

1장

8) NIV: 입맞추어주세요(2절, Kiss me), 이끌어주세요(4절, Take me), 말씀해주 세요(7절, Tell me).

9) 민영진, 《성서주석 전도서/아가》, p. 284.

10) '해 아래의 수고는 헛되고 헛되다'(전 1:2; 12:8)의 수미상관법(Inclusio)의 구 조에 이어서 전도서의 결론부가 나온다. 그것은 '하나님을 경외하고 그의 명령을 지 키라 내세의 심판을 기억하라'(12:13,14)라는 내용이다.

11) 나샤크(NaShaCk): "아, 제발 그이가 내게 입맞추어주었으면"(새번역), "Kiss Me"(NIV, NASB).

12) 구약에서 입맞춤은 '인사하다'라는 의미로, '적당한 대답'(잠 24:26), '굴복'(왕 상 19:20), '화해'(시 85:10)라는 뜻을 가진다. 신약에서는 '경배'(눅 7:38), '안부

와 교제'(살전 5:26)라는 뜻으로, 이러한 성도 간의 인사를 베드로는 '사랑의 입맞춤'(벧전 5:14), 바울은 '거룩한 입맞춤'(고전 16:20)이라고 했다.

2장

13) 아가서에는 '사랑'을 표현하는 몇 가지 단어들이 나온다. 도드(Dod, 32회), 라야(RaYah, 9회), 아하브(AhHab, 10회) 등이다. 신랑을 향한 신부의 사랑에는 도드(Dod)라는 단어가 가장 많이 사용되었다. 이 단어는 아가서에서 주님을 향해 '내 사랑', '나의 사랑하는 자', '내 사랑하는 자'로 쓰이고 있다(1:2, 4, 13, 14, 16; 2:3, 8, 9, 10, 16, 17; 4:10, 16; 5:1, 2, 4, 5, 6, 8, 9, 10 16; 6:2, 3; 7:9, 10, 11, 12, 13; 8:5, 14). 이 단어는 남녀 간의 잘못된 육체적 사랑(잠 7:18)에 한 번 쓰였고, 나머지 20회는 상대를 좋아하고 아끼는 사람들의 일반적 사랑(에 2:15), 하나님의 이스라엘을 향한 일방적인 한없는 사랑(사 5:1) 등에 쓰였다. 그런 면에서 신랑을 향한 신부의 사랑(도드)을 육체적인 사랑으로 제한하여 해석해서는 안된다. 이는 사랑의 고귀함, 탁월함을 강렬함을 함께 말한다. 참고로 '도드'는 '다윗'(사랑받는 자)과 같은 단어이다.

14) "좋은 이름이 좋은 기름보다 낫고 죽는 날이 출생하는 날보다 나으며"(전 7:1)에서도 이런 원리로 '이름'(shem, 쉠)과 '기름'(shemen, 쉐맨)을 대조시킨다. "우매한 자들의 웃음소리는 솥(sir, 시르) 밑에서 가시나무(sirim. 시림) 타는 소리 같으니 이것도 헛되도다"(전 7:6)에서도 이런 표현을 볼 수 있다.

15) 교차대칭구조 : 사랑(A)이 낫다, 포도주보다 (B) : 기름의 향기보다(B'), (사랑이) 낫다(A') : 두안 가렛 · 폴 하우스, 《아가 · 예레미야애가》 WBC 성경주석 23B, 채천석 역, (서울 : 솔로몬, 2010). pp. 197-198.

16) '아름답다'는 단어로 '토브'(Tov)가 사용되었는데, 토브는 선한 것, 아름다운 것, 가장 좋은 것을 의미한다.

17) '실족하다'라는 말은 '스켄달리조'(ScanDaliJo), '곧 걸려 넘어지다, 버리다'라는 뜻이다(마 5:29, 30; 11:6; 13:21, 57; 15:12; 17:27; 18:6, 8, 9; 24:10; 26:31). 현대 영어의 '스캔들'이 여기서 나왔다.

18) '예수'는 '예슈아', '여호수아'의 헬라식 이름이다. '여호와는 구원이시다'라는 뜻이며, 구약에서 이미 여호수아, 이사야, 호세아로 불리어지고 있던 흔한 이름이다.

그래서 예수님은 '나사렛 예수'로 구별해 불렸다.

3장

19) KJV: "we will be glad and rejoice in thee"(1:4).

20) 존 칼빈, 《기독교강요》上, (서울: 생명의말씀사, 1988). p. 77.

21) "여인들 중에 가장 아름다운 이여"(새번역). "Most beautiful of Women"(NIV).

22) 사랑을 의미하는 '라야'(RaYah)는 아가서에서 주님이 신부를 부르실 때만 사용되는데, 1인칭 소유격은 '라야티'(RaYaTi)이다(1:9, 15; 2:2, 10, 13; 4:1, 7; 5:2; 6:4). 이는 사사기 11:37-38(입다의 딸의 여자친구들), 시편 45:14(왕의 신부의 친구들)을 제외하고는 아가서에서만 사용된다. 현대 히브리어에서는 '아내'를 지칭하는 고급스러운 표현이다 (목회와신학 편집부, 《아가, 어떻게 설교할 것인가》, 두란노아카데미, p. 129.).

4장

23) '침상'(메사드, Mesabe)은 둥그런 원형 식탁을 의미하는 단어이다.

24) 개역한글은 '상', NIV와 KJV은 'table'로 번역했다(참조, 표준새번역은 '침대').

25) 주님은 신부를 한결같이 '내 사랑'(라야티, Rayati, 라야의 1인칭 소유격)이라고 부르신다(1:9, 15; 2:2, 10, 13; 4:1, 7; 5:2; 6:4). 이는 연인을 향해 부르는 여성형이며, 7장 6절에서는 아하브(AhHab)의 '사랑아'라는 새로운 애칭을 사용한다.

26) 원어에는 '진실로'(indeed)가 추가되어 있다.

5장

27) '가시덩굴', '찔레'(호 9:6; 왕하 14:9; 사 34:13; 대하 25:18). 비교, '가시덤불'(창 3:18; 시 118:12; 렘 4:3; 잠 24:31; 마 13:7; 막 4:7; 눅 8:7).

28) 영어성경에는 '장미'(rose)로 되어 있다.

29) Harry S. Stout, Nathan O. Hatch and Kyle P. Farley, eds., Jonathan Edwards: Sermons and Discourses 1739-1742, vol. 22 of The Works of Jonathan Edwards, ed. John E. Smith(New Haven and London: Yale

University Press, 2003), p. 172. (From Edwards' sermon, "Children Ought to Love the Lord Jesus Christ Above All")

30) Wallace E. Anderson, Mason I. Lowance, Jr., and David Watters, eds., Jonathan Edwards: Typological Writings, vol. 11 of The Works of Jonathan Edwards, ed. John E. Smith(New Haven and London: Yale University Press, 1993), pp. 131-132. (From Edwards' Various Comments, "Roses on Thorns")

31) "그리스도에 관해 읽고 묵상한 글들 중에 주님의 탁월하신 구원 사역의 주제를 다룬 성경 말씀보다 내 마음에 더 기쁨이 되는 글들은 책은 없었다. 아가서 2장 1절의 '나는 샤론의 수선화, 골짜기의 백합화'라는 구절은 언제나 나를 풍성하게 했다." Samuel Hopkins, The Life and Character of the Late Reverend Jonathan Edwards. Boston. p. 26.

6장

32) '노루'와 '들사슴'은 히브리어로 '쩨바오트'(CheBaOt), '아얄로트 하사데'(AYalRot HaSaDe)인데, 어떤 학자는 아가서에서 여호와 하나님을 함부로 언급할 수 없어서 하나님을 언급하는 '엘로헤이 쩨바오트'(EloHei CheBaOt)와 발음이 비슷한 '노루'(쩨바오트, CheBaOt)와 '전능하신 하나님'(엘 샤다이, El ShaDai)를 연상시키는 '들사슴'(아얄로트 하사데, AYalRot HaSaDe)을 언급했다고 한다(참조, 목회와신학 편집부, 《아가, 어떻게 설교할 것인가》, p. 140.).

33) 그는 이 말씀을 이렇게 해석한다. "만일 주께서 나와 함께 계셔서 나를 도와주시면 나는 날쌔게 내달려서 적군을 뒤쫓을 수 있으며 높은 성벽이라도 뛰어넘을 수 있습니다"(시 18:29, 메시지 성경).

34) 원문에서는 주님과 신부 각자의 열정이 8절의 첫 다섯 마디인 '콜 도디 힌네 제—바—'(qol dodi hinne jeh bah, "나의 사랑하는 자의 목소리로구나. 보라 그가 달려오는구나")에서 시각적, 청각적으로 나타난다. 이것을 발음하면 노래의 스타카토처럼 들린다(김구원, 《가장 아름다운 노래》, 2011. p. 263.). 여기서는 신랑과 신부의 열정 가득한 행동이 그대로 표현되고 있다.

35) Anderson, Lowance, Jr., and Watters, p. 93. (From Edwards' "Images

of Divine Things")

36) 죠지 뷰로우, 《솔로몬의 아가》, p. 81.

7장

37) '연기 기둥'(TimaRot, Pillars of smoke)은 2회 나오는데, 그 중 한 곳이 요엘서 2장 30절이다. "내가 이적을 하늘과 땅에 베풀리니 곧 피와 불과 연기 기둥이라." 곧 '연기 기둥'은 출애굽 때 하나님 임재의 현상인 구름 기둥과는 구별되며, 종말론적 상황을 배경으로 쓰인다.

38) 당시 왕의 이동식 침상 가마를 잘 이해하려면 영화 〈글래디에이더〉(Gladiatior)에서 황제가 전장에서 타고 있는 가마를 연상하면 된다.

39) 두안 가렛 · 폴 하우스, 《아가 · 예레미야애가》 WBC 성경주석 23B, p. 270.

40) Hudson Taylor, Union and Communion, 1914. pp. 38-39.

41) John Gill, Song of Solomon, 1854. pp. 129-130.

42) Hudson Taylor, pp. 39.

8장

43) 바벨론 포로기 이후 회당에서는 성경을 낭독한 다음 당시 히브리어보다 아람어를 더 일상적으로 사용하는 유대인들을 위해 아람어로 해설해주었다. 기원 전 2세기에는 이것이 문서화되어 〈탈굼〉이라는 아람어 역본이 된다.

9장

44) 마태복음 4장 23절과 9장 23절은 수미상관법(Inclusio)의 구조를 가진다. 이 구조는 주님의 사역을 어떻게 정의할 수 있는지 알게 한다. 곧 주님의 모든 삶은 '가르치심, 고치심, 전파하심'의 나눔에 초점을 맞추고 있다.

45) I have come into my garden, my sister, my bride; I have gathered my myrrh with my spice. I have eaten my honeycomb and my honey; I have drunk my wine and my milk. Eat, O friends, and drink; drink your fill, O lovers.

46) ① 자연주의 영성—특징은 '본다'는 것이다. 이들은 자연에서 하나님을 만나고

하나님의 뜻을 발견한다. 자연은 스스로 하나님의 무한하심과 광대하심을 노래한다. 조나단 에드워드는 자연에서 비유를 찾기를 매우 좋아했다. 그가 남긴 글 '자연의 언어와 교훈'에서 그는 '장미에 가시가 있는 것은 이 세상에 단맛과 쓴맛이 섞여 있다는 것을 우리에게 가르치는 것'이라고 했다. 시편 기자는 "하늘이 하나님의 영광을 선포하고 궁창이 그의 손으로 하신 일을 나타내는도다"(시 19:1)라고 말하며, 사도 바울은 "그의 영원하신 능력과 신성이 그가 만드신 만물에 분명히 보여 알려졌나니"(롬 1:20)라고 말한다. 개혁교단의 신앙고백서인 〈벨직 고백서〉 제2조는 "하나님은 우주의 창조와 보존과 통치를 통해서 우리에게 알려지신다. 우주는 가장 기품있는 책으로 우리 앞에 서 있다. 크고 작은 피조물들은 모두 등장 인물들이 되어 하나님의 보이지 않는 것들을 밝히 보여준다"라고 말한다. 스펄전은 하나님 같은 예술의 거장에게서 나온 것이라면, 무엇에나 그분의 모습이 담겨 있을 수 밖에 없다고 말한다. 현대 도시인들이 잃어버린 영성은 자연 속에 계시하신 하나님의 은혜라 할 수 있다. 우리는 길가의 조그만 새싹 하나, 밤하늘의 별들, 돌틈에 솟아나는 새싹의 생명력을 통해서도 하나님을 만나야 한다.

② 감각주의 영성—특징은 '느낀다'는 것이다. 이들은 하나님의 위엄을 느끼기에는 예배 의식이 장엄한 것이 좋다고 여긴다. 엄숙한 것을 좋아한다. 격식있는 예배 형식과 시각적 형태, 웅장한 찬양대와 음악으로 하나님을 느끼고 보는 것을 좋아하는 영성이다.

③ 전통주의 영성—특징은 '드린다'는 것이다. 이들은 매주 규칙적인 예배 참석, 주일성수, 십일조 등 의식과 틀을 매우 중요시 여긴다. 이런 것이 채워질 때 하나님을 가까이하고 있다고 믿는다. 아브라함이 가는 곳마다 제단을 쌓았듯 어디서든지 예배를 드린다. 그렇게 하나님께 가까이 가고, 하나님의 임재를 체험한다.

④ 금욕주의 영성—특징은 '금한다'는 것이다. 고독, 단순한 삶, 홀로 기도하는 것을 가장 추구한다. 이들에게는 의식이나 규칙적인 예배보다, 시끄러운 음악보다 혼자 침묵 속에 들어가는 것이 하나님께 가까이 가는 길이 된다. 이들은 무엇인가에 얽매이는 것을 싫어하며, '세미한 음성'을 듣지 못하는 상태를 가장 불편해 한다.

⑤ 행동주의 영성—특징은 '행동한다'는 것이다. 이들은 정의의 하나님을 섬기는 사람들로, 사회 참여, 낙태 반대, 복음화 등을 외치며 세상 속으로 들어가 대결하는 삶이 하나님을 가까이하는 것이라고 여긴다.

⑥ 박애주의 영성—특징은 '포기한다'는 것이다. 이들은 이웃 사랑으로 하나님을 섬긴다. 가난한 이들에게서 하나님을 보고, 저들 안에 들어가 함께 살며 자신의 삶을 포기한다.

⑦ 열정주의 영성—특징은 '표현한다'는 것이다. 이들은 열심을 다해 활동하며 행동한다. 예배의 흥분과 축제적인 예배를 통해 신비함을 추구한다. 마음껏 손벽 치며 흥겹게 춤을 춘다. 이처럼 열정적으로 표현하는 행동은 이들이 원하는 하나님을 가까이 추구하는 삶의 방식이다. 이들은 소리 내어 마음껏 기도하고 찬양한다. 그렇지 않으면 신앙이 컬컬하다고 느낀다.

⑧ 묵상주의 영성—특징은 '침묵한다'는 것이다. 이들은 하나님을 연인으로 이해하고, 사랑하는 아버지와 신랑 되신 주님을 바라보며 하나님을 가까이한다. '아가서'는 이들이 가장 좋아하는 본문이다. 이들은 세상에서 가장 귀한 것이 순결을 이루는 것이며, 가장 깊게 하나님을 사랑하고 사모하는 것이며, 하나님을 더욱 가까이하는 길이라 여긴다.

⑨ 지성주의 영성—특징은 '깨닫는다'는 것이다. 이들에게는 교리, 세례, 여성 안수 등 지적 활동이 가장 중요하며, '체험' 못지 않게 중요한 신앙은 '이해의 대상'이다. 하나님에 대해 새로운 깨달음을 얻을 때 하나님을 가장 가까이하는 것이라고 이해한다.

10장

47) '살라흐'(Shalah, put in).

48) '마음'(메에, Mae)는 복수로만 사용되는 단어이다. '마음', '복부', '창자', '심장', '자궁'을 의미한다. '움직이다'(하마, Hama)는 '떠들석하다', '격동시키다', '동요되다'라는 뜻이다. 어떤 큰 사건이 일어났을 때 이스라엘 성읍이 요란한 상태(왕상 1:41)를 가리킨다. 참조, "바닷물이 솟아나고 뛰놀든지"(시 42:5, 11; 43:5; 46:3), "나는 네 하나님 여호와라 바다를 휘저어서 그 물결을 뒤흔들게 하는 자이니 그의 이름은 만군의 여호와니라"(사 51:15), "그러므로 그를 위하여 내 창자가 들끓으니 내가 반드시 그를 불쌍히 여기리라 여호와의 말씀이니라"(렘 31:20).

13장

49) '이삭을 줍다'(룻 2:2, 3, 7, 8, 15, 16, 17, 18, 19, 23), '떨어진 화살을 줍다'(삼상 20:38), '돈을 모으다'(창 47:14), '돌을 모아 쌓다'(창 31:46).

50) 아가서에서 '동산'(간, Gan)은 6회 사용되었다(4:12, 15, 16; 5:1; 6:2; 8:13).

51) Burrowes, George. A Commentary On The Song of Solomon, p. 326.

52) '치다'는 '눈망울 아래를 멍이 들도록 치며 마음을 새롭게 한다'는 의미이다.

14장

53) '셀 수 없이 많은 시녀'는 히브리어로 '알마', 곧 '결혼하지 않은 젊은 처녀'를 의미한다(창 24:43; 출 2:8; 시 68:25; 사 7:14). 이 단어는 아가서 1:3에서도 '처녀들'로 번역되었고, 6:9에서는 '여자들'로 번역되었다.

54) 김구원, 《가장 아름다운 노래》, p. 715.

55) 김구원, 《가장 아름다운 노래》, p. 716.

56) 아 4:12, 15, 16; 5:1; 6:2, 11; 7:12; 8:13.

57) 열왕기상 4장 26절에 보면 솔로몬의 병거의 말의 외양간이 사만, 마병이 일만 이천으로 각기 관장하는 사람들이 있었다고 한다. 여기서는 그 수레를 의미한다고 보면 조금 더 이해하기 쉽다. KJV은 '아미나답의 병거'(my soul made me like the chariots of Amminadib)로 번역했다. 당시 가장 빠른 병거가 아미나답의 병거라는 의미이다.

58) '돌아오라'(슈브, Shub)라는 단어가 구약성경에서 '회개'의 의미부터 '원래의 위치로 복귀'에 이르기까지 무려 949회 사용되고 있다. 아가서에서는 본문에서 한 번 쓰였고, 학개와 스가랴를 제외한 전 구약성경에서 사용되었다. 반역한 이스라엘 역사에서 회개하고 하나님께로 돌아가야 한다고 말할 때 가장 많이 사용되었다.

15장

59) 참조, 각주 13.

60) 이때의 '사랑아'는 '아하브'(AHave)이다. 아가서에서 아하브는 '마음에 사랑하는 자'로 연결해서 부를 때 많이 쓰이고 있다(1:7; 3:1, 2, 3, 4). 이사야 41장 8절에서는 하나님께서 '나의 벗 아브라함'이라 부르실 때 사용되었다. '사랑'(아하바)의 동사형으로 '나의 벗'(사랑하는 자, 오하비)이 쓰였다. 여기서 동사형이 사용된 것은

아들 이삭보다 하나님을 더 사랑한 결과 아브라함이 하나님의 사랑받는 자가 되었다는 뜻이다(참조, 목회와신학편집부, 《아가, 어떻게 설교할 것인가》, p. 18.)

61) '장인'으로 번역된 이 단어는 잠언 8:30에서는 '창조주'로 번역되어 있다. 이 단어는 신체의 부분을 창조주의 안목으로 보도록 권유한다.

62) 일반적으로 '넓적다리'(개역성경), '허벅지'(공동번역)를 아름답다고 말하지 않는다. '다리'(새번역, 현대인의성경)의 원어적 표현은 '엉덩이의 곡선'이다.

63) 배꼽은 고대 여성의 미의 상징이었다. 큰 배꼽일수록 아름다운 것으로 여겼다(김구원, 《가장 아름다운 노래》, p. 523.).

64) 논란이 많은 구절이다. '잠자는 자의 입술'(시프티 예쉐님, Shifti Yeshenim)을 '잠자는 자들'(복수형)로 번역하는 성경(KJV, NASB, JB)과 학자(카알 델리취, 김구원)들은 그들이 누구인지 분명하지 않다고 이해한다(김구원, 《가장 아름다운 노래》, p. 522.). 또한 예쉐님의 첫 글자인 요드를 와우로 보고 '그리고'란 접속사로 이해해서 '치아들'이라고 번역한 성경(NIV, RSV, NEB, 표준새번역, 공동번역)도 있다.

65) 김구원, 《가장 아름다운 노래》, p. 522. '잠자는 자들'(예쉐님)의 요드가 중복 기록되었다고 보고 '주홍'(쉐님, shenim)으로 해석한다.

66) 박윤선, 《성경주석, 아가서》(서울: 영음사, 1974), p. 186.

67) "그는 목자같이 양무리를 먹이시며 어린 양을 그 팔로 모아 품에 안으시며 젖먹이는 암컷들을 온순히 인도하시리라." 최후의 만찬 때 예수님의 품에 안겼던 사랑하는 제자처럼, 보이신 그 사랑으로 성도들을 안으시며 가까이하시기를 기뻐하신다.

16장

68) 김세윤, 《고린도전서 강해》, (서울: 두란노, 2007). p. 314-316.

69) '룬'(loon). "다윗이 금식하고 안에 들어가서 밤새도록 땅에 엎드렸으니"(삼하 12:16). "아침까지 누워 있을지니라 하는지라"(룻 3:13). "나의 사랑하는 자는 내 품 가운데 (밤에도 함께하는) 몰약 향주머니요"(아 1:13).

70) RSV, NEB, 그외 WBC로 같은 해석을 취한다(두안 가렛·폴 하우스, 《아가·예레미야애가》, p. 370-371.).

71) 메리즘(Merism)은 양 극단에 속한 두 가지를 말함으로 전체를 포함하는 시의

한 형식이다. 전도서 3:1-8을 그 예로 들 수 있다. 즉 "날 때가 있고 죽을 때가 있으
며, 울 때가 있고 웃을 때가 있으며"는 삶의 모든 정황을 포함한다는 것을 의미한
다. 또한 시편 117에서도 앉고 서는 것, 길을 가거나 눕는 것, 앞에서나 뒤에서도,
새벽 날개와 바다끝(동과 서), 밤과 낮 등을 이야기함으로 하나님의 편재하심을 강
조한다.

17장

72) '광야'(미드바르, MidBar, Wilderness)는 성경에서 하나님 나라를 이끄는 중요
한 모티브 중의 하나이다. 본문을 포함하여 257회 사용되었으며, 이스라엘 백성의
믿음의 삶을 보여 주는 장소이기도 하다. 민수기의 첫 장도 '광야'라는 단어로 시작
된다.

73) "예수께서 이르시되 나를 붙잡지(clinging to, NASB) 말라 내가 아직 아버지께
로 올라가지 아니하였노라"(요 20:17).

74) 《기독교강요》 4권 1장에는 "하나님이 아버지인 사람들에게 교회는 어머니가 될
것이다. 단순히 어머니란 말에서 교회를 아는 것이 얼마나 유용한지 배우도록 하
자. 이 어머니가 우리를 자신의 태 속에서 품고, 자신의 가슴 속에서 양육하고, 자신
의 보살핌과 지도 아래 두지 않는다면 생명으로 들어갈 다른 길은 아무데도 없다"
라는 내용이 담겨 있다.

18장

75) 마이클 멕클리먼드, 제럴드 맥더모트, 《조나단 에드워즈 신학》, 임요한 옮김,
(부흥과개혁사, 2015). p. 382.

76) Ibid., p. 642.

77) 아가서에 하나님의 이름이 한번도 나오지 않는다 혹은 한 번 나온다는 견해로,
번역본들도 상이하게 다루는 본문이다. 히브리어 '샬헤베트야'(SalHeBetYa)를 어
떻게 읽느냐에 따라 해석이 달라진다. 곧 '샬헤베트야'(SalHeBetYa)이냐 '샬헤베
트 야'(SalHeBet Ya)이냐 하는 것이다. '샬헤베트야'(SalHeBetYa)'는 '불꽃'이라는
뜻으로, 성경에 두 번 나온다(겔 20:47, 욥 15:30). 만일 띄어서 해석하면 '여호와의
불꽃'이 된다. '야'(Ya)는 야훼, 여호와의 줄임말로, 아가서에만 한 번 나온다.

78) 첫 번째의 해석을 지지하는 학자는 Redford, 김구원이며, 두 번째 해석은 Keil 과 Delitzsch, 세 번째 해석은 Garrett Duane가 지지한다.

79) 김구원, 《가장 아름다운 노래》, p. 568.

80) 두안 가렛 · 폴 하우스, 《아가 · 예레미야애가》, p. 389

81) 박윤선, 《성경주석, 아가서》, p. 194.

82) '바알하몬'이란 지역은 아가서에서만 나온다. 어디인지 분명하지 않아 학설은 다양하다. '무리 중의 주'(主)라는 뜻을 가진다. 이사야 5:1-7에서 이스라엘은 포도 원으로 비유된다. 포도원은 하나님의 백성에게 위임된 하나님의 나라의 비유이다.

83) 십계명(출 20:1-17).

19장

84) 창세기 2:8, 9, 10, 15, 16; 3:1, 2, 3, 8, 10, 23, 24; 아 4:12, 15, 16; 5:1; 6:2; 8:13.

85) '친구들'(하베림, HaBeRim). "너희는 내가 명하는 대로 행하면 곧 나의 친구 라 이제부터는 너희를 종이라 하지 아니하리니 종은 주인이 하는 것을 알지 못함이 라 너희를 친구라 하였노라 내가 내 아버지께 들은 것을 다 너희에게 알게 하였음이 라"(요 15:14,15).

86) 박윤선, 《구약주석 15: 전도서, 아가서》(영음사, 2011), p. 198.

87) "내가 나의 목소리로 여호와께 부르짖으니 그의 성산에서 응답하시는도다"(시 3:4). 아가서 2:8, 5:2에서는 신부를 향한 주님의 목소리, 2:14에서는 신부의 목소리 로 사용되었으며, 시편에서는 54회 사용되었다.

88) 김구원, 《가장 아름다운 노래》, p. 580.

89) 김구원, 《가장 아름다운 노래》, p. 217-219. 2:17의 '돌아오라'(소브, sob)와 8:14의 '빨리 달리라'(바라흐, barah)는 멀리 있는 남자가 오기를 열망하는 모티브 를 잘 표현하고 있다.